U1075845

大学生社会网络对科技型创业绩效的影响机制研究

科技型大学生创业者　社会网络结构　社会网络资源
社会胜任力　主动性人格　创业绩效

左晶晶◎著

中国经济出版社
CHINA ECONOMIC PUBLISHING HOUSE
·北 京·

图书在版编目（CIP）数据

大学生社会网络对科技型创业绩效的影响机制研究 / 左晶晶著.

北京：中国经济出版社，2017. 5

ISBN 978 - 7 - 5136 - 4714 - 4

Ⅰ. ①大… Ⅱ. ①左… Ⅲ. ①大学生—社会网络—影响—创业—企业绩效—研究

Ⅳ. ①F272. 5

中国版本图书馆 CIP 数据核字（2017）第 095556 号

责任编辑　杨　莹

责任印制　巢新强

封面设计　任燕飞

出版发行　中国经济出版社

印 刷 者　北京柏力行彩印有限公司

经 销 者　各地新华书店

开　　本　710mm × 1000mm　1/16

印　　张　15. 25

字　　数　234 千字

版　　次　2017 年 5 月第 1 版

印　　次　2017 年 5 月第 1 次

定　　价　48. 00 元

广告经营许可证　京西工商广字第 8179 号

中国经济出版社 **网址** www. economyph. com **社址** 北京市西城区百万庄北街 3 号 **邮编** 100037

本版图书如存在印装质量问题，请与本社发行中心联系调换（联系电话：010 - 68330607）

版权所有　盗版必究（举报电话：010 - 68355416　010 - 68319282）

（举报电话：12390）　　服务热线：010 - 88386794

摘 要

大学生就业难的问题日益突出，使得大学生选择自主创业成为中国解决就业问题具有战略意义的重大举措之一。与生存型大学生创业相比，科技型大学生创业真正体现了未来市场的需求，促进科技、市场，乃至整个社会的创新与发展，是创建未来竞争优势的最有潜力和最有待突破的领域之一。同时，科技型大学生创业需要较高的科技水平、专业性的技术人才、畅通的信息渠道等，对于网络资源的依赖程度高于生存型创业；并更加关注长远的创业目标，比较重视与外界维持长期的良好关系以获取所需的创业资源。

与一般的创业者相比，科技型大学生创业者往往缺乏创业所需要的社会关系和网络资源。科技型大学生创业者的社会网络结构、社会胜任力和主动性人格影响了社会网络资源的获取，并进而影响到企业的创业绩效。有鉴于此，本文以大学创业指导中心所扶植的科技型大学生创业者为研究对象，主要采用规范研究、社会网络分析、定量实证三种研究方法，探讨科技型大学生创业者的社会网络结构、社会网络资源、社会胜任力和主动性人格对企业的创业绩效的影响，以及社会网络资源在科技型大学生创业者的社会网络结构、社会胜任力、主动性人格与创业绩效之间的中介作用。本文研究发现：

（1）科技型大学生创业者的社会网络规模越大，企业的创新性创业绩效越好；科技型大学生创业者的社会网络异质性越高，企业的创新性创业绩效越好，而成长性创业绩效越差；社会网络密度与联系强度越高，科技型大学生创业者的主观性创业绩效越好。科技型大学生创业者从社会网络中获得的支持性社会网络资源越多，主观性创业绩效越好；获得的运营性社会网络资源越多，企业的成长性创业绩效和主观性创业绩效越好。科技型大学生创业者的社会网络密度与联系强度越高，从其社会网络中获取的支持性网络资源越多。支持性社会网络资源在社会网络密度与科技型大学生创业者主观性创业绩效间存在部分中介作用；在社会网络关系强度与科技型大学生创业者主观性创业绩效之间，支持性社会网络资源则存在完全中介作用。

(2) 科技型大学生创业者的社会适应力、自我表达能力和敏感度越高，从其社会网络中获取的支持性网络资源越多；科技型大学生创业者的社会知觉能力、社会适应力、自我表达能力、敏感度和印象管理能力越高，从其社会网络中获取的运营性网络资源越多。科技型大学生创业者的社会知觉能力越强，企业创新性创业绩效、成长性创业绩效和科技型大学生创业者主观性创业绩效越好；科技型大学生创业者的社会适应力越强，企业成长性创业绩效和主观性创业绩效越好；科技型大学生创业者的敏感度越低，企业创新性创业绩效和成长性创业绩效越好；科技型大学生创业者的印象管理能力越低，企业创新性创业绩效越好。运营性网络资源在社会知觉能力与科技型大学生创业者主观性创业绩效之间存在部分中介作用；支持性网络资源和运营性网络资源作为完全中介变量，在社会适应力与科技型大学生创业者主观性创业绩效之间存在中介作用。

(3) 主动性机遇寻求、主动性变革和主动性目标实现倾向越强，科技型大学生创业者从社会网络中获取的支持性网络资源越多；主动性机遇寻求、主动性变革倾向越强，科技型大学生创业者从社会网络中获取的运营性网络资源越多。科技型大学生创业者的主动性机遇寻求倾向越强，企业创新性创业绩效、成长性创业绩效和主观性创业绩效越好；科技型大学生创业者的主动性变革倾向越强，企业成长性创业绩效和主观性创业绩效越好；科技型大学生创业者的主动性目标实现倾向越强，企业的成长性创业绩效越好。支持性网络资源和运营性网络资源作为部分中介变量，在主动性机遇寻求、主动性变革倾向与科技型大学生创业者主观性创业绩效之间存在中介作用。

与之前的研究文献相比，本文的创新与贡献是：第一，构建并检验了科技型大学生创业者社会网络结构的四个构成维度，并进一步探索和验证了科技型大学生创业者的社会网络资源在社会网络结构和创业绩效之间的中介作用。第二，基于波特的价值链理论和探索性因子分析的结果，将网络资源划分为支持性网络资源和运营性网络资源。第三，研究检验了社会胜任力和主动性人格理论在中国情境下的适用性，并进一步探索了科技型大学生创业者的社会胜任力和主动性人格对于对创业绩效的作用机制。

本文研究结论对于科技型大学生创业者具有如下的实践意义：首先，本文清晰地展现了创业者的社会网络结构的维度，并剖析了科技型大学生创业者的社会网络结构对于企业的创业绩效的作用机制，可以使科技型大学生创业者更加有针对性地开发、构建和维持自己的社会网络；其次，本文关于社会网络资源的探索和检验部分向科技型大学生创业者清晰地展现了社会网络资源积累和获取的途径与方式，这对于急需外部网络资源支持的大学生新创企业具有重要的启示；最后，本文剖析了科技型大学生创业者的社会胜任力和主动性人格对于企业的创业绩效的作用机制，对于科技型大学生创业者如何提高自己的社会胜任力及强化主动性行为具有较高的借鉴意义。

关键词： 科技型大学生创业者、社会网络结构、社会网络资源、社会胜任力、主动性人格、创业绩效

ABSTRACT

University students' innovative undertaking has become one of the strategic measures to solve employment problem of university students. Compared with university students' survivorship entrepreneurship, university students' sci – tech entrepreneurship reflects future market demand, promotes innovation and development of the technology, market even whole society, turns to be the most potential field for establishing future competitive advantage. Furthermore, university students' sci – tech entrepreneurship requires higher technological level, qualified expertises and smooth communication channel, hence more dependent on external network resources. Sci – tech entrepreneurs focus on long – termed entrepreneurship objectives and make great efforts into maintaining external social relationship to obtain network resources.

Compared with general entrepreneurs, sci – tech university student entrepreneurs have less social relationships and network resources. Sci – tech university student entrepreneurs' social network structure, social competence and proactive personality play significant roles in network resource obtainment and then futher influence entrepreneurship performance. This dissertation aims at sci – tech university student entrepreneurs supported by Innovation Center of College Students, adopts normative study, social network analysis and empirical research to explore how social network structure, social network resources, social competence and proactive personality influence entrepreneurship performance, and illustrate the intermediation of network resource between social network structure, social competence and proactive personality influence entrepreneurship performance. This dissertation comes to the following conclusions:

(1) Lager is the social network scale ofsci – tech university student entrepreneurs, creative entrepreneurial performance will be better; Higher is the social network heterogeneity of sci – tech university student entrepreneurs, creative entrepreneurial performance will be better and growth entrepreneurial performance will be worse; Higher is the social network intensity and tie – strength of sci – tech university student entrepreneurs, subjective entrepreneurial performance will be better. Sci – tech university student entrepreneurs obtain more supportive network resources from their social network, subjective entrepreneurial performance will be better; sci – tech university student entrepreneurs obtain more operational network resources from their social network, growth and subjective entrepreneurial performance will be better. Higher is the social network intensity and tie – strength of sci – tech university student entrepreneurs, they will obtain more supportive network resources from their social network. Supportive network resources are the partial mediator variable between social network intensity and subjective entrepreneurial performance; Supportive network resources are the full mediator variable between tie – strength and subjective entrepreneurial performance.

(2) Higher are social adaptability, self – expressive and sensitivity, sci – tech university student entrepreneurs will obtain more supportive network resources from their social network; Higher are social perception, social adaptability, self – expressive, sensitivity and expression management, sci – tech university student entrepreneurs will obtain more operational network resources from their social network. Sci – tech university

student entrepreneurs have higher social perception, creative, growth and subjective entrepreneurial performance will be better; Sci – tech university student entrepreneurs have higher social adaptability, growth and subjective entrepreneurial performance will be better; Sci – tech university student entrepreneurs have lower sensitivity, creative and growth entrepreneurial performance will be better; Sci – tech university student entrepreneurs have lower expression management, creative entrepreneurial performance will be better. Operational network resources act as partial mediator between social perception and subjective entrepreneurial performance; Supportive and operational network resources act as mediator between social adaptability and subjective entrepreneurial performance.

(3) Higher are opportunity – seeking, proactive innovation and goal – realization, sci – tech university student entrepreneurs will obtain more supportive network resources from their social network; Higher are opportunity – seeking and proactive innovation, sci – tech university student entrepreneurs will obtain more operational network resources from their social network. Higher is opportunity – seeking, creative, growth and subjective entrepreneurial performance will be better; Higher is proactive innovation, growth and subjective entrepreneurial performance will be better; Higher is goal – realization, growth entrepreneurial performance will be better. Supportive network resources act as mediator between opportunity – seeking, proactive innovation and subjective entrepreneurial performance.

The creation and contribution of this research are as follows: ①to constuct and examine the four compositional dimensions ofsci – tech university student entrepreneurs' social network structure, and further explore and examine the mediator of network resources between sci – tech university student entrepreneurs' social network structure and entrepreneurial performance. ②Based on La Porter' s Value Chain theory and explorative factor analysis, this dissertation divides network resources into supportive and operational network resources. ③This research also examines the applicability of social competence and proactive personality in China and further explores the function mechanism of sci – tech university student entrepreneurs' social competence and proactive personality on entrepreneurial performance.

The above research conclusions have the following practical significance forsci – tech university student entrepreneurs: firstly, this dissertation clearly indicates to the structure dimension of sci – tech university student entrepreneurs' social network and illustrates the function mechanism of sci – tech university student entrepreneurs' social network on entrepreneurial performance, which promote sci – tech university student entrepreneurs more target – orientedly develop, construct and maintain their social network; secondly, this dissertation explores and examines the function mechanism of sci – tech university student entrepreneurs' social competence and proactive personality on entrepreneurial performance, which is of reference value for sci – tech university student entrepreneurs to improve their social competence and strengthen proactive behaviors; thirdly, the exploration and examination on network resources displays to sci – tech university student entrepreneurs the accumulation and access ways for network resources, which is of significant implications for sci – tech university student entrepreneurs.

Keywords: sci – tech university student entrepreneurs, social network structure, social network resources, social competence, proactive personality, entrepreneurial performance.

目　录

表目录

图目录

第一章　导　论

1.1　研究背景

根据中国教育部的统计数据，中国高校毕业生总人数在2000—2010年间逐年攀升，分别为107万、115万、145万、212万、280万、338万、413万、495万、559万、611万、630万，① 而毕业生的初次就业率仅为70%左右，这意味着每年均有几十万甚至上百万的毕业生不能及时找到工作，大学生面临的就业难问题日益突出，这使得大学生选择自主创业成为中国解决就业问题具有战略意义的重大举措之一。首先，以创业带动就业，不仅可以极大地缓解大学生就业难的问题，而且创业的活力会形成带动就业的倍增规模效应；其次，以创业带动就业，有利于大学生把自我价值与社会价值统一起来，为社会做出更多的贡献；最后，以创业带动就业，有利于培养大学生乃至整个社会的创新精神。

进入21世纪后，反思中国经济过去的发展模式，逐步确立未来新的发展模式正日益成为共识，而这需要中国从人力资源大国转变为人力资源强国。目前，中国人力资源的最大优势是价格低廉，而劣势则是缺乏创新，具体表现为全社会创业率和创业成功率低下、创新意识淡薄。这使得中国在国际分工链条中处于收益率相当低的低端制造环节，无法大量吸收高校培养的研究开发型人才和经营管理人才，以致在研究开发和市场运营方面缺乏竞争力。因此，中国亟须从国家竞争力角度加强创新能力建设，在人力资源方面确立新的竞争优势，而科技型大学生创业是创建未来竞争优势

---

① 中国教育部统计数据（http：//www. moe. edu. cn/publicfiles/business/htmlfiles/moe/s4958/list. html）。

的最有潜力、也是最有待突破的领域之一。

与生存型大学生创业相比较，科技型大学生创业是依托大学生在校期间学习的专业知识所从事的创业活动（马海艳、徐立青，2010）。科技型大学生创业对于在市场空间拓展、产业结构升级、劳动就业等方面的贡献都要远高于生存型大学生创业。与生存型大学生创业相比，科技型大学生创业真正体现了未来市场的需求，促进科技、市场乃至整个社会的创新与发展，是未来国家竞争力的提升的一个重要领域。基于高等教育背景及高校丰富的科研成果，大学生应该成为科技型创业的生力军。然而，大学生科技型创业在整个社会科技型创业中的比例还有待于进一步的提高，科技型大学生创业尚需要社会各方面的鼓励与扶持。

1.2 问题提出

一方面，新创企业“小”和“新”的组织特点决定了创业者与外部网络成员之间密切的联系特征，创业者能否与关键资源的提供者保持良好的关系以及其获取网络资源的能力都成为企业生存和绩效的关键（Pfeffer、Salancikg，1978；蔡莉、柳青，2007）。另一方面，网络资源的互补性也成为驱动创业者建立网络联盟的重要因素（Chung et al.，2000；Liu，2004），社会网络中的关系资产（Relation – Specific Assets）和互补资源（Complementary Resourees）等因素也会在网络成员之间产生超额的收益（Dyer and Singh，1998）。应当说，创业者社会网络的重要性已经引起了理论界一定程度的关注，但是，有关大学生创业者社会网络的研究依然处在起步阶段，与之相关的诸多问题尚待进一步的深入研究。对于科技型大学生创业者而言，创业阶段社会资源的紧缺和社会关系的严重匮乏使他们意识到了社会网络对于创业的重要性，但是却无从得知如何构建一个有效的社会网络并获取所需的资源。因此，关于科技型大学生创业者社会网络的研究具有很强的理论价值和实践意义。

目前，国内外关于创业者社会网络的研究多是针对于普通的创业者，对于科技型大学生创业者这个特殊群体很少涉及。与一般的创业者相比，科技型大学生创业者往往更加缺乏创业所需要的社会关系和网络资源。科技型大学生创业者的社会网络结构应该如何测量？科技型大学生创业者的社会网络结构和社会网络资源之间存在什么样的关系？科技型大学生创业者的社会网络结构和社会网络资源如何影响了企业的创业绩效？本文将通过对这些问题的探索，以及检验丰富科技型大学生创业者社会网络领域的研究，进一步补充和完善社会网络理论。同时，注意到，在已有的关于创业者社会网络与企业创业绩效关系的研究中，大多将社会网络结构和社会网络资源视为影响创业绩效的平行变量。这可能有失偏颇，科技型大学生创业者的社会网络资源可能作为中介变量，在社会网络结构与创业绩效之间存在中介作用。

更进一步，在社会网络资源的获取过程中，除了社会网络结构影响社会网络资源的获取程度之外，科技型大学生创业者的社会胜任力①和主动性人格②在社会网络资源的获取过程中可能也发挥着相当重要的作用。首先，社会胜任力与任务情景密切关联，能够影响个体的工作绩效（McClelland，1973），并促使个体实现其社会目标（Schneider，1996）。在科技型大学生创业者实现创业目标的过程中，社会胜任力有助于他们获得更多多元化和异质性的社会网络资源，并进而提高企业的创业绩效。然而，关于社会胜任力和社会网络资源关系的研究目前还相当少见，针对科技型大学生创业者社会胜任力的研究则更是匮乏。因此，本研究计划探讨社会胜任力与企业的创业绩效之间的关系，同时深入地讨论科技型大学生创业者的社会网络资源在社会胜任力和企业的创业绩效之间的中介作用。其次，互动理论认为，内在的人格和外在的环境共同控制了行为，人格和环境也是相互作用的（Bowers，1973；Schneider，1983），人和环境是互为因果的互动过程（Magnusson and Endler，1977）。因此，人、行为和环境存在相互、持续的影响（Bandura，1986），人不是“被动地接受环境的影响”（Buss，

① 社会胜任力是行为者与他人互动交往的效能，是对多种社会技能共同作用效果加以整合的一个概念（Baron and Markman，2003）。

② Bateman and Crant（1993）所提出的主动性人格（Proactive Personality）是指个体采取主动行为影响周围环境的一种稳定的倾向。

1987），人们可以通过某些方式去影响和改变周围的环境①。这意味着，主动性人格可以很好地阐释创业者的个人倾向对创业环境的影响（Becherer and Maurer，1999）。而作为一种典型的组织环境，社会网络是主动性个体努力创建的有利于自己职业成功的组织环境的重要组成部分（Thompson，2005）。有鉴于此，本研究尝试探讨主动性人格与企业的创业绩效之间的关系，进而深入讨论科技型大学生创业者的社会网络资源在主动性人格和企业的创业绩效之间的中介效应。

1.3 研究目标

本论文主要的研究目标是探讨科技型大学生创业者的社会网络结构、社会网络资源、社会胜任力和主动性人格对企业的创业绩效的影响，以及社会网络资源在科技型大学生创业者的社会网络结构、社会胜任力、主动性人格与创业绩效之间的中介作用。具体目标可以分解为：

（1）通过基于问卷调查的实证研究，解析科技型大学生创业者的社会网络结构对企业的创业绩效的影响。同时，通过实证研究探索和检验科技型大学生创业者的社会网络资源在社会网络结构与企业的创业绩效之间的中介作用。

（2）通过基于问卷调查的实证研究，解析科技型大学生创业者的社会胜任力对企业的创业绩效的影响。同时，通过实证研究探索和检验科技型大学生创业者的社会网络资源在社会胜任力与企业的创业绩效之间的中介作用。

（3）通过基于问卷调查的实证研究，解析科技型大学生创业者的主动性人格对企业的创业绩效的影响。同时，通过实证研究探索和检验科技型

---

① 人们可以通过如下的方式影响周围的环境：一是选择，即选择自己即将参与的环境（Schneider，1983）；二是认知重构，即人们观察、分析、评价自身所处的环境（Secord and Backman，1965；Lazarus，1984）；三是激发，是指无意识地激发其他人的反应，进而改变他们的社会环境（Buss，1987；Scarr and McCartney，1983）；四是控制，有意识地去塑造、改变、开发和改变人际环境（Buss，1987；Buss et al.，1987）。

大学生创业者的社会网络资源在主动性人格与企业的创业绩效之间的中介作用。

1.4 研究设计

1.4.1 研究方法

本文主要采用规范研究、社会网络分析、定量实证三种研究方法，较为系统的研究科技型大学生创业者社会网络结构、社会胜任力、主动性人格对社会网络资源和创业绩效的影响。具体如下所列：

1.4.1.1 规范研究

主要通过研究文献回顾与逻辑演绎，对大学生创业（科技型大学生创业）、社会网络、社会胜任力、主动性人格、创业绩效方面的研究文献进行检索、阅读、分析和归纳。文献检索范围主要包括 EBSCO - Business Source Premier、Emerald Management Xtra、JSTOR、ProQuest、中国期刊全文数据库、中国博士学位论文全文数据库、中国优秀硕士学位论文全文数据库和 Google 学术搜索（http：//www. scholar. google. com）。基于对相关文献的分析与概括，本文重点讨论科技型大学生创业者社会网络结构、社会胜任力、主动性人格对社会网络资源和创业绩效的影响，进而提出相应的理论框架和研究假设。

1.4.1.2 社会网络分析法

社会网络分析方法结合了计量社会学（Sociometrie）、数学、社会心理学、图形理论（Graph theory）等各个领域的研究成果，可以有效地测量社会网络结构，也可用于解释行动者的社会行为（Mitchell，1969；Alba，1982；Lincoln，1982）。根据罗家德（2004）关于社会资本的划分方法，社会网络的分析架构也包括个体层面的社会网络和集体层面的社会网络：个体层面的社会网络主要考察个人在社会网络中的结构位置以及网络结构能够给个体带来的网络资源，主要分析个人的结构位置以及集体的网络结构形态，具体测量指标有关系强度、结构洞、密度、异质性等；集体层面社会网络则主要集中于对群体中的信任、规范、社会信念和人际联系的测量，观察这些因子如何相互影响彼此联系的社会实体，影响他们联系的方式以及网络中的资源创造。本文研究的科技型大学生创业者社会网络属于个体层面的社会网络。

目前，对个体层面社会网络的测量使用最多的方法是“个体中心网络（Ego Centered Network)”分析方法，“个体中心网络”是以被研究者为中心延伸出去的网络状况（Scott，1991），这种方法非常适合社会关系多样化的企业家或创业者（Greve and Salaff，2003）。“个体中心网络”的测量具体有两种方法：提名生成法（Name－Generator）和职位生成法（Position－Generator)。由于职位生成法无法测量网络成员之间的关系，也不可能完整呈现社会网络的结构，因此，本文采用了提名生成法。提名生成法是让被调查者回忆自己的核心网络成员，并提供网络成员的姓名、个人特征、自己与成员之间的关系以及成员相互之间的关系，然后对网络成员间的关系数据构成关系矩阵进行运算得到网络特征值。

1.4.1.3 实证检验

本文的实证检验是建立在问卷调查基础上，因此，在正式分析之前要完成调查问卷的设计、问卷的初步测试与修改和大样本的问卷调查。在问卷数据基础上，本文运用 SPSS15.0 对数据进行探索性因子分析、描述性统计分析和方差分析，运用 AMOS7.0 对样本数进行效度和信度的验证性因子分析，最后运用 SPSS15.0，通过多元回归分析来检验相关研究假设，所涉及的研究变量主要包括社会网络结构、社会胜任力、主动性人格、社会网络资源、创业绩效及相关控制变量。

1.4.2 研究内容

本文主要围绕科技型大学生创业者的社会网络结构、社会胜任力和主动性人格对其社会网络资源和创业绩效的影响展开。如图 1－1 所示，具体章节安排如下：

第一章为导言部分，包括研究的背景和问题、研究设计以及主要创新点，其中研究设计部分分别讨论了研究目标、研究方法、逻辑框架图与研究内容。

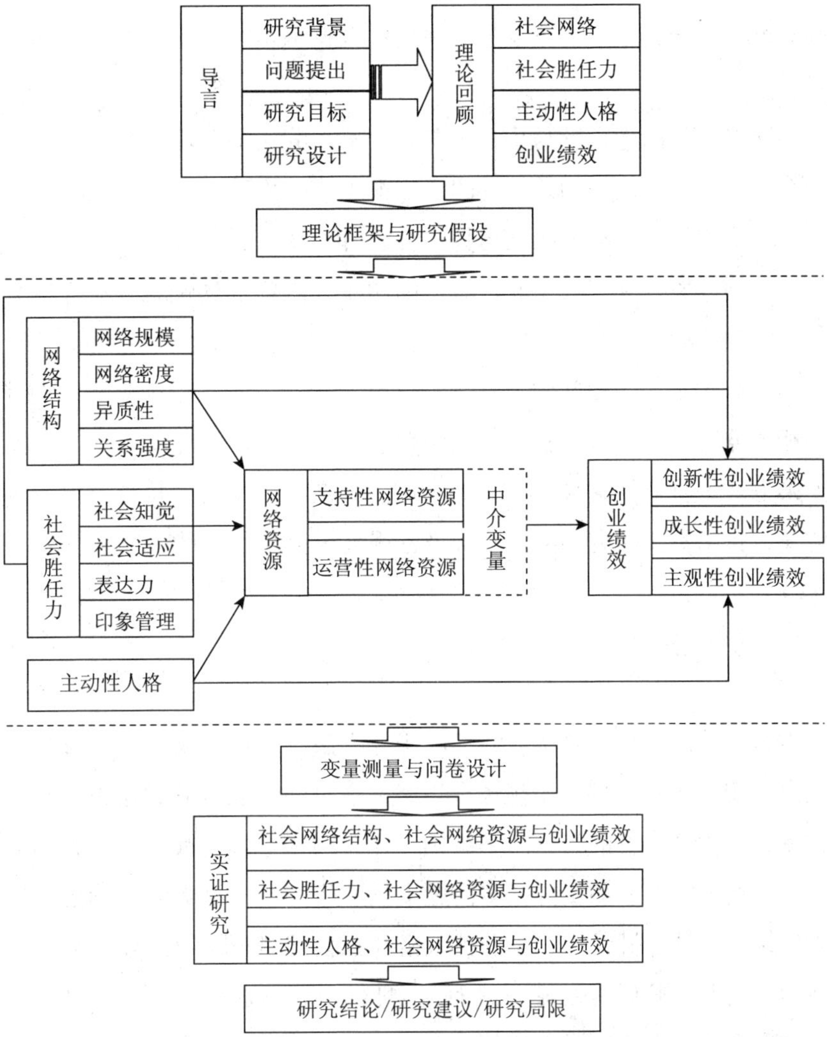

图 1－1 论文内容结构图

资料来源：作者设计。

第二章进行相关理论回顾，本部分试图通过相关研究文献的分析与评述，建立本文的理论基础。本章分别对大学生创业（科技型大学生创业）、社会网络、社会胜任力、主动性人格与创业绩效的相关研究文献进行梳理，并对这些相关研究进行评价，指出本研究如何在此基础上进行完善。

第三章提出研究的理论框架和假设。在对文献进一步分析和提炼的基础上，构建了包括科技型大学生创业者的社会网络结构、社会胜任力、主动性人格、社会网络资源以及创业绩效的理论框架，并提出了相关研究的假设。

第四章进行问卷设计与小样本测试。本部分主要关注变量的测量条款和量表的开发与应用；初始问卷的小样本测试以及对初始问卷的修改。

第五章为研究数据的收集与描述性统计。主要包括大样本的选取、抽样方法和问卷发放和回收情况；数据的初步处理和描述性统计；样本数据的信度和效度测量。

第六章为实证检验部分。主要采用 SPSS15.0，运用因子分析、方差分析、相关分析、回归分析验证研究假设。

第七章是研究结论与进一步的讨论。总结研究结论，特别讨论被否定的假设，指出论文研究局限性及未来有待进一步改进和研究的地方。

1.5 主要创新

本研究采用基于问卷调查的实证研究方法，严格遵循“理论分析—理论假设—实证检验”的基本规范和思路，通过问卷调查获取研究数据，从科技型大学生创业者的社会网络结构、社会网络资源、社会胜任力和主动性人格的概念特征和测量等基本问题出发，研究科技型大学生创业者的社会网络结构、社会胜任力、主动性人格和社会网络资源对企业创业绩效的内在影响机制，其研究结论更具有科学价值和实践指导意义。具体而言，在梳理和继承已有研究成果的基础上，本文有望在以下几个方面进行创新性的研究工作：

第一，探索科技型大学生创业者的社会网络结构的测量模型，检验社会网络结构对社会网络资源的影响，进而探讨社会网络资源在科技型大学生创业者的社会网络结构与企业创业绩效之间的中介作用，揭示了科技型大学生创业者的社会网络结构对于企业创业绩效的作用机制。有助于我们更清晰地看到科技型大学生创业者的社会网络结构是如何发挥作用的，也有助于科技型大学生创业者意识到如何有效地构建社会网络。

第二，本研究还进一步探索性地研究和检验科技型大学生创业者的社会胜任力和主动性人格对企业创业绩效的作用机制。在本文的理论框架中，科技型大学生创业者的社会网络结构、社会胜任力与主动性人格共同影响了社会网络资源，进而作用于企业的创业绩效。在此，社会胜任力和主动性人格为社会网络研究提供了很好的理论视角，是对大学生创业者社会网络研究的有益补充。

第二章 理论回顾

2.1 创业和大学生创业

2.1.1 创业与创业研究

20世纪80年代，随着百森创业研讨会、《企业创业杂志》（Journal of Business Venturing）和《创业理论与实践》（Entrepreneurship Theory and Practice）的创立，创业学逐渐成为了一个独立的学术研究领域。但是，由于广泛借用战略管理理论和方法，创业领域未能形成自己的理论框架。20世纪90年代，创业学随着互联网的兴起快速发展，大学创业教育日趋成熟，学术界的创业研究也取得了丰硕的成果（张玉利、杨俊，2009）。1991年，德国创办了创业教育和培训年会，美国百森商学院和英国伦敦商学院则共同发起创办了全球创业研究协会（Global Entrepreneurial Monitor，GEM）。亚洲的创业研究尽管相对比较落后，但也取得了一定的成绩（张建、姜彦福和雷家，2003）。

然而，关于"创业"的定义，由于学者们研究范式、角度和方法的差异，学术界始终缺乏一个权威的创业定义（Gartner，1990）①。Gartner（1990）运用德尔菲法（Delphi Method）对创业的概念进行了系统整理，归纳出创业者个人特性和创业的行为结果两个角度。创业者个人特性具体包括人格特征、创新性、独特性、开拓新事业和谋求新发展等；创业的行为结果包括创建新组织、追求利润和价值创造等。Kirzner（1997）提出的创业概念与套利紧密相关，即为正确预期市场不完善和不均衡的能力。

---

① Shane and Venkataraman（2000）指出，在构建创业研究领域的相关概念框架中，一直存在的最大障碍也许就是定义的问题。

Shane and Venkataraman（2000）从机会的角度定义创业，认为创业是机会的识别、评估和开发过程，即创业机会和创业个体相互交织的理想结果。Singh（2001）亦通过机会的识别与拓展来定义创业，认为创业是机会和各种关系的进一步扩展从而建立了一个新企业。

而关于创业者定义的观点，一派以杜尔哥和萨伊为代表，认为创业者是承担风险和不确定性，创立或创建任何类型新企业的人，这反映了构造论的观点；另一派则支持坎蒂隆和熊彼特的观点，认为创业者是创新者，以某种比较异常的行为在某种程度上改变着经济系统，这个定义反映了功能主义的观点。随着研究的进展和两种观点的日趋融合，创业研究者们逐渐认识到：一方面，创新者并不只是被动地对环境刺激做出反应的机器。不管环境中存在的是机会还是约束，个体都能够通过学习和创造的能力来达到自己的目标；另一方面，区域环境资源对增加本区域创业者的数量也起着促进或激励的作用（陈震红、董俊武，2004）。目前研究者们倾向于认为创业者是发现和利用机会，负责创造新价值（一项创新或一个新组织）过程的个体（Bruyat and Julien，2000；Shane，2001），创业的内涵也因而被定义为个体创造新价值的过程。

与创业相关的早期研究集中在创业者特质、背景和早期经验等方面，但是，这类研究逐渐受到质疑和批评，研究结果也令人失望。秉承Schumpeter关于创业是天赋异禀的少数人的偶然活动的观点，以McClelland（1961）、Collins和Moore（1964）、McClelland and Winter（1969）、Brockhaus（1980）、Carland et al.（1984）等为代表的一批学者形成了特质论派。典型的创业者特质有成就需求、控制点、风险接受倾向和不确定性容忍等，但在后续的研究过程中却都没有找到强有力的证据①。Gartner（1988）在系统总结创业特质论的基础上指出，关注创业者特质的研究是

① 比如，McClelland（1973）提出的“成就需求”认为，高成就需要是创业者的关键特质之一，然而后来的研究表明高成就需要非但不是创业者所独有的特质，而且与创业决策之间甚至没有必然的联系。高风险偏好等其他特质也遭遇了类似的情景，创业者的高风险偏好与普通管理者并没有明显差异（Low and Macmillan，1988），创业者虽然勇于承担风险，但同时也善于规避风险。

没有出路的，应该转而关注创业者行为及创业过程规律。

之后的学者们逐步将创业者与创业行为结合起来研究（Chell et al.，1991；Gartner et al.，1992；Lumpkin and Dess，1996），特别注重创业者决策制订时的认知过程、创业者的思考方式和决策制定过程等方面。Gartner（1988）创业框架中的创业过程包括寻找事业机会、积累资源、生产产品、销售产品或服务、建立组织以及对政府及社会作出响应的六个方面。鉴于创业机会的重要性和特殊性，Busenitz 在 Gartner（1988）创业过程框架的基础上，将创业机会独立成为创业活动的一个构面，而资源获取等创业管理实践被纳入到组织模式这一构面中。从这一变化可以看出，学者们试图将对机会的研究塑造成创业的独特版块，并试图划分创业研究的边界（郑馨、崔毅，2007）。

机会真正成为创业研究的焦点始于 2000 年 Shane 和 Venkataraman 在 AMR 上发表的一篇论文“The promise of entrepreneurship as a field of research”。他们认为独特的理论框架是一门社会学科存在的价值，这样才能够解释和预测区别于其他领域的一系列现象。因此，Shane 和 Venkataraman 提出了以机会为主线的创业研究理论框架，并得到了后来的创业研究者的高度认可。在创业机会识别阶段，创业者的创业警觉性起到了重要的作用，Ardichvili et al.（2003）研究了创业者的个性特征、知识和经验、社会网路等因素对创业警觉性的影响，指出这些因素之间的匹配有助于创业警觉性的提高。在创业机会开发阶段，由于资源的高度约束和环境的高度不确定性，创业者不得不采取一些独特而有效的行为，如主动性行为（Proactive Behavior）、即兴而作（Improvisation）和创造性利用行为（Bricolage）等。尽管这些行为概念来自于其他研究领域，却有助于解释在资源强约束和环境高度不确定性的情境下的创业行为（张玉利，杨俊，2009）。以机会观为基础的创业研究不仅把握了创业现象的本质，还整合了主流管理理论，从而把创业研究真正发展成为一门独立的学科（朱仁宏、曾楚宏、李孔岳，2008）。

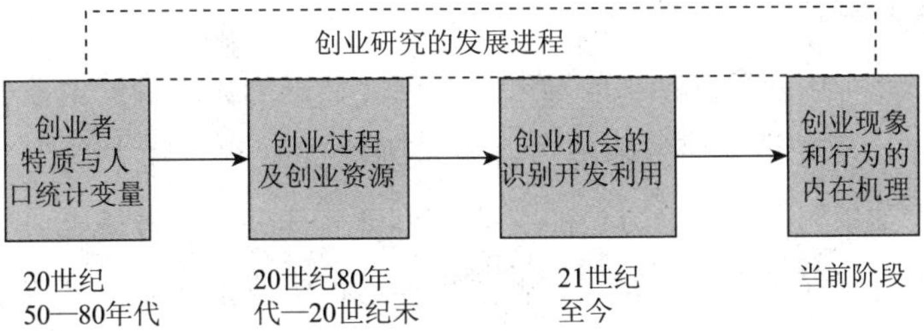

图 2－1 创业研究的发展进程

资料来源：作者设计。

目前，创业研究已经成为一个独立的研究领域，并逐渐越来越多地吸引着来自于诸如社会学、经济学、心理学和管理学等其他各个领域的研究者。学者们也逐渐意识到，仅仅从各自的理论视角去研究和解释复杂多变的创业现象存在不足，因而开始交叉运用来自于不同研究领域的理论（如认知理论、社会网络理论、制度理论和战略理论等）来研究创业现象和行为。显然，交叉学科研究有利于深化对创业研究框架中各个维度之间的内在联系的理解。Busenitz et al.（2003）指出，创业是多方面的复杂现象，关注于任何单一构面都不足以真正理解创业现象，应该注重创业者的差异、机会或组织模式等各方面的内在联系。

2.1.2 大学生创业

近些年来，为解决大学生就业形势日益严峻的社会问题，不少学界和业界人士开始转而探求鼓励和支持大学生创业的途径，呼吁大学生转变就业观念，建议政府和高校大力支持大学生自主创业。在这一背景下，高校率先开展大学生的模拟创业竞赛，比如，清华大学于 1998 年 5 月发起了“清华大学创业计划大赛”，之后其他部分高校也陆续开展类似的创业大赛活动。1999 年，团中央牵头举办了“挑战杯全国大学生创业大赛”，大学生创业活动由此逐渐被推广到全国高校，并得到了社会上越来越多的认可。“挑战杯全国大学生创业大赛”每两年举行一次，到目前为止已经成功举办六届，参与的高校有两百多所。截至 2009 年，通过挑战杯而产生的大学生企业已有数百家，各种类型的大学生创业竞赛已然成为大学生创业活动的催化剂。

同时，中国政府亦提出鼓励大学生创业，以创业来带动就业的大学生就业方针。政府相关部门陆续出台一系列的支持和鼓励大学生创业的政策，对大学生创业给予全方位的支持。2002 年 3 月，国务院办公厅转发的教育部等部门《关于进一步深化普通高等学校毕业生就业制度改革有关意见的通知》中明确规定："鼓励和支持高校毕业生自主创业，工商和税收部门要简化审批手续，积极给予支持"。"从事个体经营和自由职业的高校毕业生要按当地政府的规定，到社会保险经办机构办理社会保险登记，缴纳社会保险费"。在接下来的八年里，国务院、中国劳动和社会保障部陆续出台和深化了一系列大学生创业的优惠政策，具体涉及融资、税收、社会保障、创业培训等多个方面。在大学生创业政策的引导下，各地大学生的创业活动风生水起。

但是，总体而言，目前中国大学生创业的比例尚不到大学生的 2%，离发达国家大学生 20% ~30% 的创业比例还有很大的差距。大学生创业还面临着多种困难，其中最主要的困难来自如下五个方面：

（1）缺乏启动和发展资金。银行几乎不愿意贷款给这些规模小、风险大、还贷款能力弱的大学生创业企业，担保条件相当苛刻；风险投资公司了解到大学生创业缺少管理经验，往往顾虑重重，投资标准苛刻，或要求在公司中占大数股份；信用担保体系不健全，担保机构规模小，承保能力较弱，主要担保业务均为 3 ~6 个月的短期流动资金贷款，无法满足大学生新创企业的资金需要，同时，大学生创办的企业规模小、生命周期短、抗风险能力弱等特点，亦很难获得担保机构的青睐和支持。

当然，大学生创业者缺乏启动和发展资金，也有其自身的一些原因。有些大学生创业者急于得到启动资金，在创业初期低价向投资方出让股份、技术或创意，随着企业的发展又单方面提出中止合约，最终导致在资本市场中失去信誉；还有部分大学生创业者为了得到初始资金，在得不到必要支持的情况下勉强和投资人合作，导致项目不能持续发展；另外，还有部分大学生创业者对项目缺乏可行性论证的情况下，就劝说风险投资入股，导致低回报率，影响后续投资人的信心（吴运霞等，2006）。

（2）团队建设的困难。一方面，中国大学生创业团队多是由一些因私交很好的伙伴来共同创业，例如朋友、同学、老乡等，社会关系的匮乏使大学生创业者往往无法顾及到创业伙伴的目标和价值观是否一致的重要问题。随着企业的发展，创业团队成员的经营理念与经营方式的分歧越来越严重，公司的目标和策略也无法达成一致，价值观发生冲突，导致创业团队走向分裂。另一方面，随着企业规模的扩大，有些成员的能力可能不再适应更大规模、更加规范的企业经营管理，这种情况也会导致创业团队的分裂。此外，很多大学生创业团队在创立初期没有制定明确的利润分配方案，随着企业发展和利润增加，由于缺乏科学合理的管理制度，团队成员会因为分工不明确、惩戒措施模糊、利润分配不均而发生争执，导致团队成员间的矛盾冲突（王红军，2008）。

（3）项目选择的问题。由于受创业资金和管理经验等因素的制约，相当一部分大学生创业者选择了产品层次和技术含量较低的领域，如餐饮、服装、礼品店等；由于对自身优势和市场需求缺乏理性认识和分析，对经营的目标客户群也缺乏准确定位，导致创业项目的失败。

（4）政策支持和保障不足。目前，政府对于高校大学生创业者的扶持，主要集中于简化审批手续，免费提供政策、法规和信息咨询服务以及减免征税等方面的优惠政策，而没有在投融资方面对大学生创业者进行必要的引导、扶持和培育。中央及各级地方政府虽然出台了支持大学生创业的相关政策和指导方针，但是仍缺乏具体的实施细则，没有明确规定具体问题应该如何处理和解决。大学生创业者真正需要的在经营领域、融资渠道和税收政策等关键问题上的扶持力度十分不足。此外，各级地方政府服务意识差，办事人员效率低下，创业手续繁琐且耗时较长（吴运霞等，2006）。

（5）缺乏市场经验和指导。大学生往往局限于专业的限制，对市场和企业管理的认知较为有限，大学生创业者，非管理专业的学生，普遍缺乏市场开拓能力和企业管理经验，缺乏把产品推向市场的完整而又具体的商业计划，即使凭着热情和胆量办起了公司，仍然不能保持企业的正常运营。很多学生尤其理工科的学生，在校期间没有兼职经历，缺乏对市场问题的认识，学校里学习的理论知识无法使毕业生完全应对创业过程中各种各样的实际问题。

2.1.3 科技型创业与生存型创业

2.1.3.1 科技型创业与生存型创业

从技术含量的角度，大学生创业可以区分为生存型创业和科技型创业两种类别。根据2002年全球创业观察（GEM）的报告，生存型创业就是那些由于没有其他就业选择或对其他就业选择不满意而从事创业的活动。由于生活所迫及物质资源匮乏，生存型创业是创业者出于生存和谋生目的、为获得个人基本生存条件、不得已而选择的创业形态，呈现出低成本、低门槛、低风险、低利润、无力用工等特征（郭必裕，2010）。2009年，成都团市委的调查显示，大学生以生存和谋生为创业目的的生存型创业比例达到41%。

科技型创业是基于某项科研成果，如北大方正、清华紫光、清华同方等高技术企业早期的创业过程；或者是科技与市场结合的创业，称之为综合性创业，通常是早期基于科技成果来创业，到后期结合市场需求进行再创业，或者是早期基于市场需求的创业，后期结合科技成果进行再创业的创业过程（肖建，2009）。大学生科技型创业指的是依托大学生在校期间学习的专业知识所从事的创业活动（马海艳、徐立青，2010）。

在市场空间拓展方面，生存型大学生创业的目标往往是目前现有的市场，科技型大学生创业的目标则多为潜在的新兴的市场。在产业结构升级方面，生存型创业的大学生由于经济条件和创业资源的限制，所从事的是技术壁垒低、专业知识要求不高、科技含量较低的行业，对于产业升级发挥的作用微乎其微；科技型创业的大学生以专业知识和科研成果为依托，结合市场的需求进行创业或再创业，极大地推动了市场创新和技术创新，促进产业结构的升级和经济社会的发展。在劳动就业方面，生存型大学生创业从事低成本和低利润的行业，创业的规模也较小，员工规模受到了严重的限制；科技型大学生创业针对的往往是新兴的潜力大的市场，未来巨大的市场需求会带动企业规模的扩大，并进而促进社会就业。

因此，与生存型大学生创业相比，科技型大学生创业真正体现了未来市场的需求，促进科技、市场乃至整个社会的创新与发展，是未来国家竞争力的提升的一个重要领域。基于高等教育背景及高校丰富的科研成果，大学生应该成为科技型创业的生力军。然而，在上海教育部直属高校毕业研究生就业工作协作组 2009 年的调研结果显示，高校毕业生从事的创业项目中，社会服务业占 34.63%，制造业占 13.27%，金融、保险业占 12.94%，高科技创业仅占 17.11%（郭必裕，2010）。可见，大学生还没有在科技型创业中发挥应有的作用，科技型大学生创业还有待于社会各方面的鼓励与扶持。

此外，生存型创业是在现有市场上创业，对于物质、人力、信息、技术等网络资源的数量和质量要求都不高；科技型创业则需要较高的科技水平、专业性的技术人才或某些领域的专家、畅通的信息渠道等，对于网络资源的依赖程度要高于生存型创业。生存型创业者关注的往往是短期利益，且社会地位较低，不容易与外界建立良好的社会关系（蔡莉，2009）；科技型创业者更加关注长远的创业目标，比较重视与外界维持长期的良好关系以获取所需的创业资源。

2.1.3.2 科技型大学生创业的基本情况

“科技型大学生创业企业环境研究”项目组在无锡、北京、徐州、上海、深圳、广州六个城市的 20 个科技园内的科技型大学生创业企业的调研结果（马海艳、徐立青，2010），对于科技型大学生创业的情况给予了较为全面和客观的描述。

首先，在徐州、无锡、深圳三个城市，拥有本科学历的科技型创业者占了绝大多数，而北京、上海和广州的科技型创业者则更多的拥有硕士研究生及以上的学历。拥有硕士以上学历的创业者多是在自己的专业方向基础上，对自己在学校期间的科研项目进行生产实践，因此这类企业更注重研发工作，也拥有更多的专利技术。其次，科技型大学生创业企业主要集中于互联网信息服务及软件业、广告设计及文化创意业、制造业（新材料等高科技制造业）、零售贸易业、管理咨询、投融资及法律服务业。大学生创业者的专业分布与大学生创业企业的行业分布相吻合，大部分创业者在创业时会选择与自己所学专业有关的行业，这些创业者中以工学（主要指计算机等相关学科)、管理学、经济学、理学、广告艺术等专业的大学生居多。

在盈利状况方面，科技型大学生创业企业尚未进入盈利的阶段，多数企业只是刚刚步入正轨，基本实现了收支平衡，甚至有很多企业才刚刚起步，产品即将上市，但是，绝大多数创业者认为企业的市场潜力很好或者较好，大学生创业者对企业和市场的前景仍持有乐观的态度与激情。

2.1.3.3 高校创业指导中心与科技型创业

在扶持大学生科技型创业方面，高校大学生创业指导中心发挥了相当重要的作用。大学生创业指导中心通过对入驻创业园的科技创业企业的严格挑选与把关，对科技创业企业的辅导、管理与考核，极大的推动和扶持了大学生科技型创业企业的创办和发展。如复旦大学创业中心要求入驻科技园的大学生创业者本人及其团队成员熟悉本企业产品技术领域的研究和开发，具有实施转化本项目技术的能力；同时，企业的项目或产品短期内具备可进行商品化、产业化开发的条件，市场发展潜力大并具有较强的市场竞争力，预期的经济与社会效益显著；科技创业企业的项目或产品必须通过专家组的评估和认定后方可进驻科技园。

同时，复旦大学创业中心还为入驻科技园的大学生创业企业免费提供各种常规服务，包括办公场所、办公设备、公共文秘、财会、人事服务、创业咨询和辅导、项目评估、管理培训等；外聘知名企业家、教授、心理辅导员，组成辅导顾问团，以解决大学生创业企业在创业不同阶段出现的问题；提供创业辅导课程，包括创业者的心理辅导、创业实务课程培训、创业者分享论坛、成功创业企业参观与学习；提供投融资服务及财务记账服务平台，提供财税政策、融资只是培训讲座，对于符合申请创业项目投资补贴的项目提供1:1的投资匹配。

2.2 社会网络

20世纪60年代以后，社会学家怀特（White）及其后继者伯曼（Boorman）、布里格（Brieger）和弗里曼（Freeman）等人的研究使社会网络理论①得到迅速的发展。社会网络分析方法结合了计量社会学（Sociometrie）、数学、社会心理学、图形理论（Graph theory）等各个领域的研究成果，可以有效地测量社会网络结构，也可用于解释行动者的社会行为（Mitchell，1969；Alba，1982；Lincoln，1982）。社会网络是一组行动者之间的特殊联系（Mitchell，1969；Alba，1982；Lincoln，1982），社会网络中的行动者既可以是个人层面（Mitchell，1969；Foss，1996），也可用于组织层面（Thorelli，1986），甚至可以推广到民族和国家的集体性质的社会实体层面（Kilduff and Tsai，2007）。本研究中特指科技型大学生创业者社会网络，着眼于个体层面的社会网络。需要指出的是，个体和组织层面的社会网络并非泾渭分明，现实生活中不同层面的社会网络往往相互交织难以区分，理论研究中不同侧重面的社会网络研究方法也是可以融会贯通的（Gulati，1999）。

Johannisson et al. 在1994年关于创业者网络的研究中指出，在创业阶段，社会网络是创业者最重要的资源，通过社会网络来组织业务的能力对创业者具有决定性意义。Sawyer and McGee（1999）也指出与大型成熟企业的管理者相比，小型创业企业的管理者更能够感受到环境和战略的高度不确定性，因而也更倾向于从各种正式和非正式社会网络中获取资源和收益②。Hoang and Antonic（2003）及 Lechner and Dowling（2003）将创业网络领域概括成三个主要的网络分析成分：网络成员交易内容（资源）、网络结构特征和网络关系的治理机制③。本文所探讨的大学生社会网络是针对个体层面的社会网络，其所关注的是个体如何通过社会关系的构建，对

---

① 社会网络是西方社会学的一个重要分支，其思想最早源于德国社会学家齐美尔（Simmel，1908）在《社会学：关于社会交往形式的探讨》中将整个社会视为相互交织的社会关系。英国人类学家 Radcliffe – Brown（1940）在《论社会结构》中第一次正式采用社会网络的概念来解释社会分配和社会支持。

② 为了克服“新”所带来的不利因素，新创企业的创立者尤其注重建立人际网络，往往动员所有可利用的资源来保证所需信息和资本的获得（耿新，2008）。

③ 网络关系的治理机制主要是指网络间的信任发挥了影响资源交换、降低交易成本的作用（Richardson，1972；Thorelli，1986；Powell，1987，1990；Larson，1992；Lorenzoni and Lipparini，1999）。从这种意义上讲，网络关系的治理机制是存在于组织之间的介于市场交易和层级关系间的社会网络之中（Thorelli，1986；Di Maggio，1986；Powell，1990；Lorenzoni，1992；Jarillo，1993）。

外寻求情绪支持、信息交换、交易机会等资源，及个体通过社会网络动员资源的潜力（罗家德，2005）。因此，本文结合 Hoang and Antonic（2003）、Lechner and Dowling（2003）、罗家德（2005）的观点以及科技型大学生创业者社会网络的研究主题，将按照社会网络结构和社会网络资源两个方面来回顾相关文献。

2.2.1 社会网络结构

Mitchell（1969）根据四个结构维度和五个互动维度测量社会网络：结构维度包括网络的考察基点、密度、可达性和范围；互动维度分别是网络内容、强度、频率、持久性和方向。Mitchell 的维度核心其实就是后来的网络结构、资源和关系强度，值得强调的是，他还发现了资源和关系强度之间的互动关系。在 Mitchell 的基础上，Tichy，et al.（1979）将资源和关系维度区分开来，更清晰的提出从交易内容、联系特征①与结构特征来考虑社会网络特质，其中，结构特征是指整体网络的特质，包括网络规模（网络成员的数量）、密度（网络实际联系数量与可能联系数量的比例）、集群性（网络中联系密集区域的数量）、稳定性、开放程度（一个社会单位可能的实际联系数量与可能联系数量的比例）、可达性（网络中任意两个个体之间的平均联系数量）、集中度（受正式等级关系影响的程度）、明星（网络中拥有最高职位的个体）、联络员（不是集群的成员但是连接着多个集群的个体）、桥（是多个集群成员的个体）、守门员（联系社会单位与外部领域的个体）、脱离者（与网络解除关系的个体）等 12 个外显特征。我们可以看出，Mitchell（1969）和 Tichy（1979）是将关系强度区别于社会网络结构。

Mitchell and Tichy 等所提出的这些测量维度比较全面并在后来的研究中得到了广泛的采用。之后的国内外学者对社会网络结构特征的研究主要集中在对网络规模、倾向性、网络的密度（Density）、强度（Intensity/

① 交易内容即网络间流动的资源，包括情感、影响或权力、信息、产品或服务；联系特征是指行动者相互之间的关系特征，包括网络联系的强度、网络成员的互惠状况、网络成员间的期望程度、网络中不同形式联系的复合程度。

Strength)、多样性（Diversity）等几个维度上，同时，关系强度也逐渐地被囊括进社会网络结构的范畴。比如，Aldrich（1988），Aldrich and Zimmer（1986），Scott（1991）分别从网络大小、网络强度、网络密度、网络间距、网络异质度来研究社会网络；Aldrich and Woodward（1986）从网络多样性、网络活动、网络强度、关系类型和网络时间等几个角度来研究社会网络；Greve（1995）从网络大小、网络强度、网络密度、网络间距、网络背景五个方面入手，研究表明这五方面对于创业企业获取资源具有积极影响，进而可以提高企业绩效；Burt（1992）认为社会网络结构包括三个维度，即网络规模、密度和层次；国内学者林剑（2006）亦从网络规模、网络强度、网络成员的异质性角度来研究创业网络。此外，学者们亦不断丰富和完善社会网络的维度与测量方法，其中较为重要的包括 Whetten（1982）提出网络复杂性的维度，特指网络成员的目标、产品和服务等的差异化程度；Davern（1997）在网络结构和资源的基础上，提出了网络规范和动态性过程①，Davern 认为网络动态性是研究最少的一个方面，应该结合网络结构和资源等维度来研究网络动态性②。

从上面的理论回顾中可以发现，很多社会网络结构维度的涵义存在很大程度的重合，同时，也存在集体层面的社会网络结构维度和个体层面的网络结构维度的区别。结合以往关于创业者社会网络的研究，本文重点回顾网络规模、网络密度、异质性和联系强度这四个个体层面的社会网络结构维度。

（1）网络规模。网络规模是指网络成员的数量，自我中心网络的规模是排除“自我”之外其他网络成员的数量。在创业领域，研究者们往往按照与创业者讨论重要问题的“核心讨论网”来确定网络规模。美国大多数学者都将“核心讨论网”的规模限定为五人，如 Van Emmerik（2006）在研究性别对个体网络影响时，要求响应者依据有价值资源贡献程度列出他某种类型社会网络（如非正式的社交网络、工作网络和建议的网络）中的

---

① 规范是指存在于网络内部或网络之间的责任、义务、互惠等行为准则；动态过程包括网络构建、关系维持与资源动员。

② 据此可以认为，网络的各个维度并不是截然对立，而是相互融合、错综交织的。

五个成员；Renzulli, et al.（2000）在研究家族关系是否影响性别和网络对创业结果的影响时，要求被调查者指出愿意或能够与他讨论创业思想和经营企业的活动的人员中的最开始的五个；Singh, et al.（1999）在研究企业家机会识别时，就要求样本企业家指出对他们机会识别有助的五个网络成员。根据 Marsden（1987）对美国 GSS 问卷的研究显示，美国人"核心讨论网"的规模平均为 3.01。

（2）网络密度。对于整体网络来说，网络密度是指所有网络成员的实际联系数量与最大联系数量的比率；对于"自我中心"网络而言，网络密度则只计算"自我"以外的实际联系数量与最大联系数量的比率。网络密度一直是创业领域里广泛采用的测量创业接近和控制网络资源能力的指标（McEvily and Zaheer, 1999；Burt and Raider, 2000）。网络密度越大，网络成员之间互动的频率就越高，网络资源在成员之间的循环与交换也越容易。在网络规模不大的自我中心网络之中，直接计算"他人"之间没有联系的数量常常被用来反映自我中心网络结构洞的程度，比如 Singh et al.（1999）在社会网络对企业家机会识别影响的研究中，就将企业家社会网络中"他人"之间没有直接联系的数量直接作为结构洞的数量。

（3）网络异质性。网络异质性是指社会网络对象之间各种属性的相异程度，"自我中心"网络的异质性是"自我"以外的其他网络成员之间各种属性的相异程度（Marsden, 1987）。例如，创业者的社会网络成员可以按照学历背景、工作单位类型、产业、地区等进行分类，进而分析网络成员在这些关系品质方面的相异程度。Wheten（1982）认为异质性是社会网络联系中的重要特征之一，并指出网络成员在网络目标、服务、产品或目标群的相异程度，即领域的相似性或功能性差异化是社会网络的重要特征。网络异质性越差，网络中能够带来的资源也越单一；而关系网络中的成员异质性越强，所拥有的网络资源跨度越大，个人关系网络的异质性可以克服网络资源的重复性，提高控制社会资源的能力和接近多元信息的可能性。

（4）关系强度。在社会网络与社会资本研究中，Granovetter（1973）提出的"弱关系的力量"已成为一个经典命题。弱关系指的是网络成员之间较宽松的关系，它不同于家庭成员或者朋友之间的强关系。Granovetter认为弱关系会带来更多异质性的信息和资源，而强关系则会带来很多冗余的信息和资源，因此，弱关系可能是比强关系发挥更强有力的作用。Granovetter强调的是通过扩展弱关系来获得资源的重要性。后来的研究者们对这个问题进行了大量实证研究（Granovetter，1995；Lin，1999），得出的结果却并不一致，尤其在强调“差序格局”的中国文化背景下，往往愿意提供资源和支持的网络成员都是强关联的（费孝通，1998；乔健，1982；金耀基，1992）。在科技型大学生创业过程当中，弱关系可以为科技型大学生创业者提供更加广阔的交易平台，获得难以获得或者高成本的信息和资源，强关系则有利于他们获得家人和朋友的情感支持和无偿帮助。不过，尽管关于关系强度的研究呈现了很不相同的结果，但是在关系强度是社会网络结构的重要组成部分这一点上，学者们达成普遍的共识（Montgomery，1992；Lin，1999）。

2.2.2 社会网络资源

早期的国外学者在资源的类别划分方面比较简单，无法全面涵盖资源所包含的内容①。Barney（1991）依然将企业资源简单地分成物质资源、人力资源②和组织资源三种类别，其中，组织资源包括企业的正式报告结构、正式和非正式的计划、控制和协调体系，以及企业内部各群体间、企业内部各群体和外部环境各群体间的非正式关系。不过，也有学者认为组织资源包括组织政策、文化、路线和结构，以及组织成员的知识水平（Edelmana et al.，2005）。Haber and Reiche（2005）则将组织资源定义为包括公司的正式与非正式的计划编制、公司内部各组的非正式关系以及公司与环境之间的关系。

---

① Penrose（1959）把资源分为两大类，即有形资源（tangible resources）和人力资源（human resources），前者包括厂房、设备、土地、自然资源、原材料、半成品等；后者包括熟练和不熟练的劳动力、管理人员、财务人员、技术人员等。Ansoff（1965）将资源分为三种类型，即物质资源（存货，设备）、财务资源（资金，贷款）、人力资源（劳动力，管理者）。

② 物质资本资源包括企业使用的有形技术、厂房和设备、地理位置和进货渠道等；人力资源包括管理者和员工个人的培训、经验、判断、知识、关系，等等。

随着企业发展和研究的深入，学者们引入了越来越多的资源种类。Grant（1991）将资源分成六大类，即财务资源、物力资源、人力资源、技术资源、声誉和组织资源。Dollinger（1995）和 Brush（1997）在创业研究中沿袭了 Grant 的资源分类，将创业资源分为六种类型，包括人力或智力资源、财务资源、物质资源、技术资源、组织资源和声誉资源。Dollinger（1995）和 Brush（1997）都意识到了创业者个人在创业过程中的重要作用，Dollinger（1995）将创业者的个人声誉归入到人力资源中，Brush（1997）将社会资本归入到人力资源类别当中。在 Hitt et al.（1995）的研究中，他列举了七类主要的企业资源，即财务资源、物质资源、技术资源、创新资源、商誉资源、人力资源和组织资源。

在社会网络资源的相关研究中，还有很多学者提到了信息资源（Birley，1985；Aldrich and Zimmer，1986；Smeltzer et al.，1991；Brown and Butler，1995；Cummings，2004；Cummings and Teng，2003；Gilsing and Nooteboom，2005；Hansen，1999；Levin and Cross，2004；Reagans and McEvily，2003；Salman and Saives，2005；Singh，2005；Uzzi and Lancaster，2003）和情感资源（Bruderl and Preisendorfer，1998；Anderson et al.，2005）。情感资源是指家人和朋友等网络成员所提供的情感支持，考虑到在科技型大学生创业过程中所承担的风险和压力，情感资源对科技型大学生创业者来说应该起到了比较重要的作用。另外，Bhide and Stevenson（1992）还提出另外一种资源——销售订单，认为其对于创业企业也是至关重要的①。在早期阶段，消费者或导向用户（lead user）所提供的销售订单是资源所有者获得新创企业信息的关键市场信号（Venkataraman，1997），因此，对于创业企业获得其他资源是非常重要的。国内学者在研究创业资源和网络资源的时候，主要借鉴国外已有的研究，比如蔡莉和柳青（2007）亦将创业资源归纳为人力资源、物质资源、技术资源、财务资源、市场资源和组织资源六种类型，其中，人力资源的定义比较宽泛，可以进一步分为智力资源、

---

① 由于资金的限制，新企业在产品宣传上受到很大限制，因此消费者对产品的信息是不完备的；另外，由于新企业缺少一定的历史纪录，这样消费者购买产品要承担一定的风险。

声誉资源和社会资源三种。此外，还有部分学者倾向于把与政府部门，特别是职能部门，如工商、财政等机构的关系视为资源的组成部分①，这可能与中国的社会状况有关。

依据社会网络理论，网络资源是镶嵌在网络关系和网络结构中的，因此，在社会网络相关研究中，不应该把网络关系视为网络资源，网络资源是在网络关系和网络结构中产生的。在此，本文主要参照国外学者对于网络资源的相关研究，不考虑行政资源或关系资源，将科技型大学生创业者的社会网络资源划分为：信息资源、技术资源、财务资源、情感资源、人力资源、物质资源、商誉资源、市场资源和组织资源。

2.2.3 创业者社会网络与创业绩效

目前关于创业者社会网络对创业绩效的研究结论存在较大的分歧，可以总结为以下三种情况：

2.2.3.1 正相关

Birley（1985）对160家新创企业的研究发现，企业创办初期所需要的主要资源，如原材料、供应商、设备、场地、员工和订单等，均来自非正式网络中的家庭、朋友和同伴。Dollinger（1985）对宾夕法尼亚82名小企业所有者的问卷调查显示，创业者花费了59%的时间和精力用于开发和维持各种社会关系网络，以获取企业发展所需要的资源和信息。Dollinger（1985）研究结果表明，积极的网络行为会导致成功的财务指标，提高新创企业的绩效。Aldrich et al.（1987）② 研究发现资源可获得性与创业绩效显著正相关，具体而言，三年内的新企业网络异质性水平与利润负相关，

---

① 王庆喜和宝贡敏（2007）将资源划分为物质资源、业务资源和行政资源，其中，行政资源指的是企业与政府部门，尤其是职能部门，如工商、财政、税务、国土、环保等机构建立的关系资源；石秀印（1998）亦认为企业家通过社会网络获取的资源主要包括政府行政与法律资源、生产与经营资源、管理与经营资源、精神与文化资源等；林嵩（2005）将创业资源主要分为六个方面，即政策资源、信息资源、资金资源、人才资源、管理资源、科技资源。

② Aldrich et al.（1987）利用网络规模、网络异质性及网络资源可获得性三个指标来测量企业家社会网络，创业绩效则采用了主客观两种指标，包括企业家主观认为商业创意实现程度以及新创企业利润。此外，研究者还在意大利、瑞典、北爱尔兰和希腊等国进行了重复研究，也得到了同样的结果。

资源可获得性与创业绩效显著正相关；三年以上的企业网络规模与利润正相关。Reese（1993）从美国小企业中心收集了353家企业样本，对男性创业者和女性创业者资源获取行为的差异进行研究，结果不仅发现女性创业者在资源获取过程不存在结构性障碍，而且还发现创业者社会网络规模与新创企业成长绩效之间存在正相关关系。Reese（1993）认为，只有为了个人满足与消遣的创业者，才不会偏好于网络行为。Hansen（1995）基于44位来自美国田纳西州高科技产业、制造业、批发业等多个部门的创业者的样本，研究发现企业成立前六个月的网络规模、密度、互动频率与企业建立一年后的增长率（Growth rate）① 之间均显著正相关。Ostgaard and Birley（1996）采用了网络规模、维持和开发网络的时间、网络异质性及利用网络的程度（The Intensity of Using the Network）来测量企业家网络特质和网络化；使用销售额增长率、雇员增长率及利润增长率来衡量创业绩效，研究发现网络规模及维持和开发网络的时间与雇员增长率显著正相关系。Bruderl and Presisend（1998）在慕尼黑（Munich）和巴伐利亚（Bavaria）调研了1710位创业者从网络中获得支持的程度，同时以建立后存活4～5年、雇员数量的增长、销售的增长作为创业绩效的标准，研究发现网络化程度和创业绩效显著正相关，从网络中获得支持的程度显著提高了新创企业存活和销售额增长的几率，从家庭获得的情感支持亦与创业绩效显著正相关。Lee（2001）以新加坡168位华人企业家作为研究对象，亦发现网络规模和沟通频率与创业企业的销售和利润正相关。

中国国内关于创业者社会网络与企业创业绩效关系的研究结果大多表现为正相关关系。比如，李路路（1995）认为，私营企业家与其亲戚和朋友的关系，特别是这些亲戚和朋友的职业地位和权力地位，对他们进入私营经济领域、获得资源和私营企业的发展等方面都具有重要作用。边燕杰（2006）基于深度访谈和对830家企业的问卷调查研究发现，创业者的社会网络对创业过程至关重要，社会网络是商业信息、创业资金和销售订单

① Hensen（1995）没有简单采用雇员数量的增长，而是采用企业的月度薪水总额作为测量新创企业成长的指标，这样不仅可以了解雇员的数量并且能够了解雇员的资质。

的重要来源。张玉利等（2008）研究发现，社会交往面广、交往对象趋于多样化、与高社会地位个体之间的关系密切的创业者更容易发现创新性更强的机会；而且创业者先前经验调节着上述影响机制，即相对于经验匮乏的创业者而言，经验丰富创业者更容易从高密度的网络结构中发现创新性更强的机会。耿新（2008）关于企业家社会资本对新创企业绩效影响的研究结果表明，企业家社会网络规模、异质性和密度均与社会网络资源和新创企业绩效正相关。杨俊等（2009）研究发现，在创业过程中，越丰富利用关系资源的创业者更容易整合到更丰裕的创业资源，从而提升新企业绩效。张青等（2010）的研究亦发现，社会资本对网络创业绩效的三个影响因素有正相关影响；结构资本对创业机会识别、创业资源的可获得性，关系资本对创业资源的可获得性、认知资本对创业者动机的影响都非常显著；社会资本能够显著提高个人电子商务创业绩效。

2.2.3.2 不相关

Cooper et al.（1991）① 将企业家的信息来源分为三类：公共资源（书籍，协会等）、个人资源（朋友、亲戚、熟人）、专业资源（银行家、税务顾问、律师等），同时，以使用个人信息资源的强度（Intensity of Using Personal Sources of Information）作为企业家社会网络行为变量，以 2 ~ 3 年后是否存活作为创业成功的变量，但没有发现二者之间存在显著的相关性。Aldrich and Reese（1993）对北卡莱罗纳州的创业者进行了两次调研②，以网络规模、发展和维持网络的时间作为网络行为变量，以两年后是否存活及新创企业利润作为创业成功的变量，同样没有发现二者之间存在任何相关性。差不多同时，Golden and Dollinger（1993）通过美国中西部 57 家制造企业的问卷调查，研究小企业战略姿态与合作倾向性之间的关系，结果发现社会网络使用与企业销售增长或净利润之间几乎不存在任何

① Cooper et al. 搜集了 1984—1985 年间在美国成立的 2246 个公司样本，并在 1985 年发放了第一次调研问卷，1986—1987 年期间发放了第二次问卷。

② 1990—1991 年间通过调研问卷回收了 444 份有效问卷；1994 年通过电话访谈回收了 281 份有效问卷。

联系。Johannisson（1996）① 用网络规模和维持开发网络的月投入来测量整体网络，则用关系特征（商业关系或社会关系）、沟通频率、关系强度、基本网络成员的网络规模衡量基本网络；根据由企业家本人根据企业成长前景（growth prospects）、财务绩效（financial performance）、个人成就（personal fulfillment）判断新创企业是否成功，最终研究结果表明自变量和因变量之间不存在任何显著的相关性。Littunen（2000）选取来自芬兰的129位企业家作为样本，以关键运作阶段4～6年后是否存活作为成功的标准，研究发现企业间网络以及企业家个人网络对新创企业成功没有显著影响。Butler et al.（2003）对泰国100位制造业企业主进行研究，检验信息、创业行为以及绩效之间的关系发现，尽管创业者将信息获取归功于社会关系网络，但并没有力证据表明信息与企业绩效之间存在显著联系。

2.2.3.3 复杂关联

Senjem and Reed（2002）研究51位好莱坞新创电影公司的企业家，发现网络密度与绩效显著正相关，而网络限制性与绩效则显著负相关。Witt（2004）提出的命题认为，创业者投入社会网络的时间和金钱越多，创业团队成员的数量就越多；创业团队的网络行为越多，网络的规模和异质性程度也越高；创业团队网络规模和多元化与网络净收益（Net Benefit）呈倒U型关系；网络净收益与新创企业的收益、成长及价值创造呈线性正相关关系②。Watson（2007）以澳大利亚5014位中小企业的企业主作为样本，发现网络活动、规模和强度与企业的存活和增长呈倒U型关系，其中，网络强度对企业存活作用更强，而网络规模对企业增长作用更强。

2.2.3.4 创业者社会网络与创业绩效的研究述评

综合上述研究文献，特别是对比上述研究文献中所采用的测量维度及

---

① 作为最早对欧洲企业家样本进行社会网络实证研究的研究者之一，Johannisson 1987年在瑞典采集了361位创业者的网络数据，并于1993年再次采集了其中158位创业者的数据样本；而后在1996年将网络数据划分为两个模块：其一包括企业家的整体网络（The Whole Network of An Individual Entrepreneur）；其二聚焦于企业家的基本网络（The Primary Network），共包括企业家经常与之进行商业探讨的五个人。

② 需注意到，Witt（2004）未能针对相关命题进行实证验证，这可能与Witt（2004）提出的研究命题比较复杂有关。Witt（2004）从创业者社会网络扩展到创业团队社会网络，不仅考虑到投入社会网络的时间和成本及文化因素的影响，还增加了创业团队成员对企业盈利、成长和增值的目标及他们自身的素质。

研究方法之后，可以发现企业家社会网络与创业绩效关系的研究结果不统一的原因可能主要来自以下三个方面：

首先，研究者们采用不同的社会网络指标是导致研究结论不一致的重要因素。社会网络作为一个多维的自变量，其不同的内在维度虽然可能存在较高的联系和一致性，但是有些维度还是具有很大差异的。社会网络不同的维度与创业绩效可能存在截然相反的关系，自然会产生不同的研究结果。

其次，上述研究文献中有关新创企业成功的测量指标也不统一。从文献回顾中可以看到，很多研究者只采用了单维或双维的测量指标，而企业的创业绩效应该是从多个维度去进行测量才可能得到比较客观的认识。由于新创企业不同阶段具有不同的特点，每个阶段的测评指标也应该是有区别的。

最后，不同的国家和地区的文化存在显著的差异，可能会影响企业家社会网络给新创企业所带来的资源。这可以解释为什么很多国家的研究者（比如 Aldrich et al.，1989；Johannisson and Nilsson，1989；Birley et al.，1991）都复制了 Aldrich et al.（1987）的实证研究，研究结果却存在很大程度上的差异。正如 Dodd and Patra（2002）所指出的那样，虽然创业者的行为存在某种程度上的同质性，但是不可忽略其中的异质性，而这种异质性很大程度上是由于文化差异所导致的。

2.3 社会胜任力

2.3.1 社会智力

如表 2-1 所示，本文从认知（对自我和他人的认知）和行为（解决人际问题的行为）的视角对社会智力①的概念进行了较为系统的梳理。

---

① 社会智力的概念最早是由 Thorndike（1920）提出来的，他认为智力有三种构成：抽象智力（Abstract Intelligence），包括心智能力，特别是处理语言和数学符号的能力；具体智力（Mechanical Intelligence），即个体处理事务的能力；社会智力（Social Intelligence），即处理人与人之间相互交往的能力。

表 2 - 1　社会智力的相关定义

视角	作者	定义
认知视角	Wedeck（1947）	正确判断他人感情、情绪和动机的能力
	Guilford（1967）	个体对自我以及他人的思想、动机、情绪、情感等的认识
行为视角	Moss & Hunt（1927）	与他人相处的能力
	Wechsler（1958）	人们处理人类事务的工具
	Weinstein（1969）	完成人际任务的能力
	Fordet al. （1983）	采用恰当的方法和策略实现具体社会情境中相关的社会目标
	Sternberg（1996）	人们进行恰当社会交往所必备的能力
认知与行为视角	Vernom（1933）	与一般人相处的能力；有关社会事务的知识；对他人发出信息的敏感性；对他人情绪和特征的洞察力
	Cantor and Kihlstrom(1985)	概念性知识；规则性知识；各种行为表现
	Marlowe（1985）	理解人际情境中人们（包括自己）的感受、思想和行为，以及据此做出恰当反映的能力
	Gardner（1983）	自我反省、了解自己的优缺点、情感和思维过程以及快速掌握和评估他人情绪、情感、意图和动机的能力，并据此采取相应的行为
	谢宝珍，金盛华（2001）	理解人际情境中人的感受、思想和行为及在此基础上做出适当行为的能力，包括一系列的知识、经验和解释社会信息、解决人际问题的技能

资料来源：作者设计。

尽管社会智力的理论早在20 世纪初期就被提出并取得了一定的进展，但是有关社会智力的概念内涵和结构维度一直没有实质性的突破（吴东晓，2005）。直至20 世纪 60 年代以后，在 Guilford 智力理论的影响之下，社会智力的研究才自此掀起新的高潮。Sternberg（1983）在《超越 QI 一人类智力的三元理论》一书中对这一现象做出了如下解释：“社会智力是一周期性的概念，时而遭受冷落，时而备受欢迎，在不同时期重复着这种循环。此概念流行周期变化的原因部分在于对智力结构究竟是什么以及如何对它进行研究这两个问题的解答存在不确定性。”

2.3.2　社会胜任力

自从 1973 年 McClelland 等提出胜任力概念之后，越来越多的研究者开始使用胜任力来表示一种与任务情景密切关联的，能够影响个体工作绩效的一种综合才能。社会胜任力①逐步取代了社会智力的概念，原来社会智力内容（包括知识、技能、自我概念等成分）被看作是社会胜任力的一个成分（吴东晓，2005）。在创业研究中，Baron and Markman（2003）将社会胜任力定义为“与他人互动交往的效能”，是多种社会技能的整合，这些社会技能是可以通过培训得以改变和提高，从而促进创业者发现机会和创办成功的企业。在创办企业的过程中，创业者缺乏成熟的社会关系及明确的规章制度（Gartner et al.，1992），必须和不同的人（如顾客、供应商、雇员等）“从无到有”的建立社会关系（Baron，2003），因此社会胜任力的作用非常重要。

Baron and Markman（2003）首先回顾社会技能和情绪智力方面的研究文献，并在此基础上归纳出五个社会胜任力的维度：社会知觉、印象管理、社会适应性、表达力、说服力，并开发出包含 30 个题项的调查问卷，然后从化妆品行业和高科技行业选取了两组企业家进行调研。研究结果表明，社会胜任力的四个维度②在两组样本之间显示了中度的聚合效度和良好的区分效度，模型有适度良好的匹配③。Baron and Markman（2003）研究发现，社会知觉与两组创业者的财务成功都显著正相关；社会适应性与化妆品行业创业者的财务成功正相关；表达力与高科技行业创业者的财务成功正相关。对此，Baron and Markman（2003）的解释是，化妆品行业的

---

① Schneider（1996）等将社会胜任力定义为：有效的社会交往的行为能力，这种行为是基本的促使个体实现其社会目标的能力。

② 在 Baron and Markman（2003）所称的四个维度中，社会知觉（Social Perception）是指准确地感知别人的特点、意图、和动机等；印象管理（Impression Management）是使他人对自己的外表和形象产生良好评价并从他人那里获取积极回应的技能；社会适应性（Social Adaptability）即适应各种社会情境能力和与来自不同背景的个体顺利交往的能力；表达力（Expressiveness）是指清楚恰当的表达自己的情绪和感情从而使别人产生激情的能力。

③ 此外，Baron 还采取第三组创业者进行测试，分别由创业者自己和了解他们的人进行，两组数据高度一致，这表明以自我报告的方法测量创业者的社会胜任力具有良好的效度。

创业者通常要参与到大量的面对面的销售活动之中，所以他们必须能够接近完全陌生的人群并与之产生互动，适应力会显著提高他们的财务绩效指标；而高科技行业的创业者相对来说无需接触大量的陌生人，但是新创高科技企业的创业者和企业内部的员工会有很多直接的接触，表达力可以帮助创业者使自己的员工产生激情和动力。

2.3.3 情绪智力

对情绪智力①理论的正式研究始于 Mayer and Salovey（1993）等人，他们驳斥了不能将情绪与智力挂钩的观点，确立了情绪智力的合法地位，将情绪智力定义为监视、监听与辨别自己与他人的情绪，并运用情绪信息指引个人的思维的能力。Mayer and Salovey 对于情绪智力的维度划分如表 2 -2所示，其中隐含的线索是识别情绪—引导思维—管理情绪。

表 2 -2 Mayer and Salovey（1993）对于情绪智力的维度划分

维度	定义
情绪知觉和情绪识别	来自情绪系统的认知信息和输入信息
情绪对思维的促进作用	使用情绪促进认知加工
对情绪的理解和推理	情绪认知加工和进一步着眼于问题解决的情绪信息加工
情绪管理	关系到情绪的自我管理和管理他人的情绪

资料来源：作者设计。

Goleman 自 1995 年对情绪智力进行了持续的、系统的研究，他按照自我—他人、意识—行动的线索将情绪智力从自我意识、自我管理、自我激励、移情、社交技能五种成分发展为自我意识、自我管理、社会意识、社会技能四个成分（如表 2 -3 所示），并认为自我意识促进了自我管理和社会意识的发展，自我管理和社会意识又进一步推动了社会技能的发展（如图 2 -2 所示）。

---

① 情绪智力最早源于 Leuner（1966）《情绪智力与解放》的论文，Leuner 认为妇女必须追求解放与家庭职责结合起来，才能保证儿童情绪智力的发展。

表 2-3 Goleman 对于情绪智力的维度划分

维度	要素
自我意识	情感的自我觉察力
	准确的自我评价
	自信
自我管理	自我控制能力
	值得信赖
	尽责
	适应能力
	成就导向
	创新和抓住机会的能力
社会意识	移情
	组织环境中的洞察力
	服务导向
社会技能	富于想象力的领导方式
	影响力
	培养他人的能力
	沟通能力
	促使改变的能力
	冲突处理能力
	发展和维持关系的能力
	团队工作和合作能力

资料来源：作者设计。

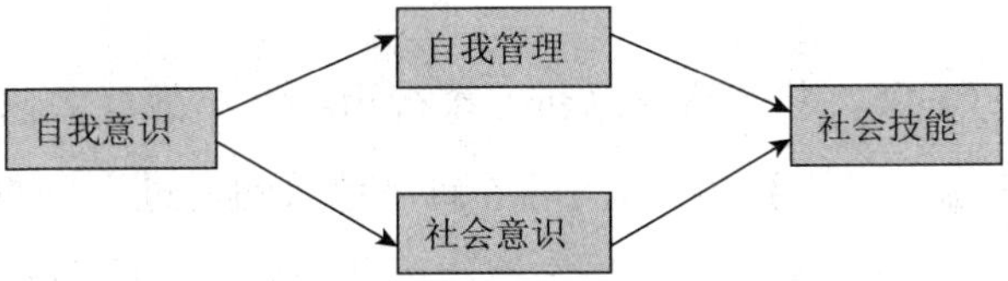

图 2-2 情绪智力各维度的内在关系图

资料来源：作者设计。

Baron（1997）提出由五个维度 15 个因素组成的情绪智力模型（如表 2-4），并据此编制出版了世界上第一个测量情绪智力的标准化量表《Bar-on 情商量表》（Baron Emotional Quotient Inventory），成为目前国外情绪智力三大理论之一。Baron（1997）认为，情绪智力是一系列影响个人成功应对环境需求和压力的能力的非认知能力、胜任力和技能，是决定一个人在生活中能否取得成功的重要因素，直接影响人的整个心理健康。可以说，Baron 的情绪智力理论有和社会情境及工作任务结合的倾向。

表 2-4　Baron 对于情绪智力的维度划分

维度	要素
内己	自觉、自信、自尊、自我实现、独立
人际	移情、人际关系、社会责任
适应性	解决问题、现实检验、权衡变通
压力管理	应激耐受性、冲动控制
一般心境	幸福感、乐观主义

资料来源：作者设计。

情绪智力概念传入中国之后，王晓钧（2000）、张进辅与徐小燕（2004）、许远理（2004）、卢家楣（2005）与王晓娟（2005）等一大批学者都围绕情绪智力展开了卓有成效的研究，他们不仅继续探讨情绪智力概念和理论的内涵外延，还进行大量的有关情绪智力的实证研究，甚至尝试提出本土的情绪智力理论。但是，与国外情绪智力理论研究相比，国内本土理论研究大多只是提出者对其理论进行验证性的研究，还缺乏后续的跟踪研究，因而一直得不到有效的论证和推广。

2.3.4　情绪胜任力

Goleman（1995）将情绪智力和工作行为以及绩效联系起来，提出情绪胜任力的概念，即基于情绪智力的导致高绩效的通过学习和经验而获得的能力；Goleman（2000）进一步将情绪胜任力定义为有效管理自己以及自己人际关系的能力，并且按照“自我—他人”和“意识—行动”两个维度，将情绪胜任力分成自我意识、自我管理、社会意识、社会技能四个成分。Goleman et al.（2001）对情绪胜任力再次进行修订，将情绪胜任力分为个人胜任力和社会胜任力两部分。在情绪智力与情绪胜任力关系上，Goleman and Mayer 等都提出情绪智力自身并不是工作绩效的强预测指标，而是提供了情绪胜任力的基础。Goleman 对情绪智力和情绪胜任力做了具体的区分，认为情绪胜任力是那些在工作领域能带来高绩效的人际和社会技能，情绪胜任力以情绪智力为基础，情绪胜任力的学习需要一定水平的情绪智力为前提。

实际上，要将社会胜任力与情绪胜任力区分开来是非常困难的。一些研究者如 Ciarrochi（2001）等人将社会胜任力和情绪胜任力合称为 SEC。从概念的内涵来看，情绪胜任力与社会胜任力并无本质区别，情绪胜任力从情绪的角度出发对这一概念进行定义，它的一个重要成分是与他人交往、关系管理的知识和技能。社会胜任力是从社会交往的角度出发对这一个概念进行表述，它的一个重要成分和基础是自我和他人情绪的识别与管理。两种胜任力定义的角度不同，所包含的内容也不完全一样，但多数是重叠的、相同的要素（吴东晓，2004）。

考察胜任力的维度结构时必须特定于具体的工作情景，胜任力并不是指所有的知识和技能，而是指那些在工作时人们所使用的知识和技能（Spencer，1993）。从这一角度出发，吴东晓（2004）认为情绪胜任力的概念过于宽泛，只表明与情绪有关的胜任特征，由于缺少具体的工作情景，因而也就缺少了针对性。与此相比，社会胜任力则表明个体在社会交往情境中所体现的胜任特征，能够表征“基于具体工作情景的知识和技能”。如果进一步细分，社会胜任力还可以分为创业者的社会胜任力、领导者的社会胜任力等，进一步细化了不同角色、不同岗位的具体胜任特征，从而能够为招聘选拔等人力资源管理活动提供更有针对性、时效性的评价标准和决策信息。

2.4 主动性人格

2.4.1 主动性人格的内涵与特点

在互动理论的基础上，Bateman and Crant（1993）在探讨组织行为中的主动性成分时，首次提出了主动性人格（Proactive Personality）的概念，认为主动性人格是指个体采取主动行为影响周围环境的一种稳定的倾向。主动性人格和互动理论的视角是一致的，但是更侧重于有意识地去改变环境，而非选择、认知重构、无意识的激发、有意识的控制层面。主动性行为最本质的特点就在于假设人们总是有意识、直接地去改变其所处的物质和社会环境（Buss，1987）。Bateman and Crant（1993）进一步指出了主动性个体与非主动性个体的区别：主动性个体较少受环境的约束，而是主动改变环境；他们能识别机会，并采取一系列主动行为，直至带来有意义的改变；他们是更新组织使命、发现并解决问题的先驱者，他们会采取行动来影响周围的世界。而不主动的个体却表现了相反的特征：他们被动地对环境做出反应，消极适应环境，甚至为环境所塑造；他们无法识别机会，更不用说抓住机会来做出改变；他们很少表现出首创精神，总是依赖于组织中其他的成员去推动或改变环境；他们倾心于稳定舒适的环境，总是在适应甚至容忍不利环境。

Bateman and Crant（1999）进一步指出，并不是所有产生变化的行为都是真正的主动性行为。首先，有些变化是无意识的被激发出来的，结果可能是有利的也可能是不利的，这不能被视为主动性行为。其次，通过心理重建和重新解释环境的认知重构，由于只是改变了人们的认知而不是现实，不能被视为主动性行为。此外，认知重构可能是有益的，比如通过详尽乐观的分析，将威胁重新看待为机会，将高度的压力视为可控制的等；另一方面，认知重构也可能是有害的，比如否认现实问题的存在，或者顺服自己接受不合理的战略等。再次，人们可以对离开和进入某种环境做出有意识的选择，比如选择一份新的工作，进入一个新的产品市场等，可以被视为主动性行为的一种表现形式，个体或者组织也因此进入不同的环境之中。最后，更为最重要的是，通过创造新的环境或者主动改变目前的环境来有意识的直接带来变化，才是真正意义上的主动性行为。

Bateman and Crant（1999）以北美、中欧以及南亚的创业者和公司总裁作为访谈研究对象，归纳出七种典型的主动性行为：①倾向于进入新的环境去寻找需要的资源和人际关系及新的增长方式，从而获取改变的机会；②不满足于完成既定的必须的责任，而是致力于有效地、以改变为导向的目标，包括带来新的运作方式以及建立新的关系网络；③主动分析自己及组织的表现和行为，寻找危机信号和可以改变的途径，从而达到预测以及阻止问题发生的目的；④突破传统束缚，寻求解决问题的不同方式；⑤行动导向，而不只是停留在想法阶段；⑥坚持，并为此而突破各种阻碍，尝试不同的战略和战术；⑦改变并不仅仅只是想想或者尝试，而是取得超出一般意义的成果，如提高人们生活质量的活动。

在 Bateman and Crant 之后，研究者开始从不同的研究视角，就主动性人格及其对个人和组织的影响等问题进行了广泛的探索。目前的研究表明，主动性人格对工作绩效、工作态度、领导行为、创业、创新等方面都有积极影响。比如，Seibert（1999）等从职业成功的角度谈到了主动性个体与非主动性个体的不同特征①。Campbell（2000）在相关研究的基础上，总结出主动性人格的员工具备的五种核心特征：①能够胜任自己的工作及相关任务，具备高水平的专业技能、解决问题的能力和组织能力，并展现出卓越的业绩；②具有人际胜任力、领导能力，并值得信赖；③组织导向，为组织目标努力，对组织成功负责，具有与组织一致的价值观和积极的工作态度；④拥有积极进取的品质，如首创精神、独立判断力、高水平的工作投入（Engagement）和工作卷入（Involvement）、乐于贡献自己的想法等；⑤展现出正直、诚信的品质，原则性强，并具有更高的价值追求。

2.4.2 主动性人格与社会资本

从已有研究来看，主动性人格对许多个人及组织结果都有积极的影响，包括工作绩效、职业生涯成功、领导能力、团队绩效、创业等，这初步展示了这种人格属性存在和研究的价值。在此，本文重点关注主动性人格与社会资本及创业关系的研究。Thompson（2005）认为社会网络是一种典型的组织环境，主动性个体总是在努力创建有利于自己职业成功的组织

---

① 主动性个体会选择甚至创造条件，来尽可能获得较高的工作绩效；他们往往会参加职业生涯管理活动、搜寻与工作和组织相关的信息、获得职业相关的资助和支持、制定职业计划、坚持不懈地解决职业生涯中的障碍；他们还更容易识别自我提升的机会，比如获得晋升所需要的知识技能。非主动个体则只会被动地对环境做出反应，而不是主动创造环境，他们更倾向于保持现状。

环境。社会网络是创建有力的组织环境的方式之一（Ferris et al.，2004）①，而主动性个体倾向寻求联盟，努力与具有影响力和权力的人建立联系。Thompson（2005）从社会资本角度，提出并验证了一个模型（如图2－3所示）来解释主动性人格作用于绩效的过程②。一方面，关系建构为员工提供了良好的社会和工作支持，使他们在工作中能容易采取主动行为，从而提高其工作绩效。而另一方面，关系建构也可以使员工通过与上级建立良好的关系来提高上级对其绩效的评定。Thompson（2005）的研究结果表明，社会网络构建在主动性人格影响员工绩效的过程中扮演了十分重要的角色。主动性人格的员工努力构建强大的支持网络从而给组织带来变化，社会网络为研究员工的主动性行为提供了一个很好的理论视角。

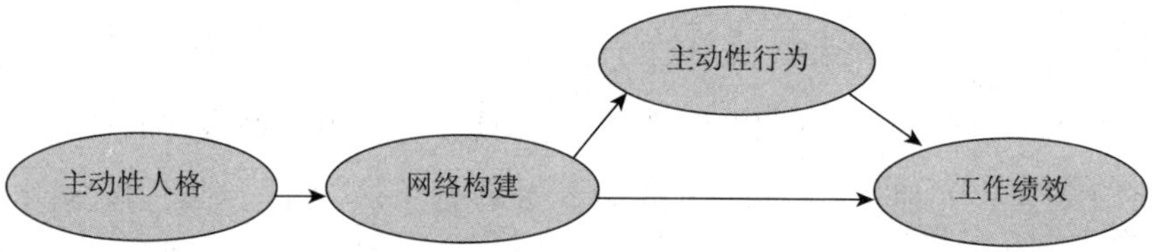

图2－3　社会资本视角下主动性人格与工作绩效

资料来源：Thompson，J. A. Proactive Personality and Job Performance：A Social Capital Perspective [J]. Journal of Applied Psychology，2005，90（5）：p. 1012（作者略有改动）。

2.4.3　主动性人格与创业

Crant（1996）通过对大学生和MBA学员的研究，发现主动性人格与创业意愿显著正相关。在控制了性别、教育水平，以及父母一方为企业家等额外变量之后，主动性人格解释了创业意愿17%的变异，对预测创业意愿做出了新的贡献。Becherer和Maurer（1999）以215家小公司的总经理为被试，探讨主动性人格与创业行为之间的关系，研究发现公司总经理在

① 社会网络决定了人们获取信息，发挥影响力及改变组织环境的程度（Coleman，1988；Burt，1992；Brass，2001）。

② Thompson选取来自教育、保险、银行等多种不同行业的126名员工及其直接上级作为研究对象，从而使Crant的研究结果推广到更广泛的工作环境中。

主动性人格量表上的得分越高，其公司销售额的增加越多；在主动性人格量表上得分高的人，会在公司寻求发展机会、占据市场位置时，表现出积极的创业姿态。同时，方差分析表明，自己开创企业的个体其主动性人格得分最高，收购企业的个体次之，而继承或仅仅管理企业的个体最低，且三者的差异在统计上显著；开创企业数量不同的个体其前瞻性人格得分差异也非常显著，个体开创的企业数量越多，其前瞻性人格得分越高。

Kickul 等（2002）同样采用小型企业主作为样本，研究了创业过程中创业者的人格、战略定位及创新性之间的相互关系。研究结果发现，先攻型战略（Prospector Strategy）对创业者的前瞻性人格与创业过程中的创新行为之间的关系具有完全的中介作用。这些创新行为包括开发新产品或改进现有产品，勇于进入新的市场领域或利用新的销售渠道，对组织结构进行变革和采用新的管理方法，以及将新的融资方法或信息技术整合到组织中等。

2.5 创业绩效

在很多的创业研究中，创业绩效作为效标出现，用以评价新业务创建的效果，是组织水平上的结果指标。

2.5.1 生存性指标

创业绩效区别于一般组织绩效的关键就在于新创企业首先必须能够存活下去（Chrisman and Bauersehmidt，1998），因此，生存性被许多研究者视为创业成功的基本维度（Van de Ven et al.，1984；Chrisman and Bauerschmidt，1998）。但是生存性的测量却一直存在较大的争议和难度，其中问题主要在于企业生存年限的确定。年限太短的生存，可能是源于创业初始资本的高投入和现金花费的低速率，不足以测量创业成功；年限太长的生存，研究的焦点会从创业企业转移到已创建的企业（耿新，2008）。总体来说，目前有以下几种生存性的测量思路：①某一时点上企业还没有清算破产就是“生存”（Shane，1996）；②纵向追踪调研创业企业，根据企业的生存年限判断其生存绩效（Bates，1998）；③结合企业目前的生存年限并判断未来是否可以持续生存八年以上来衡量企业生存绩效（Ciavarella，2004；龚志周，2005）。由于前两种测量方法实际操作起来都非常困难，因此，现在不少研究者倾向于采取第三种测量思路，即通过让企业家主观预测企业持续经营八年的可能性来衡量新创企业的生存绩效（耿新，2008）。

2.5.2 成长性指标

成长性指标反映了新创企业经营和发展的总体状况，并且在研究中的可操作性非常高，是创业绩效衡量的一个代表性的指标（Brush and Vanderwerf，1992；Chandler and Hanks，1993）。许多实证研究表明，创业成功主要以创业公司的成长目标来体现（Ensley and Banks，1992；Siegel et al.，1994；Chandler and Hanks，1994）。一方面，创业企业初期阶段由于大量研发等资金的投入和市场战略定位问题，往往在相当长一段时间内无法盈利，因此，成长性一定程度上克服了财务绩效指标短期性的弊端，另一方面，创业企业往往不愿意透露自己的财务状况，所以成长性往往比单纯的财务绩效数据更加容易获得（Wiklund and Shepherd，2005）。

从现有的实证研究看，成长绩效的操作性定义主要包括获利潜能增长和财务指标增长两个方面：前者包括市场份额、公司员工数量等的增长；后者则包括销售额、净利润、资产额的增长等。许多新创企业由于产品研发和市场战略定位等问题，往往在创立后的相当长一段时期内无法实现营利，但实际上却很具市场潜力。此时单纯用财务指标的增长数据往往很难反映新创企业真实的经营状况，因此，市场份额和公司员工数量增长更加能够反映企业未来的获利潜能（Wiklund et al.，2003；耿新，2008；周星，2008）。而在财务增长指标中，Hoy 等人（1992）认为，衡量成长性的最恰当的指标是销售额增长，这一观点被后来的很多研究者所采纳（Feeser and Willard，1990；Mcgee，1995；Ensley，2002）。除了销售额增长指标，学者们还普遍采用了公司员工数量增长作为成长性测量指标，比如 Wiklund（1999）采用销售收入增长、雇员规模增长、与竞争者相比的相对销售收入增长、与竞争者相比的相对雇员规模增长来衡量创业绩效；Hisrich (2000)、耿新（2008）和周星（2008）也都采用了销售额增长和雇员规模增长作为新创企业成长性的测量指标。销售额增长和公司员工数量增长成为使用最为广泛的成长性测量指标。

2.5.3 创新性指标

除以上提到的生存性、成长性和财务指标以外，随着企业成长理论的进一步研究，有学者认为，不应仅从量的角度来反映企业成长，同时也要从质的角度对成长进行评价（张玉利，2004），如公司的创新能力、公司的市场营销能力、公司的产品和服务声誉等（范柏乃等，2001）。因此，企业的创新能力作为创业最核心的特征，也被纳入到新创企业的绩效评价当中（耿新，2008）。事实上，在很多研究中，判断一个企业是否是创业型企业，就是看其是否比同行业其他公司更多的推出新产品和开拓新市场（Carland et al.，1984；Schollhammer，1982；Miller，1983；Jennings，1990）。企业在技术、产品、服务上创新的速度和能力反映了公司的创业精神和创业能力，创新是企业生存与发展的命脉（官建成，2004）。相对于一般企业而言，创业企业更加注重创新性，产品和业务的创新程度更加能够反映创业的绩效（McGrath，2001）。尤其对技术型的小型新创企业而言，创新是企业获得持续竞争的关键变量（Blundell et al.，1999；Capon et al.，1990；Urban and Hauser，1993），创新绩效比生存绩效更能反映企业的创业创新情况（丁岳枫，2006）①。

创新绩效常用的指标是创新产品的数量，较为常用的测量方法是“新产品的开发数量”（官建成，2004；耿新，2008）和“新产品数量占企业业务数量的比重”（官建成，2004）。经合组织提出的 OSLO 手册认为，由

① 从20世纪80年代开始，经合组织（OECD）和欧盟积极推进新的创新绩效指标的建立。1993年，创新调查委员会（CIS）提出并广泛应用如下两个创新绩效指标：创新产品销售收入占总销售收入的比例、产品生命周期各个阶段里的企业销售收入。由于企业对产品生命周期无法准确划分，生命周期销售收入的数据难以收集，所以第二条创新绩效指标在后来的实证研究中无法得到推广。与生命周期销售收入相比，创新产品销售收入占总销售收入的比例的数据收集则简单许多，又能够较好地反映企业创新绩效的实际情况。

于不同行业的创新情况存在着较大差别，单纯地用创新产品总数来衡量企业的创新绩效是没有意义的，使用创新产品数占企业产品数量的比例来刻画企业的创新绩效和创新力度才是合理的做法。基于这种国际主流的研究观点，官建成（2004）在技术创新能力和创新绩效关系的研究中，采用了创新产品销售收入占总销售收入的比例和创新产品数占企业产品总数的比例，作为测度创新型企业技术创新绩效的两个重要指标。耿新（2008）在丁岳枫（2006）的基础上，认为“新业务”的概念比“新产品”具有更广的含义，因为它不仅包括新产品的开发和使用，还包括新市场的开拓和新生产方式的使用等，进而将创新性测量方法发展为：新业务的开发数量、新业务数量占企业业务数量的比重、新业务销售收入占总销售收入的比重。

2.5.4 主观指标

在采用主观指标还是客观指标对绩效进行测量的问题上，曾有不少人质疑主观指标的信度和效度问题。但 Venkataraman and Ramanujam（1986）、Chandler and Hanks（1993）等人通过研究认为，在测量销售增长率、利润增长率等财务指标时，主观和客观方法高度相关，主观的绩效衡量（企业家报告的绩效测量）相当可靠与有效。同时，Wall et al.（2004）专门研究了用主观评价方法来衡量企业财务绩效的效度问题。Wall et al.（2004）运用主观及客观两种测量方法，对英国制造及服务行业的三个独立样本进行了财务绩效的测量。研究结果显示，主观评价法对企业绩效的测量具有较好的聚合效度、辨别效度和构思效度。由此 Wall et al.（2004）提出，当客观绩效数据不易获得（如某些企业不愿向调查者透露具体财务数据）或无法获取企业特定层次的独立客观数据（如公司事业部、分支机构的独立财务数据）时，可以考虑直接使用同样具有较高测量效度的主观评价数据来替代客观绩效数据。

在现有创业研究文献中，除了运用一些客观数据指标来衡量创业绩效外，也有很多研究直接用企业家及高层管理者的主观评价来测量创业绩效。Wall et al.（2004）研究发现，主观与客观测量法分别测得的企业绩效呈显著正相关，这说明主观评价法对企业绩效的测量具有较好的聚合效度；主观与客观测量法分别测得的同一维度绩效之间的相关显著强于用同一测量方法（主观的或客观的）测得的不同维度绩效之间的相关，这说明主观评价法对企业绩效的测量具有较好的辨别效度；此外，Wall et al.（2004）还分别检验了44种管理实践与企业客观绩效及相应的主观评价绩效之间的关系，结果发现两者间并无显著差异，这说明主观评价法对企业绩效的测量具有较好的构思效度。

Cooper and Artz（1995）提出，创业者的满意感是主观评价创业绩效的一个重要维度，因为个体创业者的满意感一方面将可能直接影响其是否继续投入现有创业活动的创业决策；另一方面，它也可能直接影响创业者与其雇员及商务伙伴们一起工作的效率。由此，Cooper et al.（1995）通过对287名创业者的三年追踪，专门研究了决定创业者满意感的一些关键因素。结果发现，目标（经济目标—发展目标）、预期（受到创业者的年龄、性别、种族等背景变量影响）、当前财务绩效是决定创业者满意感的主要因素。在当前财务绩效相同的情况下，以未来发展为目标、初始期望水平较低的创业者具有更高水平的满意感。这一研究结果表明，创业者的满意感虽然与财务绩效有一定关联，但并不能完全反映当前财务绩效的真实情况，因而只能作为主观评价绩效的一个重要方面。正如Wall et al.（2004）指出的，由于主观和客观测量方法都有一定的局限性，所以最好在研究中同时采用这两种方法来测量企业的绩效。此外，McMullan et al.（2001）的研究也显示，创业者的主观满意感与客观测量的绩效并不存在显著相关，但知觉到的绩效进步则与客观测量的绩效呈显著正相关。因此，运用主观评价法测量创业绩效时，除了创业者的满意感外，还应包括对当前财务绩效的评价等其他主观评价指标。

2.5.5 相对指标

在创业绩效的相关研究中，同时存在强调特定创业企业自身禀赋和机会的绝对绩效指标以及企业间比较的相对绩效指标。尽管有部分学者反对在创业研究中采用企业间比较的相对绩效指标，认为组织间的相对绩效没有反映创业的本质特性，比如 Davidsson（2001）等认为，相对绩效指标不应是创业绩效研究的焦点，而在微观层面和社会层面上具体开发和利用机会过程的绝对绩效研究才一和创业研究的焦点一致。但是，越来越多的研究者们都采用了相对指标来测量创业绩效，比如 Li（2001）采用了相对于竞争对手的获利指标来衡量新创公司的财务绩效；吴东晓（2005）在创业社会胜任力结构模型与创业绩效的相关研究中，使用相对指标测量公司绩效；丁岳枫（2006）在有关创业组织学习对创业绩效的影响研究中同样也使用了相对绩效指标；耿新（2008）在企业家社会资本对创业绩效的研究中采用与竞争对手相比的相对绩效指标；周星在大学生社会网络对创业绩效的影响机制研究中采用与同行业平均水平相比的相对绩效指标（2008）。

沈超红（2006）在创业绩效结构与绩效形成机制研究中认为，在创业研究中使用相对于行业内有意义的竞争对手的相对绩效指标，有两个明显的优点：第一，可以排除外界不可克服因素的影响。如排除行业的不景气和宏观政策的改变的影响，而直接将绩效的好坏归因于组织自身的因素，因为竞争对手面临着同样的行业、同样的宏观环境。与有意义的竞争对手相比的绩效测量方式，就像实验研究中的与对照相比一样，能有效排除外界因素的干扰。第二，便于跨行业，跨阶段的进行比较。因为不同行业不同创业阶段有不同的绩效标准（Norm），与有意义的竞争对手相比类似于标准间的比较，这样便于检验创业实践与创业理论的外部效度。如用相对绩效指标可以检验创业导向（Entrepreneurial Orientation）中的先动性（Proactive）、风险承担（Risk－Taking）和创新性（Innovative）与绩效之间的正相关关系是否具有普适性，是否有很强的预测力。而如果使用基于单个企业禀赋的绝对绩效指标，那么将无法比较相对于自身机会成本的绩效。

第三章　理论框架与研究假设

3.1　主要概念界定

3.1.1　科技型大学生创业者的定义

在中国目前的一些促进大学生创业的政策中把政策惠及到毕业后两年的大学生（董元梅，2010），如上海市《科技型中小企业技术创新基金初创期小企业大学生创业项目（试点）工作指引》中规定创新基金支持的大学生创业项目企业的大学生是指高等院校在读和毕业未超过两年的大学生、研究生、博士和回国留学生（留学生按照国家有关规定确认）。

与《科技型中小企业技术创新基金初创期小企业大学生创业项目（试点）工作指引》中的相关规定一致，有学者将大学生创业者这一概念定义为开展的以满足市场某种需要为目的，提供社会所需的产品或服务，从而获得经济回报、创造社会价值的过程具有学籍的高等学校学生和毕业两年内的大学生、研究生、博士和回国留学生（周星，2008；董元梅，2010）。

结合上述观点以及马海艳和徐立青（2010）对于大学生科技型创业的定义，本文将科技型大学生创业者定义为依托在校期间学习的专业知识从事创业活动的高等院校在读和毕业未超过两年的大学生、研究生、博士和回国留学生。

3.1.2　科技型大学生创业者的社会网络

很多学者的研究表明创业者的社会网络是初创企业中最重要的一种战略性资源（Dubini and Aldrich，1991；Ostgaard and Birley，1994；Johannisson，1995，2000；Lipparini and Sobrero，1997；Aldrich，1999；Ardichvili et al.，2003)，因此，大部分的创业网络研究都采取了“个人网络视角”(Personal Network Perspective)(Bruderl and Preisendorfer，1998)①。Birley and Cromie (1988) 认为，创业是一个从环境中获取稀缺资源的过程，创业中所需要的很多稀缺资源往往是通过创业者的个人网络获取的。Johannisson (1990) 指出，网络资源有时可以直接解决日常运营中的问题，有时则是通过提高公司的合法性地位来间接获取所需要的资源。因此，创业者必须去努力争取顾客、供应商、雇员、投资者等网络成员的资源(MacMillan，1983；Birley and Norburn，1985；Johannisson，1986)。与这些研究者的观点一致，本文中的创业网络正是科技型大学生创业者的个人社会网络。

同时，本文定义的科技型大学生创业者社会网络是与科技型大学生创业者有着直接关系的企业外部的成员所构成的社会网络。这些网络成员既包括独立的个体，如家人、朋友、同学、商业伙伴等，也包括来自其他组织机构的人员，如在政府、关联企业、大学、金融机构、行业协会等组织机构的工作人员。此外，科技型大学生创业者社会网络可以根据网络所涉及的不同社会关系而划分为不同的类型，如关注与被调查者讨论重要问题的社会关系的“讨论网”(Discussion Network)(Marsden，1987)；侧重与被调查者在日常生活进行互动或交换的社会关系的“互动网”(Interaction Network) 或称“交换网”(Exchange Network)(Fischer，1982；Emerson，1972)；还有关注为被调查者提供物质上或精神上支持、帮助被调查者对付生活中的困难与危机的社会关系情况的“支持网”(Support Network)(Wellman，1982)。大多数研究企业家和创业者领域的学者 (Singh et al.，1999；Renzulli et al.，2000；Batjargal，2007) 都采用了“讨论网”来研究企业家或创业者的社会网络，本文亦遵循此种方法。

---

① 创业网络包括创业者个人的社会网络和创业企业网络，两种社会网络在创业初期难以明确的予以区分 (Dollinger，1985)，创业企业的网络随着企业的成长逐渐清晰和独立出来 (Zhao and Aram，1995；Hite and Hesterly，2001；Cooper，2002)。

3.1.3　科技型大学生创业者的社会网络结构

3.1.3.1　网络规模

网络规模就是指网络成员的数量。科技型大学生创业者社会网络是个体中心的社会网络，网络规模应该是排除科技型大学生创业者本人以外的其他网络成员的数量。

3.1.3.2　网络密度

密度是指创业者社会网络成员与成员之间的实际联系数量与最大联系数量的比率，由于是创业者个人层面的社会网络，成员与成员之间的联系不包括创业者与其他成员之间的联系（Niemeijer，1973；Aldrich et al.，1987；Hansen，1991；Dubini and Aldrich，1991；DiMaggio，1992）。图3－1和图3－2显示了整体网络和个体网络的区别：在整体网络中，最大联系数量是图3－1中所有实线和虚线的总和（15），实际联系数量是所有实线的总和（9）；在个体网络中，最大联系数量是图3－2中所有实线和虚线的总和（10），实际联系数量是所有实线的总和（5）。

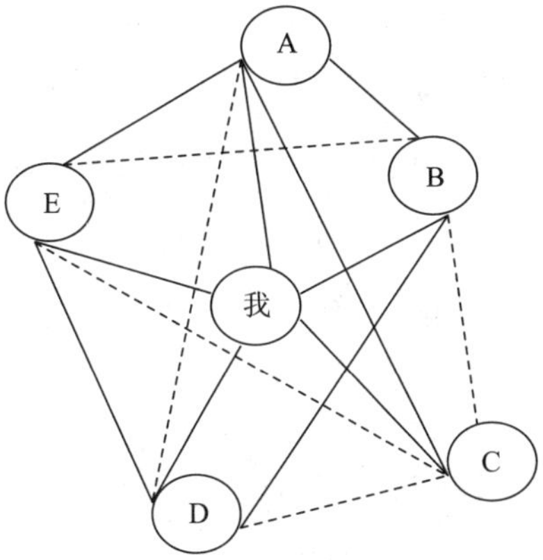

图3－1　整体社会网络

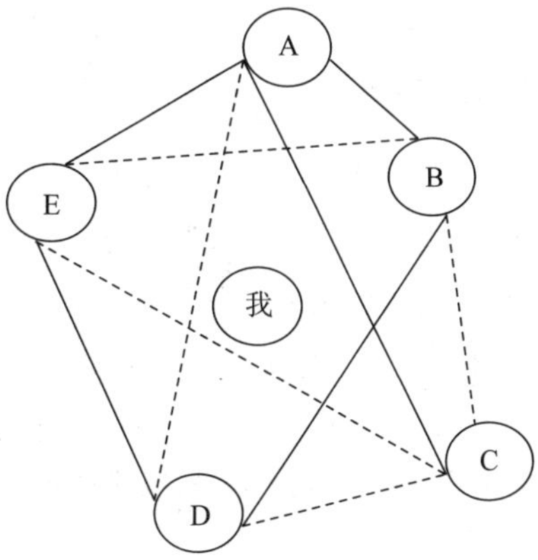

图3－2　个体中心社会网络

资料来源：作者设计。

3.1.3.3　网络异质性

在创业领域，测量网络成员的属性主要指教育背景（Batjargal，2007；

黎赔肆，2008）、社会地位以及工作单位（耿新，2008）。由于工作单位性质对于网络成员提供资源的影响作用最强，本论文定义科技型大学生创业者的社会网络异质性为网络成员之间在工作单位性质方面的差异性，在调研问卷中具体设置为：党政机关、企业、高等院校/研究机构、律师事务所、金融机构、行业协会、中介机构、其他（请写出具体的工作单位）。

3.1.3.4 关系强度

关系强度是指社会网络成员之间关系的紧密程度。本文定义强关系为网络成员与科技型大学生创业者之间存在的密切关系，弱关系则是网络成员与科技型大学生创业者之间存在的不太密切或疏远的关系。Granoveter（1973）定义的关系强度是包括互动时间、情感强度、亲密度、互惠服务的多维度指标。但是在后来的研究中，Granoveter 只用了亲密度这一个维度来测量关系强度，后来的很多研究者也都采取了单一指标测量方法。常用的方法有“互动法”① 和“角色法”②，在相关研究中，“角色关系法”由于简便易行而得到了更为广泛的运用（Lin et al.，1981；Lin and Dumin，1986；Marsden and Hurlbert，1988；Bian，1997）。但是，正如 Granoveter（1973）所指出的那样，关系强度是一个多维度指标的复合体，采用单一指标来测量关系强度是有失偏颇的，因此，Marsden and Campbell（1984）提出三个测量维度：第一，“亲密度”（Closeness），可以显示关系的深度；第二，“交往频度”（Frequency），显示花费在网络中的时间；第三，交换资源和服务的数目及类型。在 Wegner（1991）的研究中，通过因子分析等统计方法将六个测量指标加以合并简化，以最后得到的几个本质因子来代表关系强度。

3.1.4 科技型大学生创业者的社会网络资源

基于第二章社会网络资源文献的回顾和分析，本文结合国外学者对于网

① “互动法”是根据被研究者与网络成员之间交往的频率来测量关系强度，高频率代表强关系，低频率代表若关系。

② “角色法”则是根据网络成员与被研究者的角色关系来判断关系强度，如“朋友”被定义为强关系，而“熟人”则被定义为弱关系（Granovetter，1995）。

络资源的相关研究，将科技型大学生创业者的社会网络资源界定为信息资源、技术资源、财务资源、情感资源、人力资源、物质资源、商誉资源、市场资源、组织资源九个方面。本文结合 Porter（1985）在《竞争优势》一书中所提出的价值链（Value Chain）的概念进一步界定科技型大学生创业者的社会网络资源。Porter（1985）认为，企业要发展独特的竞争优势，要为其商品及服务创造更高附加价值，需要采用的战略是解构企业的经营模式（流程），成为一系列的增值过程，而此一连串的增值流程，即“价值链”。“每一个企业都是在设计、生产、销售、发送和辅助其产品的过程中进行种种活动的集合体。所有这些活动可以用一个价值链来表明。”企业的价值创造是通过一系列活动构成的，这些活动可分为基本活动和辅助活动两类，基本活动包括内部后勤、生产作业、外部后勤、市场和销售、服务等；而辅助活动则包括采购、技术开发、人力资源管理和企业基础设施等。基于 Porter（1985）关于基本价值创造活动和辅助价值创造活动的划分方法，我们将主要运用于辅助价值创造活动的技术、财务、情感和人力网络资源称之为支持性网络资源，将主要运用于基本价值创造活动的信息、物质、商誉、市场、组织网络资源称之为运营性网络资源。

3.1.5 科技型大学生创业者的创业绩效

虽然在目前的创业研究中，创业绩效是最常采用的因变量，但是对于创业绩效概念的界定和测量指标的选取还缺乏成熟的理论指导（Chandler and Jansen，1992）。一方面，部分研究者采取一维或二维的测量指标不足以反映创业绩效的真实情况①；另一方面，研究者对创业绩效测量指标的选取存在较大的差异，很难说明绩效的变化是由于研究问题所导致，还是由于绩效指标的不同而引起的（Cooper et al.，1994）。其次，在创业绩效的研究过程中，财务指标尤其是基于会计的财务是很难获取的，因为创业

① Murphy et al.（1996）对 1987—1993 年创业研究领域所有以创业成功为因变量的 71 篇实证文献进行回顾分析后发现，有 31 篇仅仅采用了一维或二维创业成功指标，然而，单一维度的测量可能难以说明创业研究中的差异化现象，多维度测量才能在一定程度上说明企业真正面临的商业问题。

企业在步入正轨之前不愿意轻易透露自己的财务数据。即使研究者最终获得了创业企业的财务数据，也很难判断数据的真实性。在这种情况下，基于市场的财务数据相对容易获取，在整个行业中或与竞争对手相比较的相对数据也比绝对数据容易获取。

在此，本研究采纳 Murphy（1996）等的观点，认为创业绩效是一种多维结构，包括生存绩效与成长和创新绩效、客观绩效与主观绩效、财务绩效与非财务绩效、绝对绩效与相对绩效（耿新，2008），因此在创业绩效的研究中应该尽可能地测量绩效的多个维度，并考虑几个关键的控制变量，比如行业和规模等（Murphy，1996）；同时，对于创业绩效的结构维度构成及其测量方法，本文参照 Venkataraman and Ramanujam（1986）所提出的组织绩效分类框架，并结合沈超红（2006）、丁岳枫（2006）和耿新（2008）对创业绩效指标的回顾性研究，主要考察创业绩效创新性、成长性、主观性方面的测量维度。

3.2 研究框架

基于之前的文献分析和理论回顾可以发现，社会网络和创业绩效方面的研究多是针对于一般的创业者，科技型大学生创业者这个具有特殊意义的重要群体在社会网络方面尚缺乏系统深入的研究；同时，科技型大学生创业者的社会胜任力和主动性人格与创业绩效之间的关系，尚没有引起足够的重视。因此，本文整合科技型大学生创业者的四个社会网络维度——网络规模、网络密度、网络异质性和关系强度，社会网络资源的两个维度——支持性社会网络资源和运营性社会网络资源，以及创业绩效的三个测量维度——创新性创业绩效、成长性创业绩效和创业者主观性创业绩效，考察科技型大学生创业者社会网络结构和创业绩效的关系。同时，研究社会胜任力和主动性人格与创业绩效之间的关系，并进一步探索和检验科技型大学生创业者社会网络资源在社会网络结构、社会胜任力、主动性人格与创业绩效之间的中介作用。

本文整体的理论框架图 3 – 3 所示：

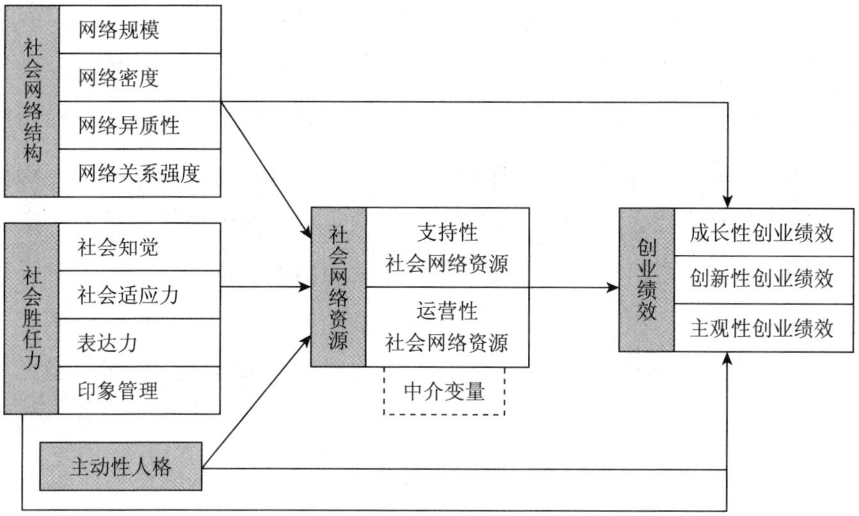

图3-3 研究框架图

3.2.1 社会网络结构、网络资源与创业绩效的研究框架

Hoang and Antonic（2003）及 Lechner and Dowling（2003）将创业网络领域概括成三个主要的网络分析成分：网络成员交易内容（资源）、网络结构特征和网络关系的治理机制。由于网络关系的治理机制是组织层面的社会网络的研究重点，个体层面的社会网络关注的是个体如何通过社会关系的构建，对外寻求情绪支持、信息交换、交易机会等资源，及个体通过社会网络动员资源的潜力（罗家德，2005）。因此，本文关于科技型大学生创业者社会网络的分析维度由社会网络结构和社会网络资源构成。

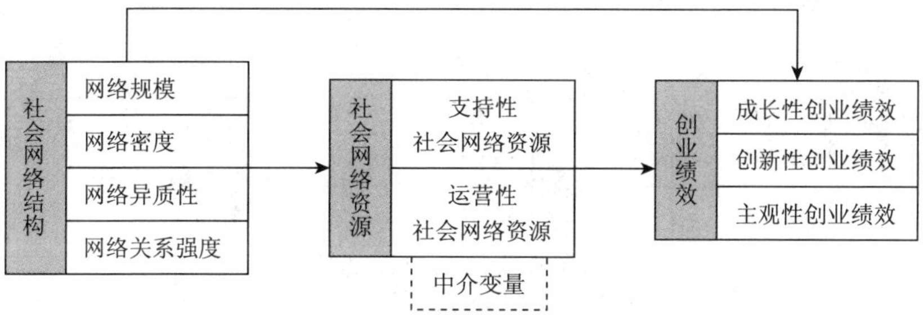

图3-4 社会网络结构、网络资源与创业绩效的研究框架

网络规模（网络成员的数量）、网络密度（网络成员之间的实际联系数量与最大联系数量的比率）、网络异质性（网络成员在工作单位性质方面的差异性）、网络关系强度（网络成员之间关系的紧密程度）共同构成了科技型大学生创业者的社会网络结构。这四个维度不仅会影响到科技型大学生创业者从社会网络中获取资源的程度，还会对创业绩效起到一定的影响作用。基于之前有关社会网络资源文献的回顾，本文结合国外学者对于社会网络资源的相关研究，将科技型大学生创业者的社会网络资源界定为信息资源、技术资源、财务资源、情感资源、人力资源、物质资源、商誉资源、市场资源、组织资源九个方面，并进一步整合为支持性社会网络资源和运营性社会网络资源。社会网络结构不仅可以直接作用于创业绩效，还可以通过获取社会网络资源来对创业绩效产生影响，社会网络资源可能在社会网络结构与创业绩效之间存在中介作用。

3.2.2 社会胜任力、网络资源与创业绩效的研究框架

社会胜任力作为社会交往的效能，需要通过所建立的社会关系来获取信息和其他资源（Lux，2005）。由于大学生在创办企业的过程中缺乏成熟的社会关系及明确的规章制度（Gartner et al.，1992），必须和不同的人（如顾客、供应商、雇员等）“从无到有”的建立社会关系（Baron，2003），因此，社会胜任力在科技型大学生创业者的社会网络资源获取方面起到非常重要的作用，并通过帮助科技型大学生创业者构建有利的社会网络来提高创业绩效。

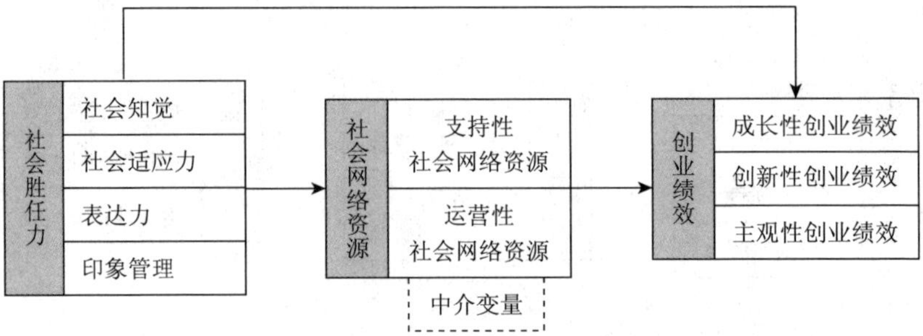

图 3－5　社会胜任力、网络资源与创业绩效的研究框架

社会胜任力有助于科技型大学生创业者获取社会网络资源的支持。比如，社会知觉使创业者能够敏锐的感知别人的特点、意图、和动机等；印象管理能够使他人对创业者的外表和形象产生良好评价并从他人那里获取积极回应的技能；良好的表达力和说服力会使投资方更好的相信和接受创业者的观点，这些社会胜任力都会大大提高科技型大学生创业者从社会网络中获取创业资金和资源的可能性（Baron，2003）。社会网络资源帮助科技型大学生创业者应对创业过程中高度不确定性和重重困难与危机，会为大学生新创企业带来超额的收益，提高了创业绩效。由此推论，科技型大学生创业者的社会网络资源在社会胜任力与创业绩效之间起到了中介作用。

3.2.3　主动性人格、网络资源与创业绩效的研究框架

主动性人格是个体采取主动行为影响周围环境的一种稳定的倾向，而社会网络正是一种典型的组织环境，它决定了人们获取信息、发挥影响力及改变组织环境的程度（Brass，2001；Burt，1992；Coleman，1988）。主动性个体倾向于寻找同盟来获取支持，并且与拥有较高权力、较多信息资源的人建立关系，努力构建强大的支持网络从而获取信息等各种网络资源，来提高自己的工作绩效，并给组织带来有益的变化（Thompson，2005）。

主动性的科技型大学生创业者在创业过程中为了解决企业生存和发展所必需的资源和信息，会努力与具有影响力和权力的人建立联系，构建强大的支持网络以从中获取创业所需的网络资源，以克服创业过程中的困难，从而提高企业的创业绩效。主动性的科技型大学生创业者所追求的成就往往是超出一般意义的，为了达到他们有效的、以改变为导向的目标，需要突破传统的束缚，寻求解决问题的不同方式，尝试不同的战略和战术。他们往往具有高水平的解决问题的能力和技能，并且愿意为组织的目标努力，对组织的成功负责（Campbell，2000），这些都会有助于企业创业绩效的提高。因此，科技型大学生创业者的社会网络资源可能在主动性人格与创业绩效之间起到中介作用。

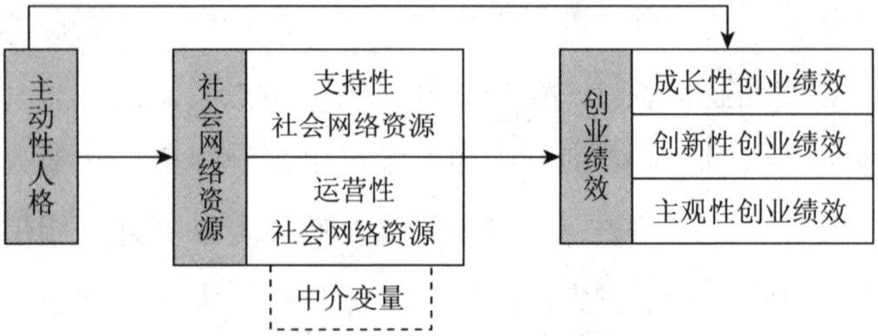

图 3-6　主动性人格、网络资源与创业绩效的研究框架

3.3　研究假设

3.3.1　社会网络结构、网络资源与创业绩效的研究假设

3.3.1.1　社会网络结构与创业绩效

Falemo（1990）发现高销售额公司的管理者比低销售额公司的管理者拥有更多的外部联系人，从而获取了更多的产品开发和营销所需要的资源，从而促进企业的创新与成长。Cromie and Birley（1992）认为如果创业者能够扩展自己的社会网络并获取中心的位置，那么就有可能发现更多的资源和机会从而加快事业的发展；反之，狭隘的社交网络会限制创业者发现市场机会的能力。除此之外，还有很多研究者都证明了网络规模和创业绩效之间存在显著的正相关关系（Aldrich et al.，1987；Burt，1992；DiMaggio，1992；Johannisson，1986；Nohria，1992；Van de Ven et al.，1984）。技术创新与企业成长都需要更多的技术、财务以及人力、市场等方面资源的支持，科技型大学生创业者更大的社会网络规模也意味着他们在获取网络资源方面可能性的提高，从而有助于企业创业绩效的提高。因此，本文假设：

H1.1：科技型大学生创业者的社会网络规模与创业绩效显著正相关

关于网络密度与创业绩效关系的研究，呈现出两种不同的结果。一类研究结果表明社会网络密度与创业绩效之间存在负相关关系。创业者的社会网络规模的增加尽管可以预测新创企业成长绩效的提高，然而，如果网络新增加的成员只认识创业者一个人，那么，新成员的增加会导致创业者社会网络密度的降低（Hansen，1995）。彼此不熟识的网络成员会给创业者提供更加多样化的信息和资源，所以低密度的网络拥有更多的信息和资源进而提高了网络的效能（Ostgaard and Birley，1996）。因此，创业者在开发和维持社会网络规模的同时，总是检查并控制社会网络的密度，在保证网络稳定性和一致性的前提下，避免有太多社会网络效能的重叠（Dubini and Aldrich，1991）。基于这些研究，规模大密度低的社会网络有利于创业绩效的提高。

然而，也有另外一些研究表明社会网络密度与创业绩效之间呈正相关关系。根据这类研究，网络的密度越高，即网络成员相互之间的联系数量越多，那么网络内部可获得的沟通渠道就越多，信息交换和其他交易都会更加容易（Granovetter，1992），因此利润创造者（Profit - Maker）的网络成员之间往往拥有密切的联系和互动（Aldrich et al.，1987），创业者的社会网络密度（网络成员之间的相互熟知和互动）有利于创业绩效的提高（Larson，1990；DiMaggio，1992；Hansen and Allen，1992；Nohria，1992）。而且，需注意到，中国是建立在血缘关系及衍生关系基础上的“差序格局”社会（费孝通，1998），每个网络主体都按照关系的远近，将其他网络成员安排在不同的位置，并按照关系的亲疏决定给予网络成员的资源程度。高密度的社会网络会提高网络主体与其他网络成员之间的亲密程度和互动频率，网络主体从其他网络成员那里获取网络资源的可能性也就随之提高。此外，高密度的社会网络还意味着网络主体和其他网络成员之间拥有了更多共同的朋友，这也会促使网络成员更加愿意为网络主体提供各种资源和支持。因此，本文假设：

H1.2：科技型大学生创业者的社会网络密度与创业绩效显著正相关

在弱联系理论（Granovetter，1973）的基础上，Ostgaard and Birley（1996）认为彼此不熟识的网络成员会给创业者提供更加多样化的信息和资源，所以低密度的网络拥有更多的信息和资源进而提高了网络的效能。低密度的网络意味着网络成员之间“陌生人”（Strangers）数量的增加，网络成员中“陌生人”（Strangers）和“子网络的规模”（The Size of Secondary Network）会影响网络内部信息的多样性和流通的速度（Granovetter，1973；Aldrich et al.，1989；Ostgaard and Birley，1996）。这里的“子网络”是指在整体网络内部由同质性较高的网络成员所构成的子网络，所以“子网络”越多说明创业者整体社会网络的同质性越低，异质性则越高。在Ostgaard and Birley（1996）关于创业者个人网络和新创企业成长绩效的研究中，来自于银行、会计事务所、律师事务所、咨询机构等各种职业单位的网络成员，会对创业绩效（尤其成长绩效）起到极大地促进作用，从而也证明了网络的异质性和创业绩效之间存在显著的正相关关系。因此，本文假设：

H1.3：科技型大学生创业者的社会网络异质性与创业绩效显著正相关

在网络关系强度与网络资源的相关研究中，虽然Granovetter（1973）作为社会网络理论的重要代表人物所提出的“弱关系假设”被奉为社会网络研究领域的经典理论，认为弱关系的社会连带避免大量冗余资源的产生，使网络主体可以更好的掌握资源流通的主动权。格兰诺维特的“弱关系假设”引发了市场经济中求职研究领域富有成效的研究，不少学者对其“弱关系假设”进行了理论上的扩展与修正（Coleman，1988；Burt，1992）。然而，也有部分学者认为，创业者在创办和发展企业的过程中，愿意付出更多的努力来开发和维持他们的社会网络（Birley et al.，1991；Falemo，1989），这些花费在社会网络上的时间和精力会使创业者和其他网络成员之间保持频繁的交往和较高的亲密度，高频率的沟通（Frequency of Communication Linkage Use）能够产生和交换更多的网络资源（Aldrich et al.，1987），提高企业的交易数量（Hansen，1995），积极的促进任务的完成（Bavelas，1951；Leavitt，1962），提高企业的创业绩效（Aldrich et al.，1987；Johannisson，1986；Krackhardt，1992；Van de Ven et al.，1984）。

同时，由于东西方社会对“关系”的理解是不同的，关系强度的测量在中国社会中有着特殊的文化背景。西方人个体间的关系是建立在态度、价值观和性格等个人特征相同或近似的基础上；而传统中国人的关系是建立在血缘身份及衍生的关系（地缘或业缘）基础上（耿新，2008）。在强调个人主义的西方社会，人与人之间的关系相对松散和独立，每个网络对象的地位也都是相对平等的。而中国的人际关系中，亲密度和熟识度（杨宜音，1999）则成为至关重要的影响因素。每个网络主体都按照关系的远近，将其他网络成员安排在不同的位置，并按照关系的亲疏决定给予网络成员的资源程度（费孝通，1998；乔健，1982；金耀基，1992）。在中国特殊的语境下，强关系的社会网络会为科技型大学生创业者提供更多的资源和支持，提高企业的销售数量，促进企业的技术创新和业务开发，提高企业的创业绩效。因此，本文假设：

H1.4：科技型大学生创业者的社会网络强度与创业绩效显著正相关

3.3.1.2 社会网络资源与创业绩效

资源观（Resource - Based View：RBV）将研究的焦点集中于企业内部的资源，侧重于从企业内部来考察竞争优势的来源与持续性，认为企业内部资源的异质性造成了企业盈利能力的不同，企业内部资源的培育、状态以及部署方式都与企业利润相关（Wernerfelt，1988；Rumelt，1984）。与RBV理论不同，资源依附理论认为任何个人或组织都不可能具备自身生存和发展所需要的全部资源，大量有价值的、稀缺的、难以复制的、不可替代的资源都存在于组织的外部环境之中。为了提高获取资源的能力，更好地应对环境的不确定性和对外部的依赖性，企业必须与外部组织，如客户、供应商、政府、竞争对手等处理好资源交换的问题（耿新，2008）。而新创企业“小”和“新”的组织特点决定了新创企业与外部环境更为密切的联系特征，部分学者也由此把资源依附理论作为创业研究领域的一个重要理论基础（蔡莉和柳青，2007）。资源依附理论认为组织的生存和绩效有赖于其获得资源的能力，并且与关键资源的提供者保持良好的关系是组织存在的关键（Pfeffer and Salancikg，1978）。

基于上述的研究进展，Gulati（1999）借鉴了资源观和资源依附理论的分析方法和分析框架，首次提出了网络资源（Network Resource）的概念，认为网络资源形成于企业独特的历史经验，存在于企业与外部组织的网络之中，对企业的战略行为和决策行为起到了决定性的作用。Dyer and Singh（1998）和Gulati（1999）开创性的研究突破了传统资源观把资源限定于企业边界内部的束缚，将资源观拓展到社会网络研究的领域，并被称为“扩展资源观（Extended RBV）”（Lavie，2004）或“网络资源观”（刘雪峰，2007）。网络资源观体现了网络资源对于企业战略决策和竞争优势的重要作用，如Chung et al.（2000）发现企业伙伴间互补性的资源是驱动企业联盟形成的重要因素；Liu（2004）研究了企业间资源的互补性可以对这些企业组成联盟产生积极影响，并提高企业间的关系水平。

事实上，早在社会网络研究领域的学者们将资源观引入之前，Conner（1991）就指出企业的绩效是企业的资源、竞争对手的资源和外部政策环境共同交互的结果。而Dyer and Singh（1998）从企业间的关系视角也指出，联盟伙伴资源将对企业的绩效产生显著的影响，对企业的竞争优势有影响的资源可以超越企业的边界，并嵌入在组织间的规范和过程中。此外，Dyer and Singh（1998）还认为存在于企业间的关系资产（Relation - Specific Assets）和互补资源（Complementary Resourees）等因素会在企业伙伴关系中产生超额的收益。基于上述研究，可以假设：

H2：科技型大学生创业者的社会网络资源与创业绩效显著正相关

3.3.1.3 社会网络结构与社会网络资源

社会网络领域的研究者们不仅研究了创业者社会网络的特征，还对网络中所包含的资源进行了研究，即社会网络为创业者提供了哪些利益。社会网络是网络主体通过获取信息、资源、社会支持从而识别和利用机会的社会结构（Aldrich and Zimmer，1986）。这些网络资源包括风险资本（Zimmer and Aldrich，1987；Shane and Cable，2001；Batjargal and Liu，2004）、物质资源（Starr and MacMillan，1990；Zhang and Pek - hooi，2003）、信息和建议（Birley，1985；Aldrich and Zimmer，1986；Smeltzer et al.，1991；Brown and Butler，1995；Cummings，2004；Cummings and Teng，2003；Gilsing and Nooteboom，2005；Hansen，1999；Levin and Cross，2004；Reagans and McEvily，2003；Salman and Saives，2005；Singh，2005；Uzzi and Lancaster，2003）、情感支持（Bruderl and Preisendorfer，1998；Anderson et al.，2005）、声誉（Stuart et al.，1999；Higgins and Gulati，2000；Shane and Cable，2001；Elfring and Hulsink，2003；Carlisle and Flynn，2005）等。创业者的社会网络结构越有利，他从网络中获取的收益就可能越大（罗家德和

赵延东，2005）。

比起小规模的社会网络，大规模的社会网络蕴含了更多的社会关系，网络中信息和人情桥梁也较多，网络资源的优势也就相对明显。正如 Cromie and Birley（1992）所注意到的，如果创业者能够拓展其社会网络规模，那么他就有可能发现额外的资源和机会，而狭窄的社会联系基础可能会限制创业者寻求资源的能力。Nohria（1992）和 DiMagio（1992）对企业家如何开发网络成员的相关研究指出，企业家会通过搜寻资源拥有者、分析接近资源拥有者的可能性和与资源拥有者建立联系的三个步骤来逐步增加其社会网络成员的数量。因此，网络成员的增加也就意味着企业家获得了新的外部资源。由此，可以得出如下假设：

H3.1：科技型大学生创业者的社会网络规模与社会网络资源显著正相关

以往关于网络密度与网络资源关系的研究产生了不同的结论。在斯帕罗等（Sparrowe et al.，2001）和罗家德等（Luo et al.，2003）的相关研究中，都发现网络密度对于网络资源的影响不显著。但是也有相当一部分学者得出网络密度与网络资源负相关的研究结果，比如，边燕杰（2004）则指出高密度的社会网络会约束个人遵从团体规范，而低密度的社会网络则可以减少这种约束，为占据结构洞位置的个人带来信息和控制的优势，有利于其在竞争的环境中求生和先赢。王卫东（2006）在关于中国城市居民的社会网络资本与个人资本的研究中，也证实了中国城市居民的社会网络密度与网络资源之间显著负相关。此外，Burt（1992，2000）认为，个人在社会网络中越是处于桥梁性的位置，即所拥有的“结构洞”越多，则他从这个社会网络中获取的社会资本（社会网络资源）也越多。而注意到，结构洞和密度是密切联系的两个概念，结构洞的增多则意味着密度的降低，因而，基于 Burt 的研究，可以推论出网络密度和网络资源负相关。

Coleman（1988，1990）从社会资本的观点出发，认为网络密度代表了群体成员彼此关系的平均力量强度。成员互动关系越多的群体，往往交换的资源与信息也越多，由此产生的社会资本也越多。根据社会网络分析方法的定义，网络密度指的是网络成员之间彼此互动的联系程度，亦即团队成员间人员互动连带的平均程度（Wasserman and Faust，1994）。网络的密度越高，即网络成员相互之间的联系数量越多，那么网络内部可获得的沟通渠道就越多，信息交换和其他交易都会更加容易（Granovetter，1992）。也就是说，社会网络的密度越高，成员的互动程度也越高，产生的网络资源自然也会比较多，因此利润创造者（Profit - Maker）的网络成员之间往往拥有密切的联系和互动（Aldrich et al.，1987）。

在此，认为低密度社会网络带来更多网络资源的观点其实仍是建立在“弱关系”假设基础上，适用于西方社会语境的。低密度的社会网络意味着结构洞的增多，网络主体可以更好的掌握资源流通的主动权，并且避免大量冗余资源的产生。而中国社会强调的是“强关系”，每个网络主体都按照关系的远近决定网络成员的重要性，并按照关系的亲疏决定给予网络成员的资源程度。高密度的社会网络会提高网络主体与其他网络成员之间的亲密程度和互动频率，网络主体从其他网络成员那里获取网络资源的可能性也就随之提高。此外，高密度的社会网络还意味着网络主体和其他网络成员之间拥有了更多共同的朋友，这也会促使网络成员更加愿意为网络主体提供各种资源和支持。由此可以假设：

H3.2：科技型大学生创业者的社会网络密度与社会网络资源显著正相关

网络成员从事不同的职业，来自不同的工作单位，资源的差异性也随之增加，网络成员的资源及其影响能够更好地达到互补效果。因此，比起异质性低的社会网络，异质性高的社会网络所潜藏的网络资源就会越多（边燕杰，2004）。这些多元化和互补性的网络资源会促使新业务的开发和销售收入的提高，从而提升企业的创新绩效。正如 Baum et al.（2000）的研究所表明的那样，一开始就拥有高度异质性社会网络的生物技术公司会获得更多的专利技术，从而带来更好的创新绩效。由此，可以得出如下假设：

H3.3：科技型大学生创业者的社会网络异质性与社会网络资源显著正相关

在网络关系强度与网络资源的相关研究中，Granovetter（1973）作为社会网络理论的重要代表人物，提出“弱关系”能够给求职者提供更多有价值的信息资源，从而使求职者获得较好的工作。格兰诺维特的“弱关系假设”引发了市场经济中求职研究领域富有成效的研究，不少学者对其“弱关系假设”进行了理论上的扩展与修正（Coleman，1988；Burt，1992）。但是中国学者的研究却显示了截然不同的研究结果：在中国特殊的社会与文化背景下强关系对于求职者的作用更为重要，求职者与网络成员的关系越熟，网络成员的资源背景越高，对求职者的工作安排就越有利（Bian，1997）。考虑到中国是建立在血缘关系及衍生关系基础上的“差序格局”社会（费孝通，1998），强关系的网络主体才会更加愿意为其他的网络对象提供资源和支持。基于特殊的中国语境，我们认为，科技型大学生创业者会从强关系的社会网络获取更多的网络资源，因此，提出如下假设：

H3.4：科技型大学生创业者的社会网络强度与社会网络资源显著正相关

3.3.1.4 社会网络资源在社会网络结构与创业绩效间的中介作用

科技型大学生创业者所构建的社会网络结构影响着创业绩效，具体而言，网络规模、密度、异质性和关系强度都可能对创业绩效起到正向影响作用。大规模的社会网络使科技型大学生创业者与更多的政府人员、科研人员或供应商、经销商等构建起社会联系；科技型大学生创业者社会网络的异质性反映了网络成员在教育背景和工作类型方面的多样性，规模大异质性高的社会网络会给科技型大学生创业者带来更多的多元化的网络资源从而促进创业绩效；在中国特殊的社会文化背景下，高密度和强关系的社会网络成员会更愿意为科技型大学生创业者提供更多的创业支持从而贡献于创业绩效。同时，科技型大学生创业者的社会网络资源对其新创企业的战略行为和决策行为起到了决定性的作用（Dyer and Singh，1998；Gulati，1999）。为了提高获取资源的能力，更好地应对环境的不确定性和对外部的依赖性，科技型大学生创业者必须与外部组织，如客户、供应商、政府、竞争对手等处理好资源交换的问题。这些关系资产和互补资源帮助科技型大学生创业者应对创业过程中高度的不确定性和重重困难与危机，会为大学生新创企业带来超额的收益（Dyer and Singh，1998）。

科技型大学生创业者的社会网络结构与社会网络资源之间同样存在密切的关联。具体的，大规模的社会网络蕴含了更多的社会关系，网络中信息和人情桥梁也较多，占有网络资源优势；其次，网络成员从事不同的职业，处于不同的职位，资源的差异性也随之增加，网络成员的资源和影响能够更好地达到互补的效果；最后，考虑到中国是建立在血缘关系及衍生关系基础上的"差序格局"社会（费孝通，1998），密度和关系强度高的社会网络，成员的互动程度也越高，产生和交换的网络资源自然也会比较多，(Aldrich et al. , 1987)。因此，科技型大学生创业者的社会网络结构为其带来了社会网络资源，并可能通过社会网络资源进一步作用于创业绩效，因此，可以假设：

H4：科技型大学生创业者的社会网络资源在社会网络结构与创业绩效之间存在中介作用

3.3.2 社会胜任力、社会网络资源与创业绩效的研究假设

3.3.2.1 社会胜任力与社会网络资源

社会知觉能力、社会适应力、自我表达能力、敏感度和印象管理能力都是针对于科技型大学生创业者与其他网络成员之间互动交往的社会技能(Baron and Markman, 2003)。这些社会胜任力与任务情景密切关联，能够影响个体的工作绩效（McClelland，1973），并促使个体实现其社会目标(Schneider, 1996)。具体的，社会知觉通过准确地感知别人的特点、意图、和动机等，可以使科技型大学生创业者准确判断获取网络资源的最佳时机和人选；社会适应性使科技型大学生创业者迅速有效地适应各种社会情境能力，与来自不同背景的个体顺利交往，扩大了网络资源的来源和渠道；科技型大学生创业者的表达力则有利于他们清楚恰当的表达自己的情绪和感情，并进而使他人产生激情与共鸣，提高了网络成员与创业者合作的意愿；印象管理则使网络成员对科技型大学生创业者的外表和形象产生良好评价，从而给予科技型大学生创业者积极的回应和网络资源支持。由此，可以得出如下假设：

H5：大学生社会胜任力与科技型大学生创业者的社会网络资源显著正相关

3.3.2.2 社会胜任力与创业绩效

管理者能否“准确地把握周围人群的切实感受和需求，是否能够体察他人或者群体的情绪变化情况”，“是否能够站在别人的角度思考问题，对自己在什么时候采用怎样的情绪和言行策略是否有准确的认识和把握”，不仅能够直接作用于工作绩效，也会通过管理效能感和领导能力间接作用于工作绩效（张辉华，2006）。同时，在创业者与供应商的谈判过程中或者与顾客面对面的销售活动（Face – to – Face Sales）中，敏锐的“读懂”他人的技能会促进他们的成功（Baron，2003；Thompson，1998）。作为企业最高管理者的科技型大学生创业者，他们的社会知觉能力不仅有助于敏锐及时的感知企业内部员工的人格特点、工作情绪和动机，还有利于他们感知合作伙伴、供应商等的真实意图，以及顾客和市场的最新需求，从而更好地保证满足市场需求的新业务的开发和销售，促进企业的稳步成长。

其次，社会适应力可以使科技型大学生创业者快速有效地完成与其他网络成员的沟通，适应复杂多变的创业环境。一方面，创业者在与各类不同的消费者沟通过程中，社会适应力可以使他们更好的接近顾客（Baron，2003），使其乐于接受和购买自己的产品和服务，从而提高产品和服务的销量并扩大市场份额，促进企业成长。另一方面，在创业过程中，科技型大学生创业者需要与大量的陌生人沟通，社会适应力可以降低他们在陌生人面前的不适感，提高沟通的效能，进而有助于提升创业绩效。

再次，表达力是指清楚恰当地表达自己的情绪和感情从而使别人产生激情的能力（Baron，2003）。创业企业在创办初期阶段往往规模较小，创业者会与企业内部的员工之间存在大量的直接沟通行为，创业者的表达力会使员工产生极大的激情与动力，从而促进创业的成功（Baron，2003）。不仅如此，科技型大学生创业者清晰恰当的表达还会促使供应商、消费者、合作伙伴等网络成员接受其观点，并减少沟通中出现失误，以避免不必要的麻烦，创业者和网络成员之间的沟通与合作也会因此而更加顺畅和愉快。顺畅愉悦地沟通以及科技型大学生创业者传达的激情都会贡献于企业的创新与成长。

最后，印象管理使他人对自己的外表和形象产生良好评价，从而给予积极回应和支持的能力（Baron，2003）。许多研究表明印象管理在社会交往中的优势，比如，印象管理有助于和领导及同事建立良好的工作关系，从而提高工作绩效（Borman and Brush，1993）；此外，印象管理也会帮助面试者得到面试官较好的评估（Kacmar，1992）。可以推测，印象管理有助于科技型大学生创业者在不同的社会情境下采取恰当的行为，迎合其他网络成员的喜好，向他人展现自己最好的一面，从而得到他人的好感和支持，进而促进创业绩效的提高。

综合上述的分析，可以做出如下假设：

H6：科技型大学生创业者的社会胜任力与创业绩效显著正相关

3.3.2.3 社会网络资源在社会胜任力与创业绩效之间的中介作用

正如前文所言，社会胜任力有助于创业绩效提升。具体的，社会知觉能力可以帮助科技型大学生创业者敏锐及时的感知各个利益相关方的特点和真实意图，以及顾客和市场的最新需求，从而更好地保证满足市场需求的新业务的开发和销售；社会适应力可以使科技型大学生创业者快速有效的完成与其他网络成员的沟通，适应复杂多变的创业环境；清晰恰当地表达保证了科技型大学生创业者和网络成员之间顺畅愉快地沟通与合作；印象管理使他人对科技型大学生创业者的外表和形象产生良好评价，从而给予积极回应和支持。其次，社会胜任力可以使科技型大学生创业者准确判断获取网络资源的最佳时机和人选；与来自不同背景的个体顺利交往，扩大网络资源的来源和渠道；清楚恰当地表达自己的情绪和感情，提高了网络成员与创业者合作的意愿；使网络成员对科技型大学生创业者的外表和形象产生良好评价，从而获取积极的回应和网络资源支持。同时，有鉴于网络资源对提升创业绩效具有积极作用，社会胜任力可能通过社会网络资源作用于创业绩效。因此，可以假设：

H7：科技型大学生创业者的社会网络资源在社会胜任力与创业绩效之间存在中介作用

3.3.3 主动性人格、社会网络资源与创业绩效的研究假设

3.3.3.1 主动性人格与社会网络资源

Bateman and Crant（1999）以北美、中欧以及南亚的创业者和公司总裁为研究对象，发现了主动性的创业者不满足于完成既定的必须的责任，而是致力于有效地、以改变为导向的目标，包括带来新的运作方式以及建立新的关系网络；并倾向于进入新的环境去寻找需要的资源和人际关系，从而获取改变的机会。主动性的创业者所追求的成就往往是超出一般意义的，为了达到他们有效的、以改变为导向的目标，需要传统束缚，寻求解决问题的不同方式，尝试不同的战略和战术。而其中一个很好的途径就是进入新的环境建立关系联盟，寻找需要的网络资源，从而获取改变环境的机会。Bolino et al.（2002）亦认为社会资本反映了员工自愿的“超越正式的职责范围去相互帮助，或者将个人利益服从于组织的利益，真正的关心组织的活动和使命”，这种构建网络的行为本身就是主动性行为，从而建立了社会网络与主动性人格之间的理论联系。Thompson（2005）从社会资本角度出发，研究主动性人格对网络构建的影响。主动性个体倾向于寻找同盟来支持获取支持，并且与拥有较高权力、较多信息资源的人建立关系。主动性个体努力构建强大的支持网络从而获取信息等各种网络资源，来提高自己的工作绩效，并给组织带来有益的变化。可以说，Thompson（2005）的研究体现了主动性人格和社会网络资源之间的内在联系。

具备主动性人格的科技型大学生创业者善于“识别机会，并采取一系列主动行为，直至带来有意义的改变”（Bateman and Crant，1993），因此他们不会错过任何可能获取网络资源的机会；主动性人格的科技型大学生创业者还不满足于完成既定的必须的责任，而是致力于有效的、以改变为导向的目标，包括带来新的运作方式以及建立新的关系网络，并倾向于进入新的环境去寻找需要的资源和人际关系及新的增长方式，从而获取改变

的机会（Bateman and Crant, 1999）；主动性人格的科技型大学生创业者为了实现自己的创业目标，会突破传统束缚，寻求解决问题的不同方式，并为此克服各种阻碍，尝试不同的战略和战术（Bateman and Crant, 1999），构建有利的社会网络环境并从中获取网络资源是科技型大学生创业者实现创业目标和创建有力的组织环境的方式之一（Ferris et al.，2004；Thompson, 2005）。由此，可以做出如下假设：

H8：科技型大学生创业者的主动性人格与社会网络资源显著正相关

3.3.3.2 主动性人格与创业绩效

主动性高的创业者会在公司寻求发展机会、占据市场位置时，表现出积极的创业姿态，其公司销售额的往往也更加多（Becherer and Maurer, 1999）。主动性人格的创业者还乐于开发新产品或改进现有产品，勇于进入新的市场领域或利用新的销售渠道，对组织结构进行变革和采用新的管理方法，以及将新的融资方法或信息技术整合到组织中（Kickul et al.，2002）。主动性高的个体往往具有更高的价值追求，不满足于维持现状，显示出较高的创业意愿和价值追求（Crant, 1996）。他们高水平的解决问题的能力和组织能力，以及愿意为组织目标努力，对组织成功负责，与组织一致的价值观和积极的工作态度（Campbell, 2000）都会为企业的创业绩效做出杰出的贡献。为了提高创业绩效，主动性高的创业者还会“突破各种阻碍，尝试不同的战略和战术”，并“进入新的环境去寻找需要的资源和人际关系及新的增长方式”（Bateman and Crant, 1999）。基于上述研究，可以得出如下假设：

H9：科技型大学生创业者的主动性人格与创业绩效显著正相关

3.3.3.3 社会网络资源在主动性人格与创业绩效间的中介作用

主动性人格的科技型大学生创业者往往具有高水平的解决问题的能力和组织能力，以及与组织一致的价值观和积极的工作态度，愿意为组织目标努力，对组织成功负责，（Campbell, 2000），这些都有助于提升创业绩效。同时，主动性人格的科技型大学生创业者为了实现自己的创业目标，会尝试各种不同的战略和方式（Bateman and Crant, 1999），构建有利的社会网络环境并从中获取网络资源（Ferris et al.，2004；Thompson, 2005）。

主动性个体努力构建强大的支持网络从而获取信息等各种网络资源，进而借由丰富的网络资源提高自己的工作绩效，并给组织带来有益的变化（Thompson，2005）。由此，可以假设：

H10：科技型大学生创业者的社会网络资源在主动性人格与创业绩效之间存在中介作用

第四章　问卷设计与小样本测试

4.1　问卷设计

4.1.1　社会网络结构的测量

由于社会资本是以社会网络为依托，社会网络与社会资本的测量方法基本一致（邓学军，2009），很多研究者对微观或中观层次社会资本的测量几乎都是从对个人社会网络的状况的测量入手的（罗家德，2004）。目前对个体层面社会网络的测量使用最多的方法是“个体中心网络（ego centered network）”分析方法，“个体中心网络”是以被研究者为中心延伸出去的网络状况（Scott，1991），这种方法非常适合社会关系多样化的企业家或创业者（Greve and Salaff，2003）。

“个体中心网络”的测量具体有两种方法：提名生成法（Name – Generator）和职位生成法（Position – Generator）。提名生成法是让被调查者回忆自己核心网络成员，并提供网络成员的姓名、个人特征、自己与成员之间的关系以及成员相互之间的关系。这种方法在个体中心网的研究中得到了相当广泛的应用，例如，坎贝尔等（Campbell et al.，1986）通过提名生成的网络成员的教育水平和职业声望的平均值和最高值来代表个人网络资源的情况；国内学者耿新（2008）在其博士学位论文中采用提名生成法来测量企业家社会资本对创业绩效的影响；黎赔肆（2008）从社会网络视角研究企业家学习模式的论文也采用了该方法。

职位生成法的假设前提是社会资源是不均匀的分布于社会之中的，社会职位决定了社会网络成员所拥有的社会资源，因此，通过对被调查者网络成员的社会职位的调查就可以了解到他们所拥有的社会资源。具体操作方法是根据研究需要预先设计一张职业类型或工作单位类型等的量表，然后要求被调查者选择网络成员符合的职业类型或工作单位类型描述，最后对出现的职业类型或工作单位类型进行加总，并计算相应的职业类型和单位类型得分，然后用这些来反映个人社会网络中所嵌入的资源情况（罗家德，2004）。这种研究方法最早由美国学者林南等（Lin and Dumin，1986）开创，在其后的研究中（Volker and Flap，1996；Lin，1999）得到逐步地完善，中国学者边燕杰等在此基础上所发展的“春节拜年网”在测量中国人的核心社会网络资源过程中也取得了较好的效果（边燕杰、李煜，2001；赵延东，2002，2003）。

职位生成法虽然避免了提名生成法过于集中强关系的缺点，能够较准确地测量网络成员的社会资源，但是却无法测量网络成员之间的关系，也不可能完整呈现社会网络结构。大学生社会胜任力和主动性人格对社会网络结构的影响是本研究的重点之一，因此，本研究在社会网络的测量中采用了提名生成法，要求科技型大学生创业者列举“创业过程中与之交谈和讨论，并获得与创立和经营企业有关的知识、建议或信息等各种资源的企业外部人员”，然后再指出这些网络成员的工作单位类型、与创业者的亲密程度、与创业者的交往频率、为创业者提供支持的程度以及与其他成员之间的关系。

4.1.1.1 网络规模的测量

网络规模以科技型大学生创业者所列举的“核心讨论网”的人数来确定。在科技型大学生创业者回忆网络成员的过程中，回忆的偏差会随着成员数量的增加而提高，所以对网络规模的限制可以提高回忆的准确性（Burt and Ronchi，1994）。美国大多数学者都将“核心讨论网”的规模限定在五人，如 Emmerik（2006）在研究性别对个体网络影响时，要求响应者依据有价值资源贡献程度列出他某种类型社会网络（如非正式的社交网络、工作网络和建议的网络）中的五个成员；Renzulli et al.（2000）在研究家族关系是否影响性别和网络对创业结果的影响时，要求被调查者指出愿意或能够与他讨论创业思想和经营企业的活动的人员中的最开始的五个；Singh et al.（1999）在研究企业家机会识别时，就要求样本企业家指出对他们机会识别有助的五个网络成员。根据 Marsden（1987）对美国 GSS 问卷的研究显示，美国人“核心讨论网”的规模平均为 3.01；Batjargal（2007）在对中国和俄罗斯企业家的社会网络结构做比较研究时，要求中关村的软件企业家列出与他们讨论软件开发活动的最多不超过八人的讨论网络成员，结果发现中关村软件企业家（共 76 人）的讨论网络规模的均值为 3.92（标准差为 1.45），而俄罗斯企业家对应数值是 4.63（标准差 1.13），而两个样本的总体均值是 4.29（标准差 1.34）。

国内部分大部分学者都沿袭了美国学者对网络规模的限定，如黎赔肆（2008）在社会网络视角的企业家学习模式研究中，将企业家社会网络规模也限定在五人。但也有部分学者如边燕杰（2004）认为，中国人的网络规模大于提名法所限定的 3～5 人，在中国城市居民的社会资本来源与作用的研究中，测量中国城市居民的网络规模为 28.46 人。耿新（2008）在其博士学位论文中将企业家社会网络规模设定为七人。本研究在访谈科技型大学生创业者的阶段，会在访谈结束之后让他们填写调研问卷，发现有些访谈者会填写到 7～10 人，所以本研究正式采用的调研问卷中将网络规模设定到 10 人，但不强制要求科技型大学生创业者必须列举 10 位网络成员，只是让他们尽可能多的罗列出来核心讨论成员。

4.1.1.2 网络密度的测量

对于整体网络来说，网络密度是指所有网络成员的实际联系数量与最大联系数量的比率；对于“个体中心”网络而言，网络密度则只计算“自我”以外的实际联系数量与最大联系数量的比率。整体网络和“个体中心”网络密度的取值范围均为［0，1］。图 1 中整体网络密度为所有网络成员的实际联系数量（9）与最大联系数量（15）的比率 0.6；图 2 中“个体中心”网络密度为“自我”以外的实际联系数量（5）与最大联系数量（10）的比率 0.5。

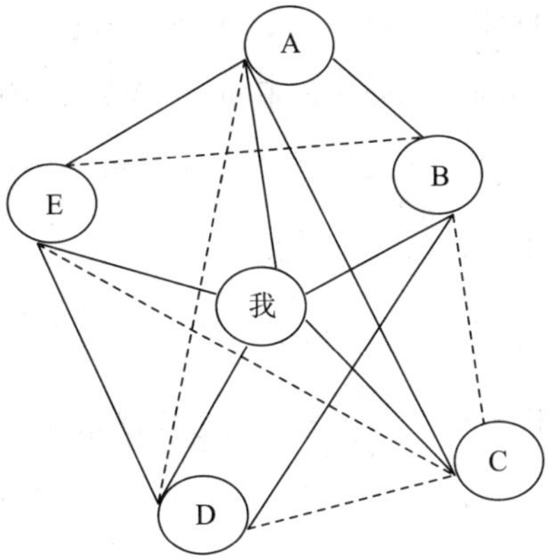

图4－1　整体社会网络密度

资料来源：作者设计。

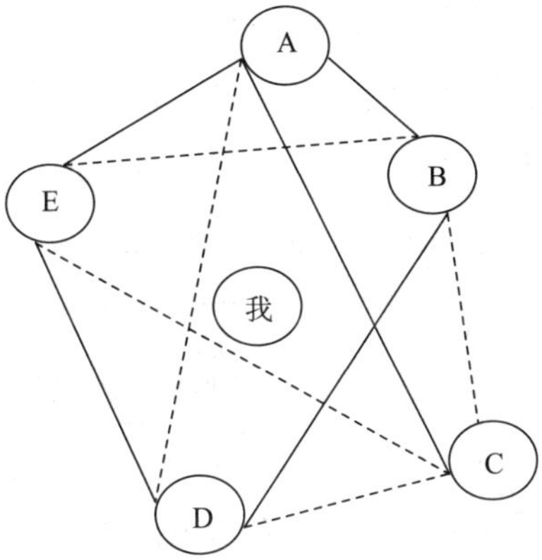

图4－2　自我中心社会网络密度

资料来源：作者设计。

4.1.1.3　网络异质性的测量

网络异质性是指除“自我”以外“他人”之间品质的差异性（Marsden, 1987）。在创业领域，测量的网络成员的品质主要集中于个人特征、教育背景（Batjargal, 2007）和工作单位性质。本文采用工作单位性质来测量网络成员的差异性。网络成员工作单位差异性的测量设置了“A. 党政机关；B. 企业；C. 高等院校/研究机构；D. 律师；E. 金融机构；F. 行业协会；G. 中介机构；F. 其他（请写出具体的工作单位）”选项供科技型大学生创业者选择。具体测算方式上，本研究遵循在创业领域广泛应用的品质差异指数（index qualitative variation，IQV）来测算网络异质性（Sedaitis，1998；Batjargal，2005）。根据 Agresti and Agresti（1977）的计算方法，IQV 的计算公式如下：

$$IQV = 1 - \sum_{i}^{N} P_i^2 / 1 - \frac{1}{k} \tag{4-1}$$

其中，P_i是所测品质中某一类型 i 出现次数的比率，k 是品质类型的数量。IQV 的取值范围为［0，1］。

4.1.1.4 关系强度的测量

在关系强度的相关研究当中，采用最多的测量指标是“亲密度”和“交往频率”。在“亲密度”方面，Reagans and McEvily（2003）通过“你和该名网络成员的亲密程度（特别亲近、亲近、稍微亲近、疏远）”的问题来测量亲密度；Ozgen and Baron（2007）以“亲人和朋友”来定义强关系，以“不太亲密的人”来定义弱关系；Singh et al.（1999）要求被调查者选择对网络成员的了解程度，通过“somewhat”“not very well”“fairly well”和“very well”来描述被调查者选择和网络成员的亲密度。在“交往频率”方面，Reagans and McEvily（2003）通过“你和该名网络成员平均多长时间交谈一次（每天一次、每周一次、每月一次、更少）”来测量交往频率，大多数学者都采取类似的方法来描述交往频率。

本文采用 Likert 五点量表的方法，分别通过“您与他/她的亲密程度，请从 1 ~ 5 中选择合适的描述数字（1 代表亲密程度非常高，5 代表亲密程度非常低）”“您与他/她的交往频率，请从 1 ~ 5 中选择合适的描述数字（1 代表亲密程度非常高，5 代表亲密程度非常低）”“您从他/她那里获得支持的程度，请从 1 ~ 5 中选择合适的描述数字（1 代表亲密程度非常高，5 代表亲密程度非常低）”来描述科技型大学生创业者与网络成员的亲密度、交往频率和所获取的资源，从而克服利用单一维度来测量关系强度。

4.1.2 网络资源的测量

关于社会网络资源的测量，本文也采用李克特五级量表，要求科技型大学生创业者在下列表格中选择他们的社会网络在创业过程中提供各种资源的程度。

表4-1 科技型大学生创业者社会网络资源量表

序号	网络资源	1 非常高	2 高	3 一般	4 低	5 非常低
1	提供信息资源的程度					
2	提供技术资源的程度					
3	提供财务资源的程度					
4	提供情感资源的程度					
5	提供人力资源的程度					
6	提供物质资源的程度					
7	提供商誉资源的程度					
8	提供市场资源的程度					
9	提供组织资源的程度					

资料来源：作者设计。

4.1.3 社会胜任力的测量

大多数研究社会胜任力的学者们均采用了 Baron（2003）所开发的测量问卷（如表4-2所示）。该问卷也在后来的研究中得到了很好的验证，所以本文在测量社会胜任力时也采用了该问卷，包括社会知觉、印象管理、社会适应性、表达力四个维度，共17个问项。

表4-2 社会胜任力量表

序号	社会胜任力	1 非常高	2 高	3 一般	4 低	5 非常低
1	我看人看得很准					
2	通过观察别人的行为，我通常能够准确的识别他们的性格特征					
3	我通常能够敏锐地觉察到某人在特定情境下的内心感受					
4	我通常能够判断人们采取某种行为方式的原因					

续表

序号	社会胜任力	1	2	3	4	5
		非常高	高	一般	低	非常低
5	我通常知晓向某人寻求帮助的最佳时机					
6	我能够轻松的调整自己的状态，以适应各种社会环境					
7	我可以与各种类型的人相处融洽，无论是年轻人还是老年人，无论他们的社会背景是否与我相似					
8	我可以和任何人讨论任何事情					
9	大家都说我是个敏感且善解人意的人					
10	在向一个陌生人介绍自己的时候，我没有任何不适感					
11	即使我努力掩饰，别人也总是能够看出我的情绪					
12	别人通常可以非常清楚地看出我在特定时刻的内心感受					
13	我对于别人的批评非常敏感					
14	我内心的想法总是写在脸上					
16	我总是在乎别人对我的看法					
17	我善于取悦别人，并且能够从中得到好处					
18	即使我不喜欢某人，也能够很容易装作喜欢他（她）					

资料来源：Baron，R. A. and G. D. Markman. Beyond Social Capital：the Role of Entrepreneurs' Social Competence in Their Financial Success［J］. Journal of Business Venturing，2003，18（1）：41－60.

4.1.4 主动性人格的测量

Bateman and Crant（1993）根据主动行为的概念，编制了47个项目，并从中挑选了最能代表主动行为内涵的27个项目作为原始问卷，通过探索性因素分析，得到了含有17个项目、单一维度的主动性人格量表（Proactive Personality Scale，PPS），并证明此量表具有较好的信度、聚合效度、区分效度和预测效度。如果个体在PPS上的得分较高，即代表其具有典型的前瞻性人格。因素分析的结果表明该量表的项目结构是单维的；信度估计的结果显示该量表的重测信度（间隔时间为3个月）为0.72，内部一致性系数α在0.87~0.89之间。自Bateman and Crant（1993）的主动性人格量表正式发表之后，一些研究者在此基础上以因子负荷的高低作为项目筛选的原则，开发了几种简缩版本（如表4-3所示）。由于几种简缩版PPS的信度及结构检验所采用的样本一般都取自美国或英国，如此得出的结果其跨文化的普适性就值得商榷。

表4-3 主动性人格量表及其简缩版

主动性人格量表及其简缩版				
Bateman and Crant（1993）	Seibert（1999）	Parker（1998）	Kickul等（2002）	Parker等（1999）
17项目	10项目	6项目	5项目	4项目
1. 我总是在不断探寻新的途径以改善自己的生活	√	√		
2. 我时常感受到一种想要改变社区甚至世界的冲动				
3. 我倾向于让他人带头启动新方案				
4. 无论在哪里，我都是推动建设性变革的强大力量	√			
5. 我乐于面对和克服在实践自己想法过程中遇到的障碍			√	
6. 没有什么事情比看到自己的想法变成现实更令我兴奋的了	√		√	
7. 如果我看到了自己不喜欢的事情，我会尽力改变它	√	√		
8. 如果我坚信某一想法，无论成功的几率有多大，我都会做到	√	√		√
9. 不管别人如何反对，我都会坚持自己的想法	√	√		√
10. 我善于识别机会	√	√	√	√
11. 我总是在寻找更好的做事方式	√	√		
12. 如果我坚信某一想法，没有什么障碍可以阻止我使之变成现实	√	√		√
13. 我喜欢挑战现状			√	
14. 当我遇到了困难，我会迎难而上				
15. 我善于在困境中寻求机遇				

续表

主动性人格量表及其简缩版				
Bateman and Crant (1993)	Seibert (1999)	Parker (1998)	Kickul 等 (2002)	Parker 等 (1999)
17 项目	10 项目	6 项目	5 项目	4 项目
16. 我能够先于他人发现一个好机遇	√		√	
17. 如果我发现某人陷入困境，我会尽我所能去帮助他（她）				

资料来源：Claes, M., Lacourse, E., Ercolani, A. P., Pierro, A., Leone, L. and F. Presaghi. Parenting, Peer Orientation, Drug Use and Antisocial Behavior in Late Adolescence: A Cross - National Study. Journal of Youth and Adolescence, 2005, 34 (5): 410 - 411.

有鉴于此，Claes et al. （2005）采用比利时、芬兰和西班牙样本，考察了前瞻性人格量表的几种简缩版（包括 10 项目、6 项目、5 项目和 4 项目）的结构和信度。信度分析的结果显示：5 项目和 4 个项目简缩版的内部一致性信度均不理想，而 6 项目和 10 项目简缩版的内部一致性信度则比较高（α 分别在 0.78 ~ 0.86 之间和 0.79 ~ 0.85 之间）；6 项目简缩版和 10 项目简缩版与完整版之间的相关系数分别为 0.96 和 0.90。结构分析的结果表明：10 项目简缩版的单维结构在探索性和验证性因素分析中都未能得到数据的支持；而 6 项目简缩版在探索性因素分析中呈现出清晰的一维结构，验证性因素分析的结果也显示其单维结构的各拟合指数均达到了先定标准。而从实际的应用情况看，10 项目简缩版 PPS 在研究中的使用频率最高。

4.1.5 创业绩效的测量

本研究原计划全面采用生存性创业绩效、成长性创业绩效、创新性创业绩效和主观性创业绩效四个维度。并且在访谈过程中，科技型大学生创业者也普遍认为生存性是衡量创业绩效的一个关键性指标，但是，科技型大学生创业者们面对“您的企业是否可以持续经营八年以上”的问题时，又都感到无从下手。科技型大学生创业者普遍认为创业充满风险和不确定性，无法在目前的状态下预测八年以后的情况。而对于“某一时点上企业还没有清算破产”和“纵向追踪调研创业企业，根据企业的生存年限判断其生存绩效”的测量方法，比较适合纵向追踪研究，不适合横切面的研究。因此，本研究最终决定舍弃生存性绩效指标。

对于成长性绩效指标，遵从大多数研究者的观点，本研究采用了“销售额增长”这个财务指标（（Feeser and Willard, 1990；Mcgee, 1995；Ensley, 2002；Wiklund, 1999；Hisrich, 2000；耿新，2008；周星，2008）以及能够反映企业未来的获利潜能的“市场份额”和“公司员工数量增长”指标（Wiklund et al., 2003；耿新，2008；周星，2008）。

其次，对于创新性绩效指标，在官建成（2004）“创新产品销售收入占总销售收入的比例”和“创新产品数占企业产品总数的比例”测量指标的基础上，本研究结合丁岳枫（2006）和耿新（2008）的观点，将“新产品”改进为“新业务”以具有更普遍的意义，从而得到“创新业务销售收入占总销售收入的比例”和“创新业务数量占企业业务数量的比例”这两个测量指标。

最后，基于 Venkataraman and Ramanujam（1986）、Chandler and Hanks（1993）、Cooper et al.（1995）、McMullan et al.（2001）及 Wall et al.（2004）的观点，本研究认为科技型大学生创业者的主观满意感以及对企业财务指标的主观评价也是对创业绩效的一个必要且相当重要的方面。因此设置了“您对公司的整体绩效水平的主观满意度是（A. 很差；B. 较差；C. 中等水平；D. 较好；E 非常好）”以及“您对公司当前财务绩效的主观评价是（A. 很差；B. 较差；C. 中等水平；D. 较好；E 非常好）”。由于客观绩效数据不易获得，并且实证研究表明主观绩效指标与客观绩效数据显著正相关，对于创业绩效部分所有的问项，调研问卷中都采用了主观方式的回答。如对于“新业务销售收入占总销售收入的比重”的回答选项是“A. 很低；B. 较低；C. 一般；D. 较高；E. 很高”；对于“公司销售总额”问题的回答选项是“A. 减少；B. 增长很慢；C. 增长较慢；D. 增长较快；E. 增长很快”。

此外，基于沈超红（2006）关于相对绩效指标的观点，本研究关于创业绩效的问题均要求科技型大学生创业者根据与主要竞争对手的比较情况作答。

4.1.6 控制变量的测量

以往的研究显示，社会人口特征（如性别、年龄等）会对人们的社会网络资源会产生不同的影响（Van der Poel，1993；Ruan，1993；张文宏，2005）。创业领域的学者指出，创业者先前的工作经历会对其创业行为产生影响（Stuart and Abetti，1990；Bates，1995；Robinson and Sexton，1994；Gimeno et al.，1997；Colombo and Grilli，2005），进而影响到社会网络资源的获取。此外，由于本文的研究对象是高校在读或毕业两年内从事创业的科技型大学生创业者，我们认为科技型大学生创业者的学历、毕业院校、所学专业都可能会对其社会网络资源产生影响。学历的不同决定了科技型大学生创业者在高校接受教育时间以及活动特点的差别；毕业院校也会不同程度的反应大学生素质的差异；不同专业的学生在社会交往活动中也会体现出不同的特点，这些都可能影响到科技型大学生创业者的社会网络资源。

同时，在有关企业绩效影响因素的实证研究当中，企业家的性别和年龄以及企业的年龄、规模（以雇员数表示）和行业特征（制造业与服务业）是常被学者们所使用的控制变量。在本研究中，我们也将这几个影响因素作为控制变量。由于本文的研究对象是高校在读或毕业两年内从事创业的科技型大学生创业者，因此，科技型大学生创业者的学历、毕业院校、专业、工作经历都会对创业绩效产生影响。另外，由于大学生所创企业是否属于高科技企业会影响到他们从政府和高校获取创业扶持的力度，因此，本文也将大学生所创企业是否属于高科技企业作为影响创业绩效的控制变量。最后，创业者的家庭经济背景和家人是否有过创业经历也可能会影响到家庭对大学生的支持力度，进而影响到科技型大学生创业者的创业绩效。

控制变量的测量方法具体如下表所列：

表 4-4 控制变量的测量

控制变量	测量方法
创业者的性别	A. 男；B. 女
创业者的年龄	您的年龄是________岁
创业者的学历	A. 专科；B. 本科；C. 硕士；D. 博士；
创业者的毕业院校	您的毕业院校是________________________
创业者的专业	A. 文科；B. 理科；C. 工科
在创业初期的家庭经济背景	A. 很差；B. 较差；C. 一般；D. 较好；E. 很好
在创业之前，创业者的家人是否有过创业经历	A. 有；B. 没有
创业之前，是否有过工作经历	A. 有；B. 没有
企业年龄	企业已经成立了________年
企业所属行业	A. 制造业（机械、电子、建筑、化工、材料、配套生产、食品饮料等） B. 服务业（服务、商业、贸易、电信、金融、餐饮、咨询、软件等）
企业规模	您的企业目前共有________名员工
您的企业是否被相关部门认定为高科技企业	A. 是；B. 否

资料来源：作者设计。

4.2 小样本测试

本文小样本来源于复旦大学校产办赵文斌副主任通过电子邮件的方式搜集到的 100 份问卷，其中有效问卷 96 份。问卷的填写者是在复旦大学科技园创业的科技型大学生创业者，符合我们对研究对象的定义。在正式问卷形成前，需要通过小样本测试对初始量表的有效性进行分析，根据分析结果，对测量条款进行修改或删除（Boudreau et al.，2001；马庆国，2002）。测量条款的有效性测量主要通过信度和效度检验：

（1）信度检验。信度（Reliability）指的是测量结果的一致性（Consistency）或稳定性（Stability），也就是采用同样的方法对同一个对象重复进行测量，能够得到一致性的结果的程度。本文采用内部一致性系数 Cronbach's Alpha 来分析测量条款的信度。一般认为，Cronbach's Alpha > 0.7 的测量条款为最好，Cronbach's Alpha > 0.7 的测量条款可以接受，Cronbach's Alpha > 0.7 的测量条款则应删除（Nunnally，1978；Churchill and Peter，1984）。本文则采用 0.7 作为参考标准。

（2）效度检验。效度（Validity）是指实际测量值真实反映试图测量特征的程度，具体分为内容效度（Content Validity）和建构效度（Construct Validity）。内容效度是指测量条款是否具有代表性和综合性，一般通过文献和访谈分析进行评价（Straub，1989），本文在前面的研究中也采用了这两种方式。建构效度是指测量条款与被研究的理论概念之间的一致性程度，它进一步分为收敛效度和区分效度。

收敛效度是指同一变量的测量条款的一致性，即测量条款是否高度相关。本文采用 CITC 法（Corrected Item – Total Correlation），即通过计算同一变量中的每一测量条款与该变量中其他测量条款总和的相关系数，来净化测量条款。一般来说当 CITC 小于 0.5 时，就该删除该测量条款，也有学者认为 0.3 也符合研究的要求（卢纹岱，2002），本文采用折中的办法以 0.4 为净化测量条款的标准。

区分效度是指不同变量之间的差异化程度，通常的评价方法是探索性因子分析法（explorative factor analysis，EFA），既通过计算测量条款的因子载荷进行评价。在进行因子分析之前，要对样本进行 KMO（Kaiser – Meyer – Olkin）和巴特莱特球体检验（Bartlett test of sphericity），判断是否可进行因子分析。一般认为：KMO ≥ 0.9，非常适合；0.8 < KMO < 0.9，很适合；0.7 < KMO < 0.8，适合；0.6 < KMO < 0.7，不太适合；KMO < 0.5，不适合。巴特莱特球体检验的统计卡方值显著性概率小于显著性水平时，即可作为因子分析（马庆国，2002）。

在进行探索性因子分析时，每一测量条款所对应的因子载荷必须接近 1（越接近越好），但在其他因子的载荷接近于 0（越小越好），这样才有区分效度。也就是说，如果测量条款在所有因子的载荷均小于 0.5，或在两个或两个以上因子的载荷大于 0.5（跨因子现象），都应该予以删除。

4.2.1 社会网络资源量表的净化和探索性因子分析

社会网络资源量表的有效性分析如表 4－5、表 4－6、表 4－7 所列。表4－5 显示，测量项目 Res1 和 Res4 的 CITC 值小于0.400，应当删除以净化量表；此后，如表 4－6 重新进行的 CITC 和信度分析显示，除测量项目 Res3 的 CITC 值略低于0.400 之外，其他测量项目的 CITC 值均高于0.400，且量表的信度（Cronbach's Alpha）由 0.794 显著提高到0.821，这也表明删除测量项目 Res1 和 Res4 是合理的。

表 4－5 社会网络资源量表的 CITC 和信度分析

测量项目	Corrected Item－Total Correlation（CITC）	Cronbach's Alpha if Item Deleted（CAID）	Cronbach's Alpha
社会网络资源 1	.306	.793	.794
社会网络资源 2	.537	.766	—
社会网络资源 3	.455	.779	—
社会网络资源 4	.158	.812	—
社会网络资源 5	.665	.749	—
社会网络资源 6	.583	.759	—
社会网络资源 7	.429	.780	—
社会网络资源 8	.586	.760	—
社会网络资源 9	.636	.753	—

表 4－6 净化后的社会网络资源量表的 CITC 和信度分析

测量项目	Corrected Item－Total Correlation（CITC）	Cronbach's Alpha if Item Deleted（CAID）	Cronbach's Alpha
社会网络资源 2	.575	.795	.821
社会网络资源 3	.397	.829	—
社会网络资源 5	.721	.772	—
社会网络资源 6	.616	.788	—
社会网络资源 7	.403	.821	—
社会网络资源 8	.638	.786	—
社会网络资源 9	.645	.784	—

因子分析部分以特征根值大于1作为因子选择标准，采用主成分分析法和最大方差旋转法（Varimax）。表4－7显示，净化后的社会网络资源量表的KMO值为0.829，Bartlett's Test卡方值显著性概率为0.000，表明适合进行探索性因子分析。而根据因子分析的结果，可以从社会网络资源的7个测量项目中提取2个因子，这两个因子被解释的方差累计比例（Cumulative % of Variance）为61.569%，超过50%。其中，有4个测量项目（Res6、Res7、Res8和Res9）在F1——运营性的社会网络资源（Operating social network resource，Oprres）上载荷较大，有3个测量项目（Res2、Res3和Res5）在F2——支持性的社会网络资源（Supporting social network resource，Supres）上载荷较大。

表4－7　社会网络资源量表的因子分析

测量项目		因子负荷 1	因子负荷 2
社会网络资源2		.154	.788
社会网络资源3		.055	.739
社会网络资源5		.437	.675
社会网络资源6		.679	.331
社会网络资源7		.847	-.099
社会网络资源8		.730	.314
社会网络资源9		.565	.470
Kaiser－Meyer－Olkin样本测度（KMO）		.829	
Bartlett's球形检验	近似卡方值	204.974	
	自由度	21	
	Sig.	.000	
初始特征根	Total	3.252	1.058
	变异百分比%	46.455	15.114
	累计百分比%	46.455	61.569

4.2.2　社会胜任力量表的净化和探索性因子分析

社会胜任力量表的有效性分析如表4－8、表4－9、表4－10、表4－

11、表4－12、表4－13所列。

表4－8 社会胜任力量表的CITC和信度分析

测量项目	Corrected Item－Total Correlation（CITC）	Cronbach's Alpha if Item Deleted（CAID）	Cronbach's Alpha
社会知觉1	－.166	.737	.451
社会知觉2	.482	.247	—
社会知觉3	.418	.250	—
社会知觉4	.441	.271	—
社会知觉5	.325	.343	—
社会适应力6	.438	.715	.738
社会适应力7	.651	.631	—
社会适应力8	.551	.673	—
社会适应力9	.523	.684	—
社会适应力10	.347	.743	—
表达力11	.702	.813	.851
表达力12	.764	.791	—
表达力13	.563	.845	—
表达力14	.804	.780	—
表达力15	.502	.861	—
印象管理16	.521	—	.683
印象管理17	.521	—	—

表4－8显示，表达力量表和印象管理量表的测量项目的CITC值均大于0.400，而社会知觉量表的测量项目SC_ Perception1和SC_ Perception5的CITC值以及社会适应力量表的测量项目SC_ Soad10的CITC值小于0.400，应当删除以净化量表；此后，如表4－9进行的净化后的社会知觉量表和社会适应力量表的CITC和信度分析显示，所有相关测量项目的CITC值均高于0.400，且社会知觉量表的信度（Cronbach's Alpha）由0.451显著提高到0.686，社会适应力量表的信度（Cronbach's Alpha）由0.738提高到0.743，这表明删除测量项目SC_ Perception1和SC_ Perception5以及SC_ Soad10是必要的。

表 4－9　净化后的社会知觉量表和社会适应力量表的 CITC 和信度分析

测量项目	Corrected Item－Total Correlation（CITC）	Cronbach's Alpha if Item Deleted（CAID）	Cronbach's Alpha
社会知觉 2	.504	.594	.686
社会知觉 3	.564	.514	—
社会知觉 4	.455	.649	—
社会适应力 6	.460	.725	.743
社会适应力 7	.687	.595	—
社会适应力 8	.544	.683	—
社会适应力 9	.470	.720	—

表 4－10 显示，净化后的社会知觉量表的 KMO 值为 0.650，Bartlett's Test 卡方值显著性概率为 0.000，表明基本适合进行探索性因子分析；表 4－11显示，净化后的社会适应力量表的 KMO 值为 0.613，Bartlett's Test 卡方值显著性概率为 0.000，表明基本适合进行探索性因子分析；表 4－12 显示，表达力量表的 KMO 值为 0.756，Bartlett's Test 卡方值显著性概率为 0.000，适合进行探索性因子分析；表 4－13 显示，印象管理量表的 KMO 值为 0.500，Bartlett's Test 卡方值显著性概率为 0.000，表明不适合进行探索性因子分析。

表 4－10　社会知觉量表的因子分析

测量项目		因子负荷
		1
社会知觉 2		.783
社会知觉 3		.830
社会知觉 4		.740
Kaiser－Meyer－Olkin 样本测度（KMO）		.650
Bartlett's 球形检验	近似卡方值	47.431
	自由度	3
	Sig.	.000
初始特征根	Total	1.850
	变异百分比%	61.681
	累计百分比%	61.681

表 4－11 社会适应力量表的因子分析

<table>
<tr><td colspan="2" rowspan="2">测量项目</td><td>因子负荷</td></tr>
<tr><td>1</td></tr>
<tr><td colspan="2">社会适应力 6</td><td>.693</td></tr>
<tr><td colspan="2">社会适应力 7</td><td>.859</td></tr>
<tr><td colspan="2">社会适应力 8</td><td>.766</td></tr>
<tr><td colspan="2">社会适应力 9</td><td>.684</td></tr>
<tr><td colspan="2">Kaiser－Meyer－Olkin 样本测度（KMO）</td><td>.613</td></tr>
<tr><td rowspan="3">Bartlett's 球形检验</td><td>近似卡方值</td><td>100.833</td></tr>
<tr><td>自由度</td><td>6</td></tr>
<tr><td>Sig.</td><td>.000</td></tr>
<tr><td rowspan="3">初始特征根</td><td>Total</td><td>2.273</td></tr>
<tr><td>变异百分比%</td><td>56.831</td></tr>
<tr><td>累计百分比%</td><td>56.831</td></tr>
</table>

根据因子分析的结果，社会知觉量表测量项目 SC_ Perception2、SC_ Perception3 和 SC_ Perception4 的载荷均大于 0.700，因子被解释的方差累计比例（Cumulative % of Variance）为 61.681%，超过 50%，这表明，社会知觉量表 3 个测量项目反映的是同一变量；社会适应力量表测量项目 SC_ Soad6、SC_ Soad7、SC_ Soad8 和 SC_ Soad9 的载荷均大于 0.680，因子被解释的方差累计比例（Cumulative % of Variance）为 56.831%，超过 50%，这表明，社会适应力量表 4 个测量项目反映的是同一变量；根据因子分析结果，可以从表达力的 5 个测量项目中提取 2 个因子，这两个因子被解释的方差累计比例（Cumulative % of Variance）为 78.648%，其中，有 3 个测量项目（SC_ Express11、SC_ Express12 和 SC_ Express14）在 F1 上载荷较大，有 2 个测量项目（SC_ Express13 和 SC_ Express15）在 F2 上载荷较大，根据测量项目的内容，将 F1 和 F2 分别命名为自我表达力（Sexpress）和社会敏感度（Sensitivity）；表达力量表测量项目 SC_ Express11、SC_ Express12、SC_ Express13、SC_ Express14 和 SC_ Express15 的载荷均大于 0.630，因子被解释的方差累计比例（Cumulative % of Variance）为 63.462%，超过 50%，这表明，表达力量表 5 个测量项目反映的

是同一变量；印象管理量表测量项目 SC_ IMM16 和 SC_ IMM17 的载荷均为0.872，因子被解释的方差累计比例（Cumulative % of Variance）为76.061%，超过50%，这表明，印象管理量表2个测量项目反映的是同一变量。

表 4－12　表达力量表的因子分析

测量项目		因子负荷	
		1	2
表达力 11		.900	.069
表达力 12		.874	.206
表达力 13		.182	.859
表达力 14		.807	.324
表达力 15		.176	.868
Kaiser－Meyer－Olkin 样本测度（KMO）		.756	
Bartlett's 球形检验	近似卡方值	261.785	
	自由度	10	
	Sig.	.000	
初始特征根	Total	2.841	1.091
	变异百分比%	56.820	21.828
	累计百分比%	56.820	78.648

表 4－13　印象管理量表的因子分析

测量项目		因子负荷
		1
印象管理 16		.872
印象管理 17		.872
Kaiser－Meyer－Olkin 样本测度（KMO）		.500
Bartlett's 球形检验	近似卡方值	29.007
	自由度	1
	Sig.	.000
初始特征根	Total	1.521
	变异百分比%	76.061
	累计百分比%	76.061

4.2.3 主动性人格量表的净化和探索性因子分析

主动性人格量表的有效性分析如表4-14、表4-15、表4-16所列。表4-14显示，主动性人格量表的测量项目Proactive1、Proactive3、Proactive7和Proactive17的CITC值小于0.400，应当删除以净化量表；此后，如表4-15进行的净化后的主动性人格量表的CITC和信度分析显示，除测量项目Proactive5①的CITC值略低于0.400之外，其他测量项目的CITC值均高于0.400，且量表的信度（Cronbach's Alpha）由0.835显著提高到0.857，这表明删除测量项目Proactive1、Proactive3、Proactive7和Proactive17是合理的。

表4-14 主动性人格量表的CITC和信度分析

测量项目	Corrected Item - Total Correlation (CITC)	Cronbach's Alpha if Item Deleted (CAID)	Cronbach's Alpha
主动性人格1	.383	.829	.835
主动性人格2	.448	.826	—
主动性人格3	-.153	.863	—
主动性人格4	.540	.821	—
主动性人格5	.416	.828	—
主动性人格6	.460	.825	—
主动性人格7	.379	.830	—
主动性人格8	.640	.815	—
主动性人格9	.553	.820	—
主动性人格10	.538	.821	—
主动性人格11	.482	.824	—
主动性人格12	.487	.824	—
主动性人格13	.674	.814	—
主动性人格14	.534	.823	—
主动性人格15	.446	.826	—

① 若进一步删除测量项目Proactive5，量表的信度（Cronbach's Alpha）没有显著提高，因此保留。

续表

测量项目	Corrected Item – Total Correlation（CITC）	Cronbach's Alpha if Item Deleted（CAID）	Cronbach's Alpha
主动性人格 16	.463	.825	—
主动性人格 17	.373	.830	—

表 4 – 15　净化后的主动性人格量表的 CITC 和信度分析

测量项目	Corrected Item – Total Correlation（CITC）	Cronbach's Alpha if Item Deleted（CAID）	Cronbach's Alpha
主动性人格 2	.437	.852	.857
主动性人格 4	.532	.846	—
主动性人格 5	.373	.855	—
主动性人格 6	.418	.854	—
主动性人格 8	.641	.839	—
主动性人格 9	.586	.842	—
主动性人格 10	.571	.843	—
主动性人格 11	.490	.848	—
主动性人格 12	.534	.846	—
主动性人格 13	.690	.836	—
主动性人格 14	.549	.846	—
主动性人格 15	.469	.850	—
主动性人格 16	.488	.849	—

表 4 – 16　主动性人格量表的因子分析

测量项目	因子负荷		
	1	2	3
主动性人格 2	.043	−.017	.794
主动性人格 4	.297	.154	.565
主动性人格 5	.049	.712	.125
主动性人格 6	.023	.776	.148
主动性人格 8	.221	.631	.413
主动性人格 9	.063	.412	.681
主动性人格 10	.821	.129	.130
主动性人格 11	.585	.412	−.011

续表

测量项目		因子负荷		
		1	2	3
主动性人格 12		.272	.288	.528
主动性人格 13		.395	.370	.513
主动性人格 14		.486	.469	.183
主动性人格 15		.764	-.007	.201
主动性人格 16		.781	-.011	.247
Kaiser - Meyer - Olkin 样本测度（KMO）		.838		
Bartlett's 球形检验	近似卡方值	574.129		
	自由度	78		
	Sig.	.000		
初始特征根	Total	4.854	1.565	1.044
	变异百分比%	37.336	12.040	8.034
	累计百分比%	37.336	49.376	57.410

表4-16显示，净化后的主动性人格量表的KMO值为0.838，Bartlett's Test卡方值显著性概率为0.000，表明适合进行探索性因子分析。而根据因子分析的结果，从主动性人格的13个测量项目中可以提取3个因子，这3个因子被解释的方差累计比例（Cumulative % of Variance）为57.410%。其中，有4个测量项目（Proactive10、Proactive11、Proactive15和Proactive16）在F1上载荷较大，有3个测量项目（Proactive5、Proactive6和Proactive8）在F2上载荷较大，有5个测量项目（Proactive2、Proactive4、Proactive9、Proactive12和Proactive13）在F3上载荷较大，而测量项目Proactive14表现为较为明显的跨因子现象（在因子F1和F2上的载荷分别为0.486和0.469），应该删除。根据测量项目的内容，将F1、F2和F3分别命名为主动性机遇寻求（Proopp）、主动性目标实现（Prorel）和主动性变革（Proinn）。

4.2.4　创业绩效量表的净化和探索性因子分析

创业绩效量表的有效性分析如表4-17、表4-18、表4-19所列。表

4－17 显示，创业绩效量表的测量项目 EP1 的 CITC 值小于 0.400，应当删除以净化量表；此后，如表4－18 进行的净化后的创业绩效量表的 CITC 和信度分析显示，所有测量项目的 CITC 值均高于 0.400，且量表的信度（Cronbach's Alpha）由0.852 显著提高到0.863，这表明删除测量项目 EP1 是有必要的。

表4－17　创业绩效量表的 CITC 和信度分析

测量项目	Corrected Item－Total Correlation（CITC）	Cronbach's Alpha if Item Deleted（CAID）	Cronbach's Alpha
创业绩效1	.369	.863	.852
创业绩效2	.577	.836	—
创业绩效3	.650	.827	—
创业绩效4	.747	.815	—
创业绩效5	.652	.827	—
创业绩效6	.724	.818	—
创业绩效7	.525	.842	—
创业绩效8	.544	.842	—

表4－19 显示，净化后的创业绩效量表的 KMO 值为0.816，Bartlett's Test 卡方值显著性概率为0.000，表明适合进行探索性因子分析。而根据因子分析的结果，可以从创业绩效的7个测量项目中提取2个因子，这两个因子被解释的方差累计比例（Cumulative % of Variance）为73.541%，显著超过50%。其中，有5个测量项目（EP4、EP5、EP6、EP7 和 EP8）在 F1 上载荷较大，有2个测量项目（EP2 和 EP3）在 F2 上载荷较大。根据测量项目的内容和相关研究文献的回顾，将 F1 中的 EP4、EP5 和 EP6 命名为成长性创业绩效（Growth），EP7 和 EP8 命名为主观性创业绩效（Sub-EP），F2（EP2 和 EP3）命名为创新性创业绩效（Newb）。

表4－18　净化后的创业绩效量表的 CITC 和信度分析

测量项目	Corrected Item－Total Correlation（CITC）	Cronbach's Alpha if Item Deleted（CAID）	Cronbach's Alpha
创业绩效2	.513	.861	.863

续表

测量项目	Corrected Item – Total Correlation（CITC）	Cronbach's Alpha if Item Deleted（CAID）	Cronbach's Alpha
创业绩效 3	.646	.842	—
创业绩效 4	.800	.819	—
创业绩效 5	.654	.840	—
创业绩效 6	.756	.825	—
创业绩效 7	.539	.856	—
创业绩效 8	.554	.855	—

表 4 – 19　创业绩效量表的因子分析

测量项目		因子负荷	
		1	2
创业绩效 2		.132	.944
创业绩效 3		.302	.890
创业绩效 4		.845	.313
创业绩效 5		.758	.237
创业绩效 6		.822	.293
创业绩效 7		.820	–.032
创业绩效 8		.653	.227
Kaiser – Meyer – Olkin 样本测度（KMO）		.816	
Bartlett's 球形检验	近似卡方值	346.357	
	自由度	21	
	Sig.	.000	
初始特征根	Total	3.914	1.234
	变异百分比%	55.917	17.624
	累计百分比%	55.917	73.541

第五章　研究变量与数据

5.1　研究变量

本文的研究变量如表 5 - 1 所示。其中，被解释变量为创业绩效，具体包括创新性创业绩效（Newb）、成长性创业绩效（Growth）和主观性创业绩效（SubEP）。实验变量有社会网络结构、社会网络资源、社会胜任力和主动性人格。具体的，社会网络结构包括网络规模（Scale）、网络密度（Density）、网络异质性（IQV）和网络关系强度（Strength）；社会网络资源包括支持性网络资源（Supres）和运营性网络资源（Oprres）；社会胜任力包括社会知觉（Perception）、社会适应力（Soad）、自我表达力（Sexpress）、敏感度（Sensitivity）和印象管理（IMM）；主动性人格包括机会寻求（Proopp）、变革（Proinn）和目标实现（Prorel）。

除此之外，本文设置的控制变量主要包括创业者性别（Gender）、创业者年龄（Age）、创业者学历（Edu）、创业者专业（Major）、创业者毕业院校（U985）、家庭经济背景（Econs）、家人创业经历（Eef）、创业者工作经历（Wey）、企业年龄（Year）、所属行业（Indus）、高科技企业（Hitech）和企业规模（Lnem）。

表 5 - 1　研究变量一览表

变量名称		变量代码	变量含义
被解释变量			
创业绩效	创新性创业绩效	Newb	企业创新性创业绩效
	成长性创业绩效	Growth	企业成长性创业绩效
	主观性创业绩效	SubEP	企业主观性创业绩效

续表

变量名称		变量代码	变量含义
实验变量			
社会网络结构	网络规模	Scale	社会网络规模
	网络密度	Density	社会网络密度
	网络异质性	IQV	社会网络异质性，指网络成员工作背景方面的异质性
	网络关系强度	Strength	社会网络关系强度
社会网络资源	支持性网络资源	Supres	支持性社会网络资源
	运营性网络资源	Oprres	运营性社会网络资源
社会胜任力	社会知觉	Perception	社会知觉能力
	社会适应力	Soad	社会适应力
	自我表达力	Sexpress	自我表达力
	敏感度	Sensitivity	敏感度
	印象管理	IMM	印象管理能力
主动性人格	机会寻求	Proopp	主动性机会寻求倾向
	变革	Proinn	主动性变革倾向
	目标实现	Prorel	主动性目标实现倾向
控制变量			
创业者性别		Gender	创业者性别，哑变量，1 表示男性，0 表示女性
创业者年龄		Age	创业者年龄，以年为单位
创业者学历		Edu	创业者学历，哑变量，1 表示属于该学历类型，0 为其他
创业者专业		Major	创业者专业，哑变量，1 表示属于该专业类型，0 为其他
创业者毕业院校		U985	创业者毕业院校，哑变量，1 表示毕业于“985”高校，0 为其他
家庭经济背景		Econs	家庭经济背景
家人创业经历		Eef	家人创业经历，哑变量，1 表示家人有创业经历，0 表示没有
创业者工作经历		Wey	创业者工作经历，哑变量，1 表示有工作经历，0 表示没有
企业年龄		Year	企业年龄，以年为单位
所属行业		Indus	所属行业，哑变量，1 表示属于制造业，0 表示服务业

续表

变量名称	变量代码	变量含义
高科技企业	Hitech	高科技企业，哑变量，1 表示被认定为高科技企业，0 为其他
企业规模	Lnem	企业规模，企业员工人数的自然对数

资料来源：作者设计。

5.2 数据收集

5.2.1 问卷发放对象

问卷主要是通过各高校的大学生创业指导中心相关负责老师发放的，发放对象为高校科技园区的科技型大学生创业。结合本文对于科技型大学生创业者的定义，样本选择遵从以下标准：①从事创业活动的高等院校在校学生和毕业两年内的大学生、研究生、博士和回国留学生；②能够清晰回忆自企业创办至今的社会网络状况的科技型大学生创业者。

5.2.2 问卷发放过程

复旦大学校产办副主任赵文斌老师为本研究收集到98 份来自复旦、同济、交大的科技型大学生创业者样本，上海市大学生事务中心姚栋华老师收集到75 份来自同济、上海理工大学的科技型大学生创业者样本，南开大学商学院薛红志老师收集到72 份南开大学的科技型大学生创业者样本，此外，通过同学关系收集到来自武汉大学、云南财经大学、重庆工商大学、河海大学的57 份科技型大学生创业者样本。这些调研问卷的填写都由个人关系做基础，既保证了问卷的回收率，也保证了问卷填写的有效性（Zhao and Aram，1995），为后续的实证研究的准确性提供了良好的保障。调研所涵盖的地区范围较广，能够比较全面地反映出科技型大学生创业者的相关信息。

问卷调查实施时间为2010 年10 月—2011 年1 月。问卷有两种发放和回收方式：一种是纸质版问卷，调查人员对被访者进行一对一的问卷访谈，对问卷的问项进行解释并监督被访者认真填写；另一种方式是电子版问卷，通过电子邮件传送 word 版的问卷，与被访者进行邮件沟通，并最终以电子邮件或传真方式进行发放和回收。本次调研共发放问卷 500 份，回收 302 份，回收率 60.4%。

问卷回收之后，首先剔除 6 份回答不完整的问卷；然后剔除来自同一高校创业园校区且答题雷同的问卷，共 21 份问卷；最后剔除 5 份不符合科技型大学生创业者定义（高等院校在读和毕业两年内从事创业的大学生、研究生、博士和回国留学生）的问卷，共得到 270 份有效问卷，占回收问卷的 89.4%，占总发放问卷的 54.0%。

5.3 数据描述性统计

5.3.1 科技型大学生创业者特征的描述性统计

5.3.1.1 科技型大学生创业者性别

女性科技型大学生创业者有 43 人，占样本总体的 15.9%；男性科技型大学生创业者有 227 人，占样本总体的 84.1%。

5.3.1.2 科技型大学生创业者年龄

科技型大学生创业者的年龄分为三个阶段：25 岁及以下 54 人，占样本总体的 19.9%；26 ~ 30 岁 149 人，占样本总体的 55.2%；30 岁以上的 67 人，占样本总体的 24.9%。在所调研的科技型大学生创业者中，由于较大一部分是硕士和博士或是有过工作经历的，因此样本平均年龄较大。

5.3.1.3 科技型大学生创业者学历

在大学生创业指导中心所支持的科技型大学生创业者样本中，科技型大学生创业者呈现出高学历的特征。具体而言，专科学历 21 人，占样本总体的 7.9%；本科学历 138 人，占样本总体的 51.0%；硕士学历 85 人，占样本总体的 31.4%；博士学历 26 人，占样本总体的 9.7%。

5.3.1.4 （4）科技型大学生创业者专业

关于科技型大学生创业者的专业，经管类有 121 人，占样本总体的

44.7%；理工科有 139 人，占样本总体的 51.6%；文科有 10 人，占样本总体的 3.6%。

5.3.1.5 科技型大学生创业者毕业院校

科技型大学生创业者的毕业院校区以是否为 985 高校为区分标准：毕业于 985 高校的科技型大学生创业者有 103 人，占样本总体的 38.2%；毕业于非 985 高校的科技型大学生创业者有 167 人，占样本总体的 61.8%。

5.3.1.6 科技型大学生创业者家庭经济背景

科技型大学生创业者的家庭经济背景分为 5 种情况，趋于正态分布：很差的有 11 人，占样本总体的 4.0%；较差的有 25 人，占样本总体的 9.1%；一般的有 173 人，占样本总体的 64.1%；较好的有 58 人，占样本总体的 21.4%；很好的有 4 人，占样本总体的 1.4%。

5.3.1.7 科技型大学生创业者的家人创业经历

科技型大学生创业者的家人中，没有创业经历的有 200 人，占样本总体的 74.1%；有创业经历的有 70 人，占样本总体的 25.9%。

5.3.1.8 科技型大学生创业者工作经历

在科技型大学生创业者中，98 人没有工作经历，占样本总体的 36.4%；172 人有工作经历，占样本总体的 63.6%。

表 5-2 科技型大学生创业者特征的描述性统计

		频数	有效百分比（%）	累积百分比（%）
创业者性别	女	43	15.9	15.9
	男	227	84.1	100.0
创业者年龄	25 岁及以下	54	19.9	19.9
	26～30 岁	149	55.2	75.1
	30 岁以上	67	24.9	100.0
创业者学历	专科	21	7.9	7.9
	本科	138	51.0	58.9
	硕士	85	31.4	90.3
	博士	26	9.7	100.0

续表

		频数	有效百分比（%）	累积百分比（%）
创业者专业	经管	121	44.7	48.4
	工科	139	51.6	100.0
	其他	10	3.6	3.6
创业者毕业院校	985 高校	103	38.2	38.2
	非 985 高校	167	61.8	100.0
家庭经济背景	很差	11	4.0	4.0
	较差	25	9.1	13.0
	一般	173	64.1	77.2
	较好	58	21.4	98.6
	很好	4	1.4	100.0
家人创业经历	无	200	74.1	74.1
	有	70	25.9	100.0
创业者工作经历	无	98	36.4	36.4
	有	172	63.6	100.0

5.3.2　企业和产业特征的描述性统计

5.3.2.1　企业年龄

企业年龄汇中，1 年以下的有 81 家，占样本总体的 30.1%；1～3 年的有 113 家，占样本总体的 41.9%；3～5 年有 60 家，占样本总体的 22.1%；5 年以上有 16 家，占样本总体的 5.9%。

5.3.2.2　企业所属行业

企业所属行业分为服务业和制造业，其中，属于服务业的有 204 家，占样本总体的 75.4%；属于制造业的有 66 家，占样本总体的 24.6%。

5.3.2.3　高科技企业

企业样本中，属于高科技企业的有 161 家，占样本总体的 59.8%；不属于高科技企业的有 109 家，占样本总体的 40.2%。

5.3.2.4　企业规模

企业规模按照企业所拥有的员工数量测量，员工人数范围为 1～5 人有 80 家，占样本总体的 29.7%；员工人数范围为 6～15 人有 114 家，占样本总体的42.4%；员工人数范围为16～30人有46家，占样本总体的17.0%；员工人数范围为31～100人有21家，占样本总体的7.6%；员工人数范围为100人以上的有9家，占样本总体的3.3%。

表5－3 企业和产业特征的描述性统计

		频数	有效百分比（%）	累积百分比（%）
企业年龄	1年以下	81	30.1	30.1
	1～3年	113	41.9	72.1
	3～5年	60	22.1	94.1
	5年以上	16	5.9	100.0
所属行业	服务业	204	75.4	75.4
	制造业	66	24.6	100.0
高科技企业	高科技企业	161	59.8	59.8
	非高科技企业	109	40.2	100.0
企业规模	1～5人	80	29.7	29.7
	6～15人	114	42.4	72.1
	16～30人	46	17.0	89.1
	31～100人	21	7.6	96.7
	100人以上	9	3.3	100.0

5.3.3 样本数据的描述统计

样本数据描述主要考察测量条款的均值、标准差、偏度（Skewness）和峰度（Kurtosis）。从各个统计数值来看，总体测量条款大多服从和似服从正态分布。

表5－4 研究变量的描述统计

变量	N	平均值	中位数	众数	标准差	偏度	峰度	范围	最小值	最大值
Newb	268	2.881	3.000	3.000	0.981	－0.012	－0.131	4.000	1.000	5.000
Growth	268	3.271	3.321	4.000	0.831	－0.798	0.986	4.000	1.000	5.000
SubEP	268	2.976	3.000	3.000	0.743	－0.357	0.102	3.500	1.000	4.500
Scale	270	3.209	3.000	3.000	2.104	1.228	1.788	10.000	0.000	10.000

续表

变量	N	平均值	中位数	众数	标准差	偏度	峰度	范围	最小值	最大值
Density	226	0.505	0.500	1.000	0.395	0.027	-1.535	1.000	0.000	1.000
IQV	264	0.338	0.465	0.000	0.294	-0.070	-1.606	0.857	0.000	0.857
Strength	266	11.292	11.667	13.000	2.434	-1.236	2.830	15.000	0.000	15.000
Supres	265	3.342	3.358	4.000	0.806	-0.522	0.297	4.000	1.000	5.000
Oprres	265	3.378	3.459	4.000	0.717	-0.482	0.519	4.000	1.000	5.000
Perception	268	3.731	3.680	4.000	0.520	-0.005	-0.293	2.346	2.654	5.000
Soad	268	3.707	3.693	3.526	0.613	-0.076	-0.224	2.819	2.181	5.000
Sexpress	267	2.984	3.000	3.000	0.793	0.311	0.068	4.000	1.000	5.000
Sensitivity	265	3.164	3.005	3.000	0.785	-0.219	0.092	4.000	1.000	5.000
IMM	266	2.912	3.000	3.000	0.700	0.302	0.528	4.000	1.000	5.000
Proopp	262	3.800	3.735	4.000	0.550	0.278	-0.444	2.543	2.457	5.000
Proinn	264	3.714	3.648	3.000	0.516	0.019	-0.381	2.803	2.026	4.829
Prorel	270	4.041	4.000	4.000	0.588	-0.069	-0.749	2.336	2.664	5.000

5.4 样本数据的有效性分析

在第四章，我们通过小样本对调查问卷的信度和效度进行了分析，但在运用数据进行实证分析之前，依然有必要对大样本抽样数据的有效性进行评估。

5.4.1 社会网络资源量表

样本数据的收敛效度评估主要是计算每一测量项目的 CITC 值，以不低于 0.400 作为判断标准。社会网络资源量表测量数据的评估结果见表 5-5，各测量项目的 CITC 值均高于 0.400，具有较好的收敛效度，同时量表的信度（Cronbach's Alpha）为 0.799，表明同一维度间测量项目的内部一致性较高，问卷测量的信度较高。

表 5-5　社会网络资源量表的收敛度和信度

测量项目	Corrected Item - Total Correlation（CITC）	Cronbach's Alpha if Item Deleted（CAID）	Cronbach's Alpha
社会网络资源 2	.503	.778	.799
社会网络资源 3	.404	.799	—
社会网络资源 5	.652	.752	—
社会网络资源 6	.578	.764	—
社会网络资源 7	.405	.794	—
社会网络资源 8	.611	.759	—
社会网络资源 9	.591	.762	—

本研究采用验证性因子分析进行效度检验，同时对测量模型进行修正以提高模型的拟合度，对于模型拟合参数我们主要选择 CMIN/DF、GFI、AGFI、NFI、IFI、CFI 和 RMSEA。各指标的标准值为 CMIN/DF < 3；GFI > 0.9；AGFI > 0.8；NFI > 0.9；IFI > 0.9；CFI > 0.9；RMSEA < 0.08。如表 5-6，社会网络资源量表双因素结构模型的验证性因子分析显示，在双因素基本模型中，CMIN/DF = 2.692，小于临界值 3，符合简约性要求；近近似误差均方根 RMSEA = 0.078，处于 0.05 ~ 0.08 的"不错适配"区间，表示拟合程度可以接受；良性拟合指标 GFI 和调整后的良性拟合指标 AGFI 分别为 0.966 和 0.927，意味着拟合程度较高。同时，相对拟合指数中的规范拟合指数 NFI、增值拟合指数 IFI 和比较拟合指数 CFI 分别为 0.932、0.956 和 0.955，均大于 0.900，这表明假设的理论模型与数据的拟合度较高。因此，社会网络资源双因素基本模型可以被接受。进一步的，我们依据 AMOS17.0 输出的修正指标（Modifcation Indices）来寻找可以修正的部分，得到社会网络资源双因素修正模型（如图 5-1 所示），其拟合度有一定程度的改进，CMIN/DF = 1.966，小于临界值 3；RMSEA = 0.059，拟合程度有较为明显的提高；GFI 和 AGFI 分别为 0.976 和 0.944，显示拟合程度有所提高。同时，相对拟合指数中的 NFI、IFI 和 CFI 分别为 0.954、0.977 和 0.976，均大于 0.900，表明假设的理论模型与数据的拟合度较高。

表 5-6　多模型拟合情况汇总

测量模型	绝对拟合指数				相对拟合指数		
	CMIN/DF	RMSEA	GFI	AGFI	NFI	IFI	CFI
双因素基本模型	2.692	.078	.966	.927	.932	.956	.955
双因素修正模型	1.966	.059	.976	.944	.954	.977	.976

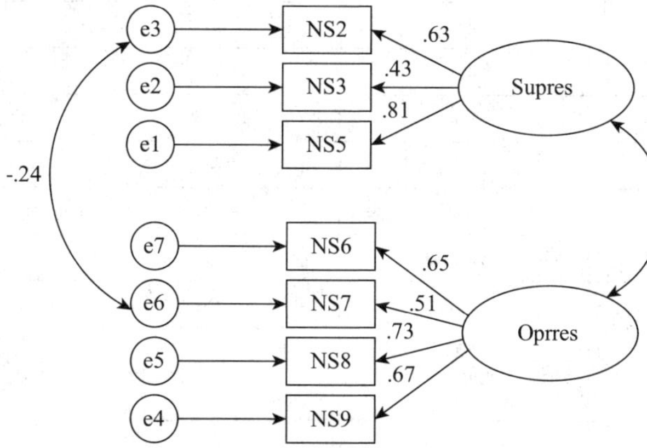

图 5-1　社会网络资源量表的验证性因子分析

5.4.2　社会胜任力量表

社会胜任力量表测量数据的评估结果见表 5-7，社会知觉量表的测量项目的 CITC 值均高于 0.480，社会适应力量表的测量项目的 CITC 值均高于 0.420，表达力量表的测量项目的 CITC 值均高于 0.480，印象管理量表的测量项目的 CITC 值均为 0.521，具有较好的收敛效度；同时社会知觉量表的信度（Cronbach's Alpha）为 0.711，社会适应力量表的信度（Cronbach's Alpha）为 0.715，表达力量表的信度（Cronbach's Alpha）为 0.806，印象管理量表的信度（Cronbach's Alpha）为 0.684。

表 5-7　社会胜任力量表的收敛度和信度

测量项目	Corrected Item - Total Correlation（CITC）	Cronbach's Alpha if Item Deleted（CAID）	Cronbach's Alpha
社会知觉 2	.533	.616	.711
社会知觉 3	.571	.568	—

续表

测量项目	Corrected Item – Total Correlation (CITC)	Cronbach's Alpha if Item Deleted (CAID)	Cronbach's Alpha
社会知觉4	.489	.668	—
社会适应力6	.440	.688	.715
社会适应力7	.668	.546	—
社会适应力8	.486	.665	—
社会适应力9	.429	.695	—
表达力11	.606	.765	.806
表达力12	.677	.740	—
表达力13	.491	.797	—
表达力14	.706	.730	—
表达力15	.486	.801	—
印象管理16	.521	—	.684
印象管理17	.521	—	—

如表5－8，社会胜任力量表五因素结构模型的验证性因子分析显示，在五因素基本模型中，RMSEA等拟合指数达不到最低标准，因而五因素基本模型需要进一步的修正。同样，我们依据AMOS17.0输出的修正指标(Modifcation Indices)来寻找可以修正的部分，得到社会胜任力五因素修正模型（如图5－2所示），其拟合度有一定程度的改进，CMIN/DF＝2.734，小于临界值3，符合简约性要求；近似误差均方根RMSEA＝0.079，处于0.05~0.08的“不错适配”区间，表示拟合程度可以接受；良性拟合指标GFI和调整后的良性拟合指标AGFI分别为0.925和0.873，意味着拟合程度较高。同时，相对拟合指数中的规范拟合指数NFI、增值拟合指数IFI和比较拟合指数CFI分别为0.879、0.920和0.918，略小于或大于0.900，这表明假设的理论模型与数据的拟合度较高。因此，社会胜任力五因素修正模型基本可以被接受。

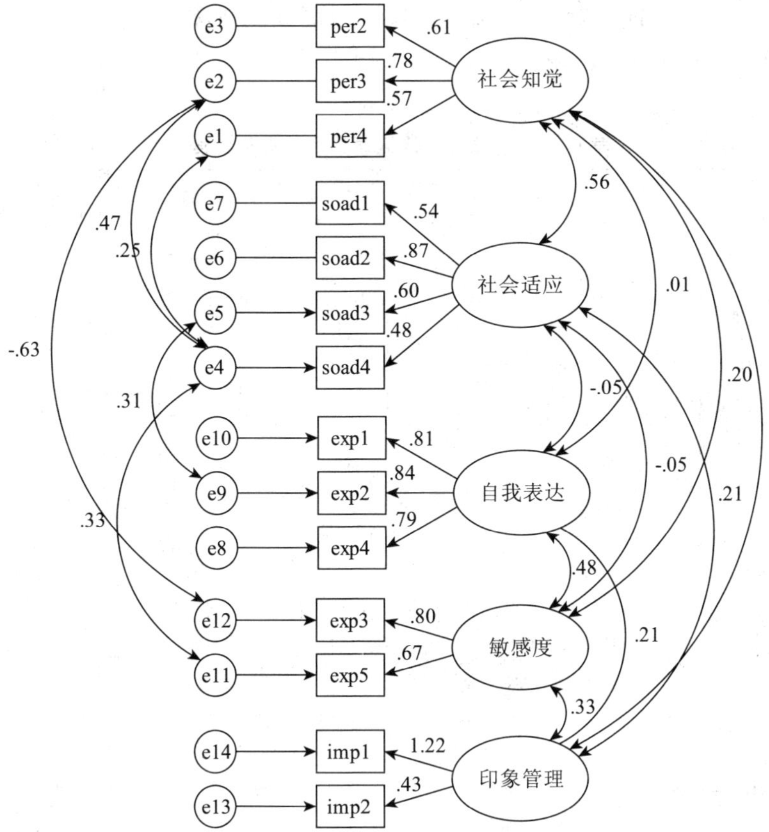

图 5-2 社会胜任力量表的验证性因子分析

表 5-8 多模型拟合情况汇总

	绝对拟合指数				相对拟合指数		
测量模型	CMIN/DF	RMSEA	GFI	AGFI	NFI	IFI	CFI
五因素基本模型	3.968	.104	.885	.819	.810	.851	.848
五因素修正模型	2.734	.079	.925	.873	.879	.920	.918

5.4.3 主动性人格量表

主动性人格量表测量数据的评估结果见表 5-9，除测量项目 Proactive2 的 CITC 值略低于 0.400 之外，主动性人格量表其他测量项目的 CITC 值均高于 0.400，具有较好的收敛效度；同时，主动性人格量表的信度

(Cronbach's Alpha) 为0.855，表明同一维度间测量项目的内部一致性较高，问卷测量的信度较高。

表5-9 主动性人格量表的收敛度和信度

测量项目	Corrected Item - Total Correlation (CITC)	Cronbach's Alpha if Item Deleted (CAID)	Cronbach's Alpha
主动性人格2	.385	.853	.855
主动性人格4	.506	.845	—
主动性人格5	.407	.851	—
主动性人格6	.429	.850	—
主动性人格8	.634	.836	—
主动性人格9	.562	.841	—
主动性人格10	.550	.842	—
主动性人格11	.486	.846	—
主动性人格12	.532	.843	—
主动性人格13	.661	.836	—
主动性人格14	.566	.842	—
主动性人格15	.482	.846	—
主动性人格16	.520	.844	—

如表5-10，主动性人格量表三因素结构模型的验证性因子分析显示，在三因素基本模型中，RMSEA等拟合指数达不到最低标准，因而三因素基本模型需要进一步的修正。同样，我们依据AMOS17.0输出的修正指标(Modifcation Indices)来寻找可以修正的部分，得到主动性人格三因素修正模型(如图5-3所示)，其拟合度有一定程度的改进，其中，CMIN/DF = 2.860，小于临界值3，符合简约性要求；近似误差均方根RMSEA = 0.082，略大于0.08，表示拟合程度基本可以接受；良性拟合指标GFI和调整后的良性拟合指标AGFI分别为0.929和0.882，意味着拟合程度较高。同时，相对拟合指数中的规范拟合指数NFI、增值拟合指数IFI和比较拟合指数CFI分别为0.880、0.919和0.917，略小于或大于0.900，这表明假设的理论模型与数据的拟合度较高。因此，主动性人格三因素修正模型基本可以被接受。

表 5-10 多模型拟合情况汇总

	绝对拟合指数				相对拟合指数		
测量模型	CMIN/DF	RMSEA	GFI	AGFI	NFI	IFI	CFI
三因素基本模型	4. 038	. 105	. 897	. 843	. 816	. 855	. 853
三因素修正模型	2. 860	. 082	. 929	. 882	. 880	. 919	. 917

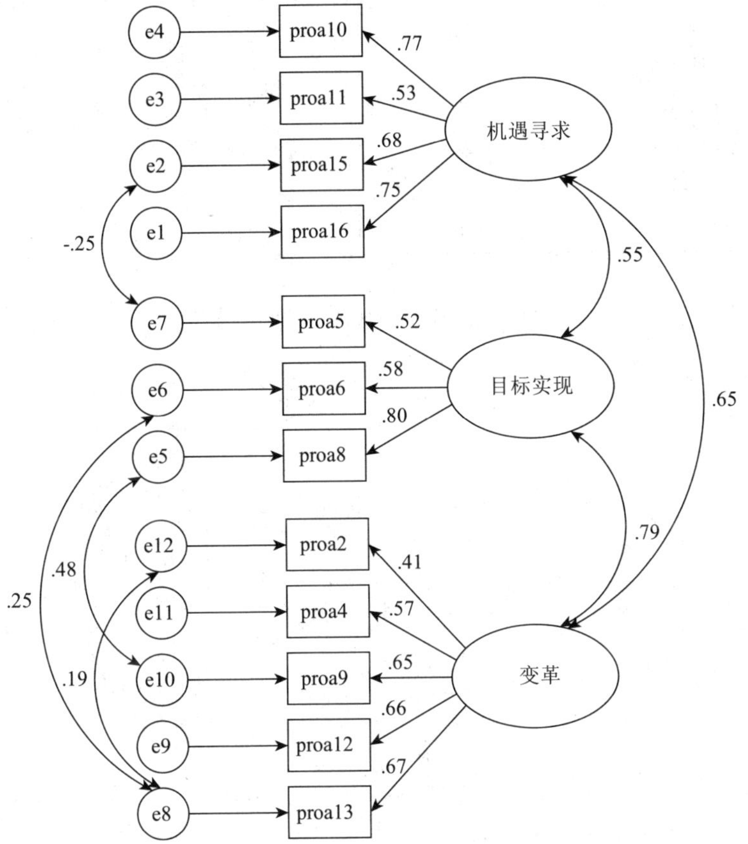

图 5-3 主动性人格量表的验证性因子分析

5. 4. 4 创业绩效量表

创业绩效量表测量数据的评估结果见表 5-11，所有测量项目的 CITC 值均高于 0. 530，具有较好的收敛效度；同时，创业绩效量表的信度（Cronbach's Alpha）为 0. 858，表明同一维度间测量项目的内部一致性较高，问卷测量的信度较高。

表 5-11　创业绩效量表的收敛度和信度

测量项目	Corrected Item - Total Correlation (CITC)	Cronbach's Alpha if Item Deleted (CAID)	Cronbach's Alpha
创业绩效 2	.532	.852	.858
创业绩效 3	.618	.839	—
创业绩效 4	.771	.817	—
创业绩效 5	.629	.837	—
创业绩效 6	.722	.824	—
创业绩效 7	.561	.847	—
创业绩效 8	.560	.847	—

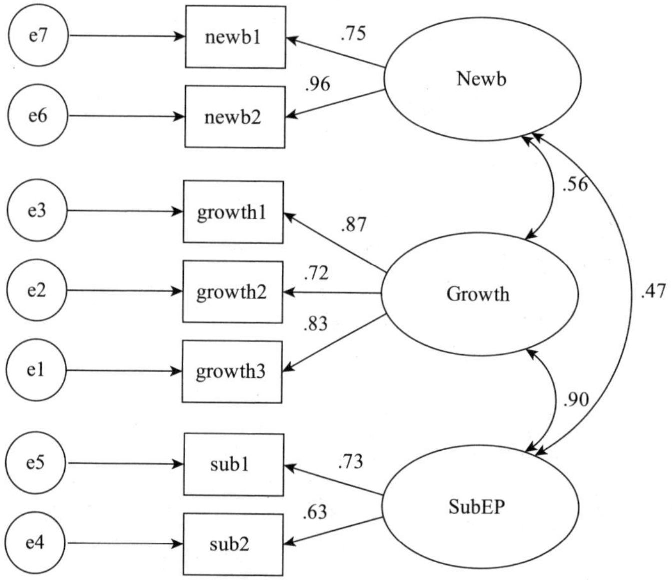

图 5-4　创业绩效量表的验证性因子分析

如表 5-12，创业绩效量表三因素结构模型的验证性因子分析显示，在三因素基本模型中，CMIN/DF = 1.302，小于临界值 3，符合简约性要求；近似误差均方根 RMSEA = 0.033，小于 0.05 为“良好适配”，表示拟合程度较高；良性拟合指标 GFI 和调整后的良性拟合指标 AGFI 分别为 0.986 和 0.965，意味着拟合程度较高。同时，相对拟合指数中的规范拟合指数 NFI、增值拟合指数 IFI 和比较拟合指数 CFI 分别为 0.984、0.996 和 0.996，均显著大于 0.900，这表明假设的理论模型与数据的拟合度较高。因此，创业绩效三因素基本模型可以被接受。

表 5－12 多模型拟合情况汇总

	绝对拟合指数				相对拟合指数		
测量模型	CMIN/DF	RMSEA	GFI	AGFI	NFI	IFI	CFI
三因素基本模型	1.302	.033	.986	.965	.984	.996	.996

第六章　实证分析结果

6.1　方差分析

6.1.1　基于科技型大学生创业者个人特征的方差分析

表6－1显示，社会网络资源和创业绩效的相关变量的方差齐性检验的显著性概率均大于0.05，即其在不同性别情况下总体方差相等。进一步的，方差分析表明，性别差异对支持性社会网络资源（Supres），创新性创业绩效（Newb）、成长性创业绩效（Growth）和主观性创业绩效（SubEP）均有显著影响（$p<0.05$）。因此，有必要在研究社会网络资源和创业绩效时将其作为控制变量。

表6－1　基于科技型大学生创业者性别的方差分析

		方差分析					方差齐性检验	
		平方和	自由度	均方	F	Sig.	Levene Statistic	Sig.
Supres	组间	5.411	3	1.804	2.834	.039	.989	.321
	组内	166.134	261	.637				
	Total	171.545	264					
Oprres	组间	1.511	3	.504	.979	.403	.990	.321
	组内	134.228	261	.514				
	Total	135.739	264					
Newb	组间	30.784	3	10.261	11.969	.000	.967	.326
	组内	226.342	264	.857				
	Total	257.126	267					
Growth	组间	59.164	3	19.721	41.585	.000	.770	.381
	组内	125.198	264	.474				
	Total	184.362	267					

续表

		方差分析					方差齐性检验	
		平方和	自由度	均方	F	Sig.	Levene Statistic	Sig.
SubEP	组间	35.433	3	11.811	26.535	.000	.088	.767
	组内	117.511	264	.445				
	Total	152.945	267					

根据样本数据，将科技型大学生创业者年龄分为三个阶段，方差分析以此为准。如表6-2所示，创新性创业绩效（Newb）和成长性创业绩效（Growth）方差齐性检验的显著性概率小于0.05，在不同年龄阶段下总体方差不相等；而支持性社会网络资源（Supres）、运营性社会网络资源（Oprres）和主观性创业绩效（SubEP）的方差齐性检验的显著性概率均大于0.05，在不同年龄阶段下总体方差相等。方差分析表明，年龄差异对创新性创业绩效（Newb）存在显著影响（$p<0.05$）。因此，有必要在研究创业绩效时将其作为控制变量。

表6-2　基于科技型大学生创业者年龄的方差分析

		方差分析					方差齐性检验	
		平方和	自由度	均方	F	Sig.	Levene Statistic	Sig.
Supres	组间	4.243	3	1.414	2.207	.088	1.786	.150
	组内	167.302	261	.641				
	Total	171.545	264	—				
Oprres	组间	3.012	3	1.004	1.974	.118	1.053	.370
	组内	132.727	261	.509				
	Total	135.739	264	—				
Newb	组间	13.006	3	4.335	4.688	.003	3.539	.015
	组内	244.120	264	.925				
	Total	257.126	267	—				
Growth	组间	1.984	3	.661	.957	.414	3.719	.012
	组内	182.378	264	.691				
	Total	184.362	267	—				
SubEP	组间	2.087	3	.696	1.217	.304	.069	.976
	组内	150.858	264	.571				
	Total	152.945	267	—				

由于创新性创业绩效（Newb）在不同年龄阶段下总体方差不相等，需采用 Tamhane's T2 的 t 检验结果。具体如表 6－3 所示，基于科技型大学生创业者年龄的多重比较显示，30 岁以上的科技型大学生创业者创立企业的创新性绩效显著好于 26～30 岁的创业者，随着创业者年龄的增大，可能更有利于企业开拓新业务（当然，也有可能是最初的尝试不理想甚至失败之后开始新的探索与定位）。

表 6－3 基于科技型大学生创业者年龄的多重比较[①]

因变量	（I）创业者年龄	（J）创业者年龄	均差（I－J）	标准误	Sig.
Newb	26～30 岁	30 岁以上	－.44225 *	.15103	.025
	30 岁以上	26～30 岁	.44225 *	.15103	.025

注：* 表示在 Tamhane's T2 方式下均值差异在 0.05 的水平上显著

基于科技型大学生创业者五个学历层次的方差分析结果如表 6－4 所示。成长性创业绩效（Growth）和主观性创业绩效（SubEP）方差齐性检验的显著性概率小于 0.05，在不同学历层次下总体方差不相等；而支持性社会网络资源（Supres）、运营性社会网络资源（Oprres）和创新性创业绩效（Newb）的方差齐性检验的显著性概率均大于 0.05，在不同学历层次下总体方差相等。方差分析表明，学历层次差异对支持性社会网络资源（Supres）存在显著影响（$p<0.05$）。因此，有必要在研究社会网络资源时将其作为控制变量。

表 6－4 基于科技型大学生创业者学历的方差分析

		方差分析					方差齐性检验	
		平方和	自由度	均方	F	Sig.	Levene Statistic	Sig.
Supres	组间	7.504	4	1.876	2.973	.020	1.892	.112
	组内	164.041	260	.631				
	Total	171.545	264	—				

① 在此，为了节省篇幅，仅列出了存在显著差异的检验结果。

续表

		方差分析					方差齐性检验	
		平方和	自由度	均方	F	Sig.	Levene Statistic	Sig.
Oprres	组间	1.813	4	.453	.880	.477	.200	.938
	组内	133.926	260	.515				
	Total	135.739	264	—				
Newb	组间	2.636	4	.659	.681	.606	1.771	.135
	组内	254.490	263	.968				
	Total	257.126	267	—				
Growth	组间	3.805	4	.951	1.385	.239	4.419	.002
	组内	180.557	263	.687				
	Total	184.362	267	—				
SubEP	组间	3.408	4	.852	1.499	.203	2.910	.022
	组内	149.536	263	.569				
	Total	152.945	267	—				

表6-5 基于科技型大学生创业者学历的多重比较

因变量	(I) 创业者学历	(J) 创业者学历	均差(I-J)	标准误	Sig.
Supres	专科	本科	-.39015*	.19184	.043
		硕士	-.41662*	.19833	.037
		博士	-.64931*	.23829	.007
	本科	专科	.39015*	.19184	.043
	硕士	专科	.41662*	.19833	.037
	博士	专科	.64931*	.23829	.007

注：* 表示在LSD方式下均值差异在0.05的水平上显著

由于支持性社会网络资源（Supres）在不同学历层次下总体方差相等，因而采用LSD（Least Significant Difference）的t检验结果。具体如表6-5所示，基于科技型大学生创业者学历的多重比较显示，学历为专科的科技型大学生创业者所能获得的支持性社会网络资源显著少于学历为本科、硕士、博士的创业者。

基于科技型大学生创业者三个专业类别的方差分析结果如表6-6所示。支持性社会网络资源（Supres）、运营性社会网络资源（Oprres）、成长性创业绩效（Growth）和主观性创业绩效（SubEP）的方差齐性检验的显著性概率均大于0.05，在不同专业类别下总体方差相等；而创新性创业绩效（Newb）方差齐性检验的显著性概率小于0.05，在不同专业类别下总体方差不相等。方差分析表明，专业类别差异对社会网络资源和创业绩效均不存在显著影响。因此，不将其作为控制变量引入。

表6-6　基于科技型大学生创业者专业的方差分析

		方差分析					方差齐性检验	
		平方和	自由度	均方	F	Sig.	Levene Statistic	Sig.
Supres	组间	.817	2	.408	.624	.537	.732	.482
	组内	170.203	260	.655				
	Total	171.020	262	—				
Oprres	组间	2.592	2	1.296	2.563	.079	.138	.871
	组内	131.475	260	.506				
	Total	134.067	262	—				
Newb	组间	1.373	2	.686	.708	.494	3.660	.027
	组内	254.955	263	.969				
	Total	256.328	265	—				
Growth	组间	1.128	2	.564	.814	.444	1.844	.160
	组内	182.383	263	.693				
	Total	183.512	265	—				
SubEP	组间	2.056	2	1.028	1.806	.166	.287	.751
	组内	149.681	263	.569				
	Total	151.737	265	—				

基于科技型大学生创业者毕业院校的方差分析结果如表6-7所示。支持性社会网络资源（Supres）、创新性创业绩效（Newb）和主观性创业绩效（SubEP）的方差齐性检验的显著性概率均大于0.05，在不同毕业院校下总体方差相等；而运营性社会网络资源（Oprres）、和成长性创业绩效（Growth）方差齐性检验的显著性概率小于0.05，在不同毕业院校下总体方差不相等。方差分析表明，毕业院校差异仅对创新性创业绩效（Newb）存在显著影响（$p<0.05$）。因此，有必要在研究创业绩效

时将其作为控制变量。

表 6-7 基于科技型大学生创业者毕业院校的方差分析

		方差分析					方差齐性检验	
		平方和	自由度	均方	F	Sig.	Levene Statistic	Sig.
Supres	组间	.780	1	.780	1.196	.275	1.282	.259
	组内	170.224	261	.652				
	Total	171.004	262	—				
Oprres	组间	.027	1	.027	.053	.818	12.580	.000
	组内	133.996	261	.513				
	Total	134.023	262	—				
Newb	组间	4.230	1	4.230	4.430	.036	.402	.527
	组内	252.104	264	.955				
	Total	256.334	265	—				
Growth	组间	1.981	1	1.981	2.882	.091	6.792	.010
	组内	181.465	264	.687				
	Total	183.447	265	—				
SubEP	组间	1.335	1	1.335	2.327	.128	.987	.321
	组内	151.501	264	.574				
	Total	152.836	265	—				

表 6-8 基于科技型大学生创业者家庭经济背景的方差分析

		方差分析					方差齐性检验	
		平方和	自由度	均方	F	Sig.	Levene Statistic	Sig.
Supres	组间	15.907	4	3.977	6.643	.000	3.984	.004
	组内	155.639	260	.599				
	Total	171.545	264	—				
Oprres	组间	4.944	4	1.236	2.457	.046	1.186	.317
	组内	130.795	260	.503				
	Total	135.739	264	—				
Newb	组间	3.160	4	.790	.818	.515	3.153	.015
	组内	253.966	263	.966				
	Total	257.126	267	—				

续表

		方差分析					方差齐性检验	
		平方和	自由度	均方	F	Sig.	Levene Statistic	Sig.
Growth	组间	6.981	4	1.745	2.588	.037	1.379	.242
	组内	177.381	263	.674				
	Total	184.362	267	—				
SubEP	组间	3.348	4	.837	1.471	.211	2.075	.084
	组内	149.597	263	.569				
	Total	152.945	267	—				

基于科技型大学生创业者家庭经济背景的方差分析结果如表 6－8 所示。运营性社会网络资源（Oprres）、成长性创业绩效（Growth）和主观性创业绩效（SubEP）的方差齐性检验的显著性概率均大于 0.05，在不同家庭经济背景下总体方差相等；而支持性社会网络资源（Supres）、创新性创业绩效（Newb）方差齐性检验的显著性概率小于 0.05，在不同家庭经济背景下总体方差不相等。方差分析表明，家庭经济背景差异对支持性社会网络资源（Supres）、运营性社会网络资源（Oprres）、成长性创业绩效（Growth）存在显著影响（$p < 0.05$）。因此，有必要在研究社会网络资源和创业绩效时将其作为控制变量。

表 6－9　基于科技型大学生创业者家庭经济背景的多重比较

因变量	(I) 创业者家庭经济背景	(J) 创业者家庭经济背景	均差 (I－J)	标准误	Sig.
Oprres	很差	较好	－.56376*	.25381	.027
	较差	较好	－.40940*	.17435	.020
	较好	很差	.56376*	.25381	.027
		较差	.40940*	.17435	.020
Growth	很差	很好	－1.44525*	.49351	.004
	较差	很好	－1.03044*	.44803	.022
	一般	很好	－1.02566*	.41529	.014
	较好	很好	－1.18529*	.42432	.006
	很好	很差	1.44525*	.49351	.004
		较差	1.03044*	.44803	.022

续表

因变量	(I) 创业者家庭经济背景	(J) 创业者家庭经济背景	均差 (I-J)	标准误	Sig.
Growth	一般	1.02566 *	.41529	.014	
		较好	1.18529 *	.42432	.006
注：* 表示在 LSD 方式下均值差异在 0.05 的水平上显著					
Supres	较差	一般	-.74896 *	.20540	.011
		较好	-.94682 *	.20787	.001
	一般	较差	.74896 *	.20540	.011
	较好	较差	.94682 *	.20787	.001
注：* 表示在 Tamhane's T2 方式下均值差异在 0.05 的水平上显著					

由于运营性社会网络资源（Oprres）、成长性创业绩效（Growth）在不同家庭经济背景下总体方差相等，因而采用 LSD（Least Significant Difference）的 t 检验结果；而支持性社会网络资源（Supres）在不同家庭经济背景下总体方差不相等，需采用 Tamhane's T2 的 t 检验结果。具体如表 6-9所示，基于科技型大学生创业者家庭经济背景的多重比较显示，家庭经济背景较好的科技型大学生创业者所获得的运营性社会网络资源（Oprres）显著多于家庭经济背景很差或较差的创业者；家庭经济背景很好的科技型大学生创业者创立企业的成长性绩效（Growth）显著高于其他家庭经济背景的创业者；家庭经济背景较差的科技型大学生创业者所能获得的支持性社会网络资源（Supres）显著少于家庭经济背景一般或较好的创业者。

基于科技型大学生创业者家人创业经历的方差分析结果如表 6-10 所示。除成长性创业绩效（Growth）方差齐性检验的显著性概率小于 0.05，在不同创业者家人创业经历情况下总体方差不相等之外，其他社会网络资源和创业绩效的相关变量的方差齐性检验的显著性概率均大于 0.05，即其在不同创业者家人创业经历情况下总体方差相等。方差分析表明，创业者家人创业经历的差异对成长性创业绩效（Growth）、主观性创业绩效（SubEP）存在显著影响（$p<0.05$）。因此，有必要在研究创业绩效时将其作为控制变量。

表 6-10　基于科技型大学生创业者家人创业经历的方差分析

		方差分析					方差齐性检验	
		平方和	自由度	均方	F	Sig.	Levene Statistic	Sig.
Supres	组间	.025	1	.025	.038	.845	2.298	.131
	组内	170.976	261	.655				
	Total	171.001	262	—				
Oprres	组间	.841	1	.841	1.628	.203	.265	.607
	组内	134.888	261	.517				
	Total	135.729	262	—				
Newb	组间	.002	1	.002	.002	.964	.018	.895
	组内	256.973	264	.973				
	Total	256.975	265	—				
Growth	组间	4.147	1	4.147	6.083	.014	4.805	.029
	组内	179.990	264	.682				
	Total	184.137	265	—				
SubEP	组间	5.612	1	5.612	10.131	.002	.156	.693
	组内	146.241	264	.554				
	Total	151.853	265	—				

表 6-11　基于科技型大学生创业者工作经历的方差分析

		方差分析					方差齐性检验	
		平方和	自由度	均方	F	Sig.	Levene Statistic	Sig.
Supres	组间	.018	1	.018	.028	.868	1.554	.214
	组内	171.105	262	.653				
	Total	171.123	263	—				
Oprres	组间	.979	1	.979	1.904	.169	.020	.887
	组内	134.756	262	.514				
	Total	135.735	263	—				
Newb	组间	1.668	1	1.668	1.732	.189	11.426	.001
	组内	255.321	265	.963				
	Total	256.989	266	—				
Growth	组间	7.997	1	7.997	12.022	.001	1.747	.187
	组内	176.291	265	.665				
	Total	184.288	266	—				

续表

		方差分析					方差齐性检验	
		平方和	自由度	均方	F	Sig.	Levene Statistic	Sig.
SubEP	组间	3. 409	1	3. 409	6. 041	. 015	. 780	. 378
	组内	149. 534	265	. 564				
	Total	152. 943	266	—				

基于科技型大学生创业者工作经历的方差分析结果如表 6 - 11 所示。除创新性创业绩效（Newb）方差齐性检验的显著性概率小于 0. 05，在不同的创业者工作经历情况下总体方差不相等之外，其他社会网络资源和创业绩效的相关变量的方差齐性检验的显著性概率均大于 0. 05，在不同的创业者工作经历情况下总体方差相等。方差分析表明，创业者是否具备工作经历对成长性创业绩效（Growth）、主观性创业绩效（SubEP）存在显著影响（$p < 0.05$）。因此，有必要在研究创业绩效时将其作为控制变量。

6. 1. 2 基于企业与行业特征的方差分析

基于企业年龄的方差分析结果如表 6 - 12 所示。除了运营性社会网络资源（Oprres）的方差齐性检验的显著性概率均大于 0. 05，在不同企业年龄阶段下总体方差相等之外，其他社会网络资源和创业绩效的相关变量的方差齐性检验的显著性概率小于 0. 05，在不同企业年龄阶段下总体方差不相等。方差分析表明，企业年龄差异除对成长性创业绩效（Growth）没有显著影响之外，对其他社会网络资源和创业绩效的相关变量均存在显著影响（$p < 0.05$）。因此，有必要在研究社会网络资源和创业绩效时将其作为控制变量。

表 6 - 12 基于企业年龄的方差分析

		方差分析					方差齐性检验	
		平方和	自由度	均方	F	Sig.	Levene Statistic	Sig.
Supres	组间	10. 362	3	3. 454	5. 568	. 001	4. 342	. 005
	组内	159. 425	257	. 620				
	Total	169. 787	260	—				

续表

		方差分析					方差齐性检验	
		平方和	自由度	均方	F	Sig.	Levene Statistic	Sig.
Oprres	组间	12.719	3	4.240	8.972	.000	.590	.622
	组内	121.446	257	.473				
	Total	134.165	260	—				
Newb	组间	7.706	3	2.569	2.719	.045	5.264	.002
	组内	249.420	264	.945				
	Total	257.126	267	—				
Growth	组间	5.187	3	1.729	2.624	.051	24.490	.000
	组内	171.339	260	.659				
	Total	176.526	263	—				
SubEP	组间	12.241	3	4.080	7.540	.000	4.506	.004
	组内	140.696	260	.541				
	Total	152.938	263	—				

表 6-13 基于企业年龄的多重比较

因变量	(I) 企业年龄	(J) 企业年龄	均差 (I-J)	标准误	Sig.
Oprres	1年以下	1~3年	-.26670*	.10195	.009
		3~5年	.30426*	.11919	.011
	1~3年	1年以下	.26670*	.10195	.009
		3~5年	.57097*	.11173	.000
	3~5年	1年以下	-.30426*	.11919	.011
		1~3年	-.57097*	.11173	.000
注：* 表示在 LSD 方式下均值差异在 0.05 的水平上显著					
Supres	1年以下	1~3年	-.36991*	.11331	.008
	1~3年	1年以下	.36991*	.11331	.008
		5年以上	.63395*	.15990	.004
	5年以上	1~3年	-.63395*	.15990	.004
SubEP	1年以下	1~3年	-.31309*	.10432	.019
	1~3年	1年以下	.31309*	.10432	.019
		3~5年	.51966*	.12783	.001
	3~5年	1~3年	-.51966*	.12783	.001
注：* 表示在 Tamhane's T2 方式下均值差异在 0.05 的水平上显著					

由于运营性社会网络资源（Oprres）在不同企业年龄阶段下总体方差相等，因而采用 LSD（Least significant difference）的 t 检验结果；而支持性社会网络资源（Supres）和主观性创业绩效（SubEP）在不同企业年龄阶段下总体方差不相等，需采用 Tamhane's T2 的 t 检验结果。具体地，如表 6-13 所示，基于企业年龄的多重比较显示，年龄 1 年以下的企业所获得的运营性社会网络资源（Oprres）显著多于年龄 3~5 年的企业，年龄 1~3 年的企业所获得的运营性社会网络资源（Oprres）显著多于年龄 1 年以下或 3~5 年的企业；年龄 1~3 年的企业所获得的支持性社会网络资源（Supres）显著多于年龄 1 年以下或 5 年以上的企业；年龄 1~3 年的企业创业者主观性创业绩效（SubEP）显著高于年龄 1 年以下或 3~5 年的企业创业者。

基于企业行业属性的方差分析结果如表 6-14 所示。社会网络资源和创业绩效的相关变量的方差齐性检验的显著性概率大于 0.05，在不同行业属性下总体方差相等。方差分析表明，行业差异对社会网络资源和创业绩效均无显著影响，因此，不宜将其引入作为控制变量。

表 6-14 基于企业行业属性的方差分析

		方差分析					方差齐性检验	
		平方和	自由度	均方	F	Sig.	Levene Statistic	Sig.
Supres	组间	.279	1	.279	.428	.514	1.292	.257
	组内	171.267	263	.651				
	Total	171.545	264	—				
Oprres	组间	.169	1	.169	.329	.567	.328	.567
	组内	135.569	263	.515				
	Total	135.739	264	—				
Newb	组间	.900	1	.900	.935	.335	1.176	.279
	组内	256.226	266	.963				
	Total	257.126	267	—				
Growth	组间	.047	1	.047	.068	.795	1.594	.208
	组内	184.315	266	.693				
	Total	184.362	267	—				

续表

		方差分析					方差齐性检验	
		平方和	自由度	均方	F	Sig.	Levene Statistic	Sig.
SubEP	组间	.145	1	.145	.253	.615	.658	.418
	组内	152.799	266	.574				
	Total	152.945	267	—				

表 6-15　基于是否被认定为高科技企业的方差分析

		方差分析					方差齐性检验	
		平方和	自由度	均方	F	Sig.	Levene Statistic	Sig.
Supres	组间	6.087	1	6.087	9.676	.002	2.885	.091
	组内	165.458	263	.629				
	Total	171.545	264	—				
Oprres	组间	.557	1	.557	1.084	.299	.912	.340
	组内	135.182	263	.514				
	Total	135.739	264	—				
Newb	组间	9.148	1	9.148	9.813	.002	1.895	.170
	组内	247.978	266	.932				
	Total	257.126	267	—				
Growth	组间	7.837	1	7.837	11.810	.001	9.463	.002
	组内	176.524	266	.664				
	Total	184.362	267	—				
SubEP	组间	2.638	1	2.638	4.669	.032	16.434	.000
	组内	150.306	266	.565				
	Total	152.945	267	—				

基于是否被认定为高科技企业的方差分析结果如表 6-15 所示。成长性创业绩效（Growth）和主观性创业绩效（SubEP）方差齐性检验的显著性概率小于 0.05，在是否被认定为高科技企业的情况下总体方差不相等；而支持性社会网络资源（Supres）、运营性社会网络资源（Oprres）和创新性创业绩效（Newb）的方差齐性检验的显著性概率均大于 0.05，在是否被认定为高科技企业的情况下总体方差相等。方差分析表明，是否被认定为高科技企业对除运营性社会网络资源（Oprres）之外的其他社会网络资

源和创业绩效的相关变量均存在显著影响（$p<0.05$）。因此，有必要将其引入作为控制变量。

基于企业规模的方差分析结果如表6-16所示。支持性社会网络资源（Supres）、运营性社会网络资源（Oprres）和主观性创业绩效（SubEP）的方差齐性检验的显著性概率均大于0.05，在不同企业规模下总体方差相等；而创新性创业绩效（Newb）和成长性创业绩效（Growth）方差齐性检验的显著性概率小于0.05，在不同企业规模下总体方差不相等。方差分析表明，除对创新性创业绩效（Newb）没有显著影响之外，企业规模差异对其他社会网络资源和创业绩效的相关变量均存在显著影响（$p<0.05$）。因此，有必要在研究社会网络资源和创业绩效时将其作为控制变量。

表6-16 基于企业规模的方差分析

		方差分析					方差齐性检验	
		平方和	自由度	均方	F	Sig.	Levene Statistic	Sig.
Supres	组间	25.352	4	6.338	11.272	.000	2.230	.066
	组内	146.194	260	.562				
	Total	171.545	264	—				
Oprres	组间	10.768	4	2.692	5.601	.000	.445	.776
	组内	124.970	260	.481				
	Total	135.739	264	—				
Newb	组间	6.699	4	1.675	1.759	.138	3.616	.007
	组内	250.427	263	.952				
	Total	257.126	267	—				
Growth	组间	23.264	4	5.816	9.495	.000	3.876	.004
	组内	161.098	263	.613				
	Total	184.362	267	—				
SubEP	组间	17.921	4	4.480	8.726	.000	1.963	.100
	组内	135.024	263	.513				
	Total	152.945	267	—				

由于支持性社会网络资源（Supres）、运营性社会网络资源（Oprres）和主观性创业绩效（SubEP）在不同企业规模下总体方差相等，因而采用

LSD（Least Significant Difference）的 t 检验结果；而成长性创业绩效（Growth）在不同企业规模下总体方差不相等，需采用 Tamhane's T2 的 t 检验结果。具体地，如表 6 – 17 所示，基于企业规模的多重比较显示，规模为 1 ~ 5 人的企业所获得的支持性社会网络资源（Supres）显著少于规模为 6 ~ 15 人或 31 ~ 100 人的企业，规模为 16 ~ 30 人的企业所获得的支持性社会网络资源（Supres）显著少于规模为 6 ~ 15 人的企业；规模为 6 ~ 15 人的企业所获得的运营性社会网络资源（Oprres）显著多于规模为 1 ~ 5 人或 16 ~ 100 人的企业；规模为 1 ~ 5 人的企业创业者主观性创业绩效（SubEP）显著低于规模为 5 人以上的企业创业者，规模为 6 ~ 15 人的企业创业者主观性创业绩效（SubEP）显著低于规模为 31 ~ 100 人的企业创业者；规模为 1 ~ 5 人的企业成长性创业绩效（Growth）显著低于规模为 6 ~ 100 人的企业，规模为 6 ~ 15 人的企业成长性创业绩效（Growth）显著低于规模为 66 ~ 30 人的企业。

表 6 – 17　基于企业规模的多重比较

因变量	（I）企业规模	（J）企业规模	均差（I – J）	标准误	Sig.
Supres	1 ~ 5 人	6 ~ 15 人	–. 72263*	. 10917	. 000
		31 ~ 100 人	–. 43393*	. 18386	. 019
	6 ~ 15 人	1 ~ 5 人	. 72263*	. 10917	. 000
		16 ~ 30 人	. 43959*	. 13640	. 001
	16 ~ 30 人	6 ~ 15 人	–. 43959*	. 13640	. 001
	31 ~ 100 人	1 ~ 5 人	. 43393*	. 18386	. 019
Oprres	1 ~ 5 人	6 ~ 15 人	–. 32460*	. 10130	. 002
	6 ~ 15 人	1 ~ 5 人	. 32460*	. 10130	. 002
		16 ~ 30 人	. 45553*	. 12422	. 000
		31 ~ 100 人	. 53138*	. 16475	. 001
	16 ~ 30 人	6 ~ 15 人	–. 45553*	. 12422	. 000
	31 ~ 100 人	6 ~ 15 人	–. 53138*	. 16475	. 001

续表

因变量	(I) 企业规模	(J) 企业规模	均差 (I-J)	标准误	Sig.
SubEP	1~5人	6~15人	-.41696*	.10592	.000
		16~30人	-.52466*	.13296	.000
		31~100人	-.85477*	.17664	.000
		100人以上	-.73781*	.25259	.004
	6~15人	1~5人	.41696*	.10592	.000
		31~100人	-.43781*	.17004	.011
	16~30人	1~5人	.52466*	.13296	.000
	31~100人	1~5人	.85477*	.17664	.000
		6~15人	.43781*	.17004	.011
	100人以上	1~5人	.73781*	.25259	.004
注：* 表示在LSD方式下均值差异在0.05的水平上显著					
Growth	1~5人	6~15人	-.44559*	.12258	.004
		16~30人	-.77289*	.12784	.000
		31~100人	-.85040*	.24905	.019
	6~15人	1~5人	.44559*	.12258	.004
		16~30人	-.32730*	.10267	.018
	16~30人	1~5人	.77289*	.12784	.000
		6~15人	.32730*	.10267	.018
	31~100人	1~5人	.85040*	.24905	.019
注：* 表示在Tamhane's T2方式下均值差异在0.05的水平上显著					

6.1.3 方差分析总结

如表6-18所列，在检验科技型大学生创业者社会网络结构、社会胜任力、主动性人格与社会网络资源的关系时需要引入的控制变量主要有创业者性别、创业者学历、家庭经济背景、企业年龄、高科技企业、企业规模；在研究科技型大学生创业者社会网络结构、社会胜任力、主动性人格、社会网络资源与创业绩效之间的关系时应当引入创业者性别、创业者年龄、创业者毕业院校、家庭经济背景、家人创业经历、创业者工作经历、企业年龄、高科技企业、企业规模等作为控制变量。

表 6-18　基于控制变量的方差分析总结

观测变量	社会网络资源		创业绩效		
控制变量	Supres	Oprres	Newb	Growth	SubEP
Gender	√	×	√	√	√
Age	×	×	√	×	×
Edu	√	×	×	×	×
Major	×	×	×	×	×
U985	×	×	√	×	×
Econs	√	√	×	√	×
Eef	×	×	×	√	√
Wey	×	×	×	√	√
Year	√	√	×	×	√
Indus	×	×	×	×	×
Hitech	√	×	√	√	√
Lnem	√	√	×	√	√

6.2　相关分析

在运用多元线性回归模型检验研究假设前，先采用 Pearson 相关分析法，对模型假设中研究变量进行相关分析。运用 SPSS15.0 进行相关分析，结果见表 6-19。从相关系数的显著水平来看，网络密度、网络关系强度、社会适应力、自我表达能力、敏感度、主动性机遇寻求、主动性变革、主动性目标实现与支持性社会网络资源显著正相关；社会适应力、自我表达能力、敏感度、印象管理能力、主动性机遇寻求与运营性社会网络资源显著正相关；社会知觉能力、主动性机遇寻求、主动性变革与创新性创业绩效显著正相关；社会知觉能力、主动性机遇寻求、主动性变革、支持性社会网络资源、运营性社会网络资源与成长性创业绩效显著正相关；网络密度、网络关系强度、主动性机遇寻求、主动性变革、支持性社会网络资源、运营性社会网络资源与主观性创业绩效显著正相关。这些结果初步支持了本文提出的研究假设。

表 6 – 19 研究变量的 Pearson 相关系数矩阵

	1	2	3	4	5	6	7	8	9	10	11	12	13	14	15	16
1. Perception	—	—	—	—	—	—	—	—	—	—	—	—	—	—	—	—
2. Soad	. 491 **	—	—	—	—	—	—	—	—	—	—	—	—	—	—	—
3. Sexpress	0. 05	0. 068	—	—	—	—	—	—	—	—	—	—	—	—	—	—
4. Sensitivity	. 123 *	0. 083	. 416 **	—	—	—	—	—	—	—	—	—	—	—	—	—
5. IMM	. 159 **	. 279 **	. 156 *	. 237 **	—	—	—	—	—	—	—	—	—	—	—	—
6. Proopp	. 552 **	. 457 **	. 163 **	. 247 **	. 181 **	—	—	—	—	—	—	—	—	—	—	—
7. Proinn	. 421 **	. 303 **	0. 058	0. 046	. 200 **	. 466 **	—	—	—	—	—	—	—	—	—	—
8. Prorel	. 383 **	. 402 **	0. 085	−0. 045	0. 059	. 333 **	. 548 **	—	—	—	—	—	—	—	—	—
9. Scale	0. 054	0. 034	−0. 063	−0. 057	−0. 082	−0. 028	−0. 012	0. 089	—	—	—	—	—	—	—	—
10. Density	−. 203 **	0. 006	0. 118	. 260 **	0. 037	−0. 005	−0. 119	−. 140 *	−0. 114	—	—	—	—	—	—	—
11. IQV	0. 06	−0. 05	0. 033	−0. 01	−. 126 *	−0. 047	−0. 041	0. 077	. 420 **	−0. 122	—	—	—	—	—	—
12. Strength	−0. 097	0. 044	−0. 072	0. 025	0. 055	0. 001	−0. 01	−0. 016	0. 008	. 173 **	−. 135 *	—	—	—	—	—
13. Supres	0. 036	. 170 **	. 143 *	. 153 *	0. 053	. 242 **	. 214 **	. 183 **	0. 008	. 172 *	−0. 034	. 293 **	—	—	—	—
14. Oprres	0. 107	. 230 **	. 289 **	. 192 **	. 148 *	. 297 **	0. 118	0. 061	−0. 047	0. 046	−0. 095	0. 032	. 517 **	—	—	—
15. Newb	. 209 **	0. 001	−0. 067	−0. 099	−0. 081	. 179 **	. 142 *	0. 048	0. 082	−0. 064	0. 104	−0. 018	0. 024	0. 046	—	—
16. Growth	. 149 *	0. 022	−0. 028	−0. 077	0. 047	. 211 **	. 165 **	0. 089	−0. 008	0. 107	−0. 085	0. 025	. 163 **	. 142 *	. 505 **	—
17. SubEP	0. 118	0. 115	0. 026	−0. 071	0. 016	. 289 **	. 155 *	0. 04	−0. 095	. 256 **	−0. 056	. 180 **	. 298 **	. 299 **	. 355 **	. 674 **

6.3 社会网络结构、社会网络资源与创业绩效

6.3.1 科技型大学生创业者社会网络结构与创业绩效

在10%的显著性水平上，如表6-20所示，社会网络密度、社会网络关系强度对创新性创业绩效没有显著影响，未能支持假设H1.2和H1.4；不过，社会网络规模和异质性与创新性创业绩效的回归分析结果支持假设H1.1和H1.3。据此可以认为，在同等条件下，科技型大学生创业者社会网络规模越大，社会网络异质性越高，企业的创新性创业绩效越好。一方面，科技型大学生创业者社会网络规模越大，就会与更多公司以外的网络成员保持社会联系，而这些网络成员又能够为企业的新产品和新业务的开发带来相应的网络资源（Falemo，1990）。另一方面，相比异质性低的社会网络，异质性高的社会网络潜藏了更为丰富和多元化的网络资源（边燕杰，2004），这些多元化和互补性的网络资源会促进新业务的开发和销售，从而提高企业的创新绩效。此外，对控制变量的回归显示，成立时间越短、被认定为高科技企业、员工规模越大的企业创新性绩效越好。

表6-20 社会网络结构与创新性创业绩效

变量	Newb	Newb	Newb	Newb	Newb	Newb
	Coef.	Coef.	Coef.	Coef.	Coef.	Coef.
Gender	-0.065 (-0.395)	-0.064 (-0.393)	-0.026 (-0.136)	-0.060 (-0.362)	-0.067 (-0.400)	0.017 (0.091)
Age	0.019 (1.188)	0.011 (0.694)	0.022 (1.269)	0.019 (1.164)	0.017 (1.006)	0.020 (1.118)
U985	0.131 (0.982)	0.152 (1.150)	0.182 (1.195)	0.161 (1.198)	0.133 (0.940)	0.125 (0.793)
Econs	0.029 (0.324)	0.028 (0.317)	-0.007 (-0.071)	-0.011 (-0.119)	0.037 (0.411)	0.017 (0.171)
Eef	-0.054 (-0.390)	-0.046 (-0.335)	0.033 (0.202)	0.058 (0.400)	-0.052 (-0.355)	-0.000 (-0.001)

续表

变量	Newb	Newb	Newb	Newb	Newb	Newb
	Coef.	Coef.	Coef.	Coef.	Coef.	Coef.
Wey	0.032 (0.226)	0.062 (0.447)	0.040 (0.256)	0.078 (0.551)	0.036 (0.250)	0.108 (0.693)
Year	-0.128*** (-3.547)	-0.129*** (-3.630)	-0.153*** (-3.814)	-0.133*** (-3.650)	-0.134*** (-3.579)	-0.163*** (-4.119)
Hitech	0.289** (2.191)	0.370*** (2.757)	0.319** (2.034)	0.350** (2.571)	0.277** (2.011)	0.458*** (2.876)
Lnem	0.122** (2.056)	0.116* (1.963)	0.169** (2.441)	0.092 (1.483)	0.124** (1.991)	0.136* (1.954)
Scale	—	0.074** (2.512)	—	—	—	0.087** (2.385)
Density	—	—	-0.161 (-0.888)	—	—	-0.013 (-0.070)
IQV	—	—	—	0.434** (2.085)	—	0.360 (1.413)
Strength	—	—	—	—	-0.022 (-0.848)	-0.050 (-1.502)
Constant	2.154*** (4.633)	2.099*** (4.556)	2.121*** (3.921)	2.127*** (4.463)	2.463*** (4.397)	2.171*** (3.260)
R^2	0.098	0.120	0.135	0.129	0.102	0.184
Adj R^2	0.066	0.085	0.093	0.093	0.065	0.132
F	3.069	3.451	3.202	3.588	2.775	3.508
P	0.002	0.000	0.001	0.000	0.003	0.000
N	270	270	270	270	270	270

注：*，**，*** 分别表示在0.10，0.05 和0.01 的水平上显著，括号中标注的是 t 值；所有解释变量的 VIF 值均小于1.5。

表6-21 社会网络结构与成长性创业绩效

变量	Growth	Growth	Growth	Growth	Growth	Growth
	Coef.	Coef.	Coef.	Coef.	Coef.	Coef.
Gender	0.340*** (2.744)	0.340*** (2.742)	0.422*** (2.972)	0.340*** (2.733)	0.346*** (2.750)	0.396*** (2.836)

续表

变量	Growth	Growth	Growth	Growth	Growth	Growth
	Coef.	Coef.	Coef.	Coef.	Coef.	Coef.
Age	-0.019 (-1.582)	-0.021* (-1.711)	-0.021 (-1.578)	-0.021* (-1.708)	-0.021* (-1.656)	-0.029** (-2.180)
U985	0.176* (1.742)	0.179* (1.772)	0.268** (2.323)	0.253** (2.465)	0.211** (1.983)	0.331*** (2.784)
Econs	0.040 (0.586)	0.038 (0.562)	-0.075 (-1.000)	-0.001 (-0.019)	0.030 (0.441)	-0.089 (-1.200)
Eef	0.275*** (2.626)	0.280*** (2.669)	0.381*** (3.046)	0.337*** (3.044)	0.311*** (2.828)	0.348*** (2.800)
Wey	0.269** (2.573)	0.278*** (2.648)	0.247** (2.102)	0.266** (2.507)	0.281*** (2.621)	0.216* (1.851)
Year	-0.106*** (-3.910)	-0.107*** (-3.936)	-0.119*** (-3.939)	-0.107*** (-3.867)	-0.105*** (-3.744)	-0.122*** (-4.063)
Hitech	0.048 (0.484)	0.071 (0.694)	0.050 (0.426)	0.041 (0.394)	0.059 (0.572)	0.046 (0.381)
Lnem	0.305*** (6.870)	0.303*** (6.811)	0.328*** (6.354)	0.317*** (6.747)	0.297*** (6.409)	0.368*** (7.016)
Scale	—	0.020 (0.902)	—	—	—	0.045 (1.627)
Density	—	—	0.104 (0.763)	—	—	0.047 (0.339)
IQV	—	—	—	-0.315** (-1.984)	—	-0.606*** (-3.161)
Strength	—	—	—	—	-0.004 (-0.180)	-0.004 (-0.154)
Constant	2.614*** (7.515)	2.597*** (7.453)	2.838*** (7.007)	2.830*** (7.867)	2.701*** (6.395)	3.183*** (6.362)
R^2	0.278	0.281	0.314	0.305	0.284	0.348
Adj R^2	0.252	0.252	0.280	0.276	0.254	0.306
F	10.720	9.722	9.271	10.505	9.566	8.225
P	0.000	0.000	0.000	0.000	0.000	0.000
N	270	270	270	270	270	270

注：*，**，*** 分别表示在0.10，0.05和0.01的水平上显著，括号中标注的是t值；所有解释变量的VIF值均小于1.5。

在10%的显著性水平上，如表6-21所示，社会网络规模、社会网络密度、社会网络关系强度对成长性创业绩效没有显著影响，未能支持假设H1.1、H1.2和H1.4；而社会网络异质性与成长性创业绩效的回归分析结果则否定了假设H1.3。据此可以认为，在同等条件下，科技型大学生创业者社会网络异质性越高，企业的成长性创业绩效越差。这意味着，来自科技型大学生创业者社会网络的成员在工作背景方面的异质性虽然有助于企业拓展新业务，却不利于企业持续成长。其中原因可能是，拥有不同工作背景的社会网络成员在为大学创业者带来有关新的技术创新和市场机会的相关信息和资源，进而促使企业致力于技术创新和新业务开发的同时，可能会分散科技型大学生创业者及其企业的资源和能力，损害了企业当前主要业务的成长性。此外，对控制变量的回归显示，由男性大学生创业者创立、创业者年龄越小、大学生创业者毕业于“985”高校、创业者家人拥有创业经历、创业者在创业之前拥有工作经历、成立时间越短、员工规模越大的企业成长性绩效越好。

表6-22 社会网络结构与主观性创业绩效

变量	SubEP	SubEP	SubEP	SubEP	SubEP	SubEP
	Coef.	Coef.	Coef.	Coef.	Coef.	Coef.
Gender	0.009 (0.076)	0.009 (0.077)	0.094 (0.714)	0.022 (0.187)	0.028 (0.242)	0.078 (0.587)
Age	-0.019* (-1.686)	-0.018 (-1.502)	-0.018 (-1.422)	-0.020* (-1.737)	-0.020* (-1.712)	-0.018 (-1.438)
U985	-0.088 (-0.917)	-0.091 (-0.949)	0.073 (0.679)	-0.015 (-0.160)	0.013 (0.135)	0.120 (1.067)
Econs	0.138** (2.146)	0.140** (2.170)	0.057 (0.806)	0.096 (1.500)	0.112* (1.756)	0.045 (0.643)
Eef	0.320*** (3.201)	0.315*** (3.147)	0.333*** (2.861)	0.367*** (3.551)	0.351*** (3.453)	0.349*** (2.954)
Wey	0.243** (2.434)	0.234** (2.330)	0.319*** (2.904)	0.251** (2.534)	0.274*** (2.764)	0.299*** (2.695)
Year	-0.035 (-1.357)	-0.034 (-1.325)	-0.052* (-1.833)	-0.044* (-1.688)	-0.033 (-1.267)	-0.047 (-1.643)

续表

变量	SubEP	SubEP	SubEP	SubEP	SubEP	SubEP
	Coef.	Coef.	Coef.	Coef.	Coef.	Coef.
Hitech	0.100 (1.058)	0.077 (0.790)	-0.024 (-0.221)	0.051 (0.535)	0.008 (0.081)	-0.075 (-0.659)
Lnem	0.223*** (5.257)	0.225*** (5.297)	0.231*** (4.800)	0.250*** (5.718)	0.231*** (5.383)	0.244*** (4.897)
Scale	—	-0.020 (-0.936)	—	—	—	-0.016 (-0.627)
Density	—	—	0.407*** (3.219)	—	—	0.356*** (2.726)
IQV	—	—	—	-0.211 (-1.426)	—	-0.150 (-0.824)
Strength	—	—	—	—	0.046** (2.472)	0.031 (1.312)
Constant	2.458*** (7.406)	2.474*** (7.443)	2.311*** (6.117)	2.592*** (7.720)	1.934*** (4.948)	2.123*** (4.468)
R^2	0.212	0.215	0.261	0.243	0.243	0.273
Adj R^2	0.184	0.183	0.225	0.211	0.211	0.226
F	7.476	6.812	7.187	7.673	7.719	5.776
P	0.000	0.000	0.000	0.000	0.000	0.000
N	270	270	270	270	270	270

注：*，**，*** 分别表示在0.10，0.05 和0.01 的水平上显著，括号中标注的是 t 值；所有解释变量的 VIF 值均小于1.5。

在10%的显著性水平上，如表6－22所示，社会网络规模、社会网络异质性（IQV）对科技型大学生创业者主观性创业绩效没有显著影响，未能支持假设 H1.1 和 H1.3；不过，社会网络密度、社会网络联系强度与科技型大学生创业者主观性创业绩效的回归分析结果支持假设 H1.2 和 H1.4。据此可以认为，在同等条件下，科技型大学生创业者社会网络密度与联系强度越高，其主观性创业绩效越好。其中原因可能是，中国是建立在血缘关系及衍生关系基础上的“差序格局”社会（费孝通，1998），每个网络主体都按照关系的远近，将其他网络成员安排在不同的位置，并按照关系的强弱决定给予网络成员的资源程度。高密度的社会网络会提高网络主体与其他网络成员之间的亲密程度和互动频率，网络主体从其他网络成员那里获取网络资源的可能性也就随之提高。此外，对控制变量的回归显示，创业者年龄越小、创业者家庭经济背景越好、创业者家人拥有创业经历、创业者在创业之前拥有工作经历、员工规模越大的企业主观性绩效越好。

6.3.2 科技型大学生创业者社会网络资源与创业绩效

在10%的显著性水平上，如表6－23所示，社会网络资源与创新性创业绩效的回归分析结果未能支持研究假设H2，支持性社会网络资源和运营性社会网络资源对创新性创业绩效均无显著影响。

在10%的显著性水平上，如表6－24所示，支持性社会网络资源对成长性创业绩效没有显著影响，未能支持研究假设H2；不过，运营性社会网络资源与成长性创业绩效的回归分析结果支持研究假设H2。据此可以认为，在同等条件下，科技型大学生创业者从社会网络中获得的运营性社会网络资源越多，企业的成长性创业绩效越好。这可能是因为运营性网络资源与产品的生产和销售密切相关，带来销售额、员工数量以及市场份额方面的变化，从而直接影响了反映企业经营和发展总体状况的成长性创业绩效指标。

表6－23 社会网络资源与创新性创业绩效

变量	Newb	Newb	Newb	Newb
	Coef.	Coef.	Coef.	Coef.
Gender	－0.065 (－0.395)	－0.056 (－0.342)	－0.068 (－0.410)	－0.054 (－0.328)
Age	0.019 (1.188)	0.018 (1.124)	0.012 (0.731)	0.012 (0.714)
U985	0.131 (0.982)	0.190 (1.407)	0.179 (1.330)	0.195 (1.431)
Econs	0.029 (0.324)	0.011 (0.115)	0.002 (0.019)	0.013 (0.144)

续表

变量	Newb	Newb	Newb	Newb
	Coef.	Coef.	Coef.	Coef.
Eef	-0.054 (-0.390)	0.019 (0.136)	0.050 (0.354)	0.035 (0.249)
Wey	0.032 (0.226)	0.050 (0.359)	0.039 (0.283)	0.057 (0.412)
Year	-0.128*** (-3.547)	-0.124*** (-3.373)	-0.119*** (-3.254)	-0.115*** (-3.098)
Hitech	0.289** (2.191)	0.372*** (2.776)	0.303** (2.277)	0.351*** (2.600)
Lnem	0.122** (2.056)	0.130** (2.113)	0.116* (1.901)	0.127** (2.054)
Supres	—	-0.055 (-0.705)	—	-0.076 (-0.821)
Oprres	—	—	0.028 (0.331)	0.063 (0.637)
Constant	2.154*** (4.633)	2.323*** (4.598)	2.269*** (4.059)	2.311*** (4.104)
R^2	0.098	0.121	0.102	0.111
Adj R^2	0.066	0.085	0.065	0.070
F	3.069	3.360	2.765	2.703
P	0.002	0.000	0.003	0.003
N	270	270	270	270

注：*，**，*** 分别表示在0.10，0.05和0.01的水平上显著，括号中标注的是t值；所有解释变量的VIF值均小于1.5。

表6-24　社会网络资源与成长性创业绩效

变量	Growth	Growth	Growth	Growth
	Coef.	Coef.	Coef.	Coef.
Gender	0.340*** (2.744)	0.336*** (2.675)	0.352*** (2.827)	0.350*** (2.780)
Age	-0.019 (-1.582)	-0.020 (-1.626)	-0.022* (-1.722)	-0.022* (-1.696)
U985	0.176* (1.742)	0.204* (1.969)	0.202* (1.966)	0.195* (1.857)

续表

变量	Growth	Growth	Growth	Growth
	Coef.	Coef.	Coef.	Coef.
Econs	0.040 (0.586)	0.010 (0.134)	0.012 (0.177)	0.012 (0.161)
Eef	0.275*** (2.626)	0.331*** (3.052)	0.321*** (2.977)	0.324*** (2.969)
Wey	0.269** (2.573)	0.265** (2.499)	0.277*** (2.637)	0.272** (2.560)
Year	-0.106*** (-3.910)	-0.104*** (-3.699)	-0.099*** (-3.567)	-0.101*** (-3.560)
Hitech	0.048 (0.484)	0.047 (0.460)	0.047 (0.466)	0.036 (0.345)
Lnem	0.305*** (6.870)	0.296*** (6.339)	0.303*** (6.607)	0.301*** (6.399)
Supres	—	0.058 (0.959)	—	0.007 (0.103)
Oprres	—	—	0.128** (1.988)	0.126* (1.665)
Constant	2.614*** (7.515)	2.536*** (6.598)	2.286*** (5.414)	2.286*** (5.327)
R^2	0.278	0.285	0.292	0.291
Adj R^2	0.252	0.255	0.263	0.258
F	10.720	9.579	9.909	8.784
P	0.000	0.000	0.000	0.000
N	270	270	270	270

注：*，**，***分别表示在0.10，0.05和0.01的水平上显著，括号中标注的是t值；所有解释变量的VIF值均小于1.5。

在10%的显著性水平上，如表6-25所示，支持性社会网络资源、运营性社会网络资源与科技型大学生创业者主观性创业绩效的回归分析结果支持研究假设H2。据此可以认为，在同等条件下，科技型大学生创业者从社会网络中获得的支持性社会网络资源、运营性社会网络资源越多，其主观性创业绩效越好。

表 6 -25　社会网络资源与主观性创业绩效

变量	SubEP	SubEP	SubEP	SubEP
	Coef.	Coef.	Coef.	Coef.
Gender	0. 009 (0. 076)	0. 017 (0. 144)	0. 056 (0. 503)	0. 052 (0. 461)
Age	-0. 019 * (-1. 686)	-0. 018 (-1. 621)	-0. 015 (-1. 298)	-0. 015 (-1. 280)
U985	-0. 088 (-0. 917)	-0. 003 (-0. 029)	-0. 051 (-0. 553)	-0. 024 (-0. 262)
Econs	0. 138 ** (2. 146)	0. 062 (0. 939)	0. 084 (1. 337)	0. 064 (0. 991)
Eef	0. 320 *** (3. 201)	0. 399 *** (4. 035)	0. 354 *** (3. 659)	0. 359 *** (3. 694)
Wey	0. 243 ** (2. 434)	0. 246 ** (2. 537)	0. 245 *** (2. 601)	0. 254 *** (2. 685)
Year	-0. 035 (-1. 357)	-0. 024 (-0. 932)	-0. 040 (-1. 590)	-0. 031 (-1. 229)
Hitech	0. 100 (1. 058)	0. 081 (0. 869)	0. 095 (1. 055)	0. 097 (1. 053)
Lnem	0. 223 *** (5. 257)	0. 215 *** (5. 053)	0. 245 *** (5. 955)	0. 237 *** (5. 648)
Supres	—	0. 202 *** (3. 700)	—	0. 075 (1. 170)
Oprres	—	—	0. 306 *** (5. 271)	0. 263 *** (3. 901)
Constant	2. 458 *** (7. 406)	1. 922 *** (5. 491)	1. 363 *** (3. 595)	1. 300 *** (3. 400)
R^2	0. 212	0. 279	0. 316	0. 324
Adj R^2	0. 184	0. 249	0. 287	0. 292
F	7. 476	9. 299	11. 073	10. 219
P	0. 000	0. 000	0. 000	0. 000
N	270	270	270	270

注：*，**，*** 分别表示在 0. 10，0. 05 和 0. 01 的水平上显著，括号中标注的是 t 值；所有解释变量的 VIF 值均小于 1. 5。

6.3.3 科技型大学生创业者社会网络结构与社会网络资源

在10%的显著性水平上，如表6－26所示，社会网络规模、社会网络异质性（IQV）对科技型大学生创业者从社会网络中获取支持性网络资源没有显著影响，未能支持假设H3.1和H3.3；不过，社会网络密度、社会网络联系强度与科技型大学生创业者从社会网络中获取的支持性网络资源的回归分析结果支持假设H3.2和H3.4。据此可以认为，在同等条件下，科技型大学生创业者社会网络密度与联系强度越高，从其社会网络中获取的支持性网络资源越多。由于在中国特殊的社会与文化背景下强关系对于科技型大学生创业者的作用更为重要，科技型大学生创业者与网络成员的关系越熟，获取资源和支持的可能性就越大。此外，对控制变量的回归显示，创业者家庭经济背景越好、企业创立时间越短、被认定为高科技企业、员工规模越大的企业所能从科技型大学生创业者社会网络中获取的支持性网络资源越多。

表6－26 社会网络结构与支持性网络资源

变量	Supres	Supres	Supres	Supres	Supres	Supres
	Coef.	Coef.	Coef.	Coef.	Coef.	Coef.
Gender	0.032	0.030	0.090	0.038	0.056	0.107
	(0.243)	(0.229)	(0.592)	(0.282)	(0.432)	(0.721)
Education	0.039	0.031	0.075	0.047	0.062	0.078
	(0.793)	(0.627)	(1.402)	(0.927)	(1.274)	(1.473)
Econs	0.265***	0.266***	0.289***	0.260***	0.241***	0.272***
	(3.785)	(3.804)	(3.685)	(3.631)	(3.486)	(3.555)
Year	−0.060**	−0.062**	−0.059**	−0.063**	−0.053**	−0.060**
	(−2.364)	(−2.415)	(−2.066)	(−2.403)	(−2.074)	(−2.114)
Hitech	0.213**	0.230**	0.136	0.183*	0.100	0.089
	(2.040)	(2.136)	(1.118)	(1.682)	(0.940)	(0.730)
Lnem	0.120***	0.118**	0.102*	0.132***	0.113**	0.090*
	(2.601)	(2.552)	(1.941)	(2.735)	(2.471)	(1.719)

续表

变量	Supres	Supres	Supres	Supres	Supres	Supres
	Coef.	Coef.	Coef.	Coef.	Coef.	Coef.
Scale	—	0.016 (0.658)	—	—	—	0.038 (1.286)
Density	—	—	0.279 * (1.897)	—	—	0.261 * (1.777)
IQV	—	—	—	-0.111 (-0.633)	—	0.166 (0.814)
Strength	—	—	—	—	0.088 *** (4.035)	0.092 *** (3.658)
Constant	2.192 *** (7.764)	2.156 *** (7.496)	1.858 *** (5.705)	2.207 *** (7.587)	1.216 *** (3.313)	0.691 (1.617)
R^2	0.116	0.118	0.129	0.117	0.171	0.195
Adj R^2	0.095	0.093	0.100	0.092	0.147	0.156
F	5.559	4.817	4.419	4.665	7.230	4.989
P	0.000	0.000	0.000	0.000	0.000	0.000
N	270	270	270	270	270	270

注：*，**，*** 分别表示在0.10，0.05 和0.01 的水平上显著，括号中标注的是 t 值；所有解释变量的 VIF 值均小于1.5。

表6-27　社会网络结构与运营性网络资源

变量	Oprres	Oprres	Oprres	Oprres	Oprres	Oprres
	Coef.	Coef.	Coef.	Coef.	Coef.	Coef.
Gender	-0.154 (-1.286)	-0.154 (-1.281)	-0.289 ** (-2.078)	-0.160 (-1.312)	-0.159 (-1.297)	-0.290 ** (-2.069)
Education	-0.089 * (-1.961)	-0.088 * (-1.882)	-0.079 (-1.588)	-0.078 * (-1.654)	-0.088 * (-1.877)	-0.088 * (-1.721)
Econs	0.212 *** (3.325)	0.212 *** (3.311)	0.202 *** (2.835)	0.205 *** (3.148)	0.213 *** (3.269)	0.208 *** (2.866)
Year	-0.014 (-0.607)	-0.014 (-0.587)	0.004 (0.169)	-0.014 (-0.605)	-0.014 (-0.594)	0.000 (0.016)
Hitech	0.084 (0.880)	0.080 (0.807)	0.053 (0.476)	0.079 (0.795)	0.100 (0.995)	0.088 (0.753)

续表

变量	Oprres	Oprres	Oprres	Oprres	Oprres	Oprres
	Coef.	Coef.	Coef.	Coef.	Coef.	Coef.
Lnem	-0.034 (-0.802)	-0.033 (-0.791)	-0.052 (-1.090)	-0.024 (-0.555)	-0.031 (-0.726)	-0.050 (-1.016)
Scale	—	-0.003 (-0.139)	—	—	—	0.023 (0.817)
Density	—	—	-0.008 (-0.058)			0.011 (0.085)
IQV	—	—	—	-0.130 (-0.822)	—	-0.046 (-0.244)
Strength	—	—	—	—	-0.007 (-0.348)	-0.017 (-0.721)
Constant	3.155 *** (12.208)	3.162 *** (11.982)	3.241 *** (10.901)	3.175 *** (11.944)	3.221 *** (9.206)	3.364 *** (8.288)
R^2	0.066	0.067	0.066	0.066	0.064	0.071
Adj R^2	0.044	0.041	0.035	0.040	0.038	0.026
F	3.013	2.576	2.113	2.500	2.415	1.570
P	0.007	0.014	0.044	0.017	0.021	0.117
N	270	270	270	270	270	270

注：*，**，*** 分别表示在0.10，0.05和0.01的水平上显著，括号中标注的是t值；所有解释变量的VIF值均小于1.5。

在10%的显著性水平上，如表6-27所示，社会网络规模、社会网络密度、社会网络异质性和社会网络联系强度等社会网络结构相关的研究变量对科技型大学生创业者从社会网络中获取运营性网络资源均无显著影响，未能支持假设H3.1、H3.2、H3.3和H3.4。对控制变量的回归显示，由女性科技型大学生创业者创立、科技型大学生创业者学历越低、创业者家庭经济背景越好的企业所能从科技型大学生创业者社会网络中获取的运营性网络资源越多。

6.3.4 社会网络资源在社会网络结构与创业绩效间的中介作用

对于中介作用的检验，本文遵循如下程序：首先，依照 MacKinnon et al.（2002）建议的方法列出可能存在的中介作用，而后，根据 Baron and Kenny（1986）提供的检验方法进行探索（可进一步讨论部分中介作用和完全中介作用），最后，如果在 MacKinnon et al.（2002）建议的方法和 Baron and Kenny（1986）提供的检验方法下均显示存在中介作用，则认定中介作用存在。

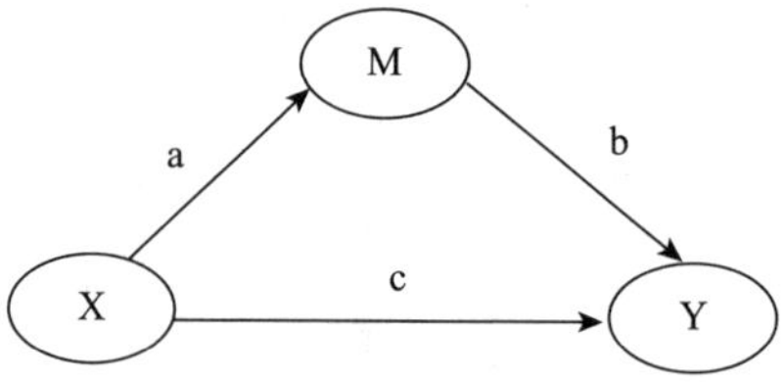

具体而言，MacKinnon et al.（2002）总结了 14 种不同的方法来验证中介变量，最后他们建议的方法是直接测验“自变量到中介变量的关系”和“中介变量到因变量的关系”。如下图所示，MacKinnon et al.（2002）建议直接测验假设 H0：ab = 0。这个方法的逻辑是，在参数 c 不等于 0 的情况（X 对 Y 存在显著影响）下，如果“自变量到中介变量的关系”（即参数 a）是 0，或者“中介变量到因变量的关系”（即参数 b）是 0，则 a 和 b 的乘积必然都是 0。相反地，如果 a 和 b 的乘积不是 0，则意味着 a 和 b 都不是 0，也就是说 M 是 X 和 Y 的中介变量。与此不同，Baron and Kenny（1986）提供的检验方法似乎更为严格，Baron and Kenny（1986）认为，只有当一个变量满足如下四个条件（如下图所示），才能说它有中介变量的作用：①自变量 X 的变化能够显著地解释因变量 Y 的变化，即参数 b1 显著不等于 0，②自变量 X 的变化能够显著地解释中介变量 M 的变化，即参数 b2 显著不等于 0，③当中介变量 M 引入回归方程后，自变量 X 对因变量 Y 的影响（b3）应等于 0 或者显著降低（b3 < < b1），同时 b4 应显著

不等于0。如果b3 =0，M 就叫做完全中介变量（Full Mediation）；如果b3不等于0但是小于b1，M 就叫做部分中介变量（Partial Mediation）；如果b3 不小于b1，则M 作为中介变量的假设不成立。

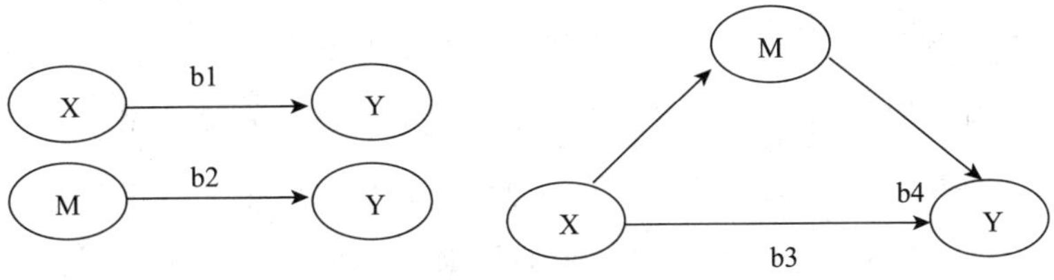

依照 MacKinnon et al.（2002）建议的方法，可以从表6 –28 所列的结果中得出如下两个图形，即支持性社会网络资源作为中介变量可能在社会网络密度、社会网络关系强度与科技型大学生创业者主观性创业绩效之间存在中介作用，支持研究假设 H4。

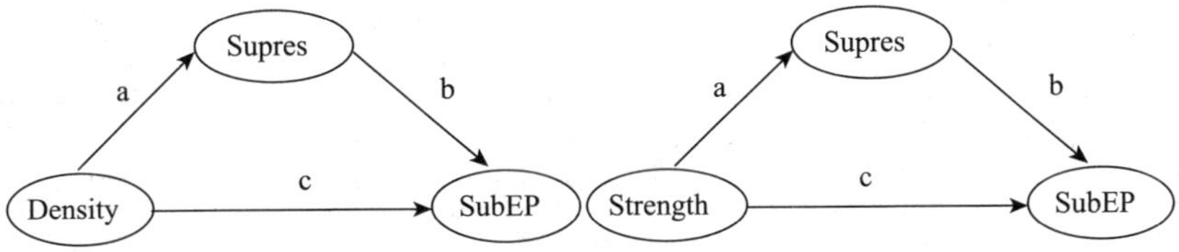

表6 –28 社会网络资源的中介作用（MacKinnon et al.，2002）

X	M	a	M	Y	b	X	Y	c
Scale	—	—	Supres	SubEP	0. 202 ***	Scale	Newb	0. 074 **
Density	Supres	0. 279 *	Oprres	Growth	0. 128 **	Density	SubEP	0. 407 ***
IQV	—	—	—	SubEP	0. 306 ***	IQV	Newb	0. 434 **
Strength	Supres	0. 088 ***	—	—	—	—	Growth	–0. 315 **
—	—	—	—	—	—	Strength	SubEP	0. 046 **

依照 Baron and Kenny（1986）提供的检验方法，首先，如表6 –29 所列，社会网络密度和社会网络关系强度（X）与科技型大学生创业者主观性创业绩效（Y）显著正相关（参数b1 显著不等于0）；其次，社会网络密度和社会网络关系强度（X）与支持性社会网络资源（M）显著正相关（参数b2 显著不等于0）；最后，如表6 –30 所示，在控制支持性社会网络

资源（M）之后，（1）社会网络密度（X）对科技型大学生创业者主观性创业绩效（Y）的影响显著降低（b3 < b1），同时，b4 显著不等于 0，表明支持性社会网络资源（M）是部分中介变量，在社会网络密度（X）与科技型大学生创业者主观性创业绩效（Y）间存在部分中介作用；（2）社会网络关系强度（X）对科技型大学生创业者主观性创业绩效（Y）的影响为 0，同时 b4 显著不等于 0，表明支持性社会网络资源（M）是完全中介变量，在社会网络关系强度（X）与科技型大学生创业者主观性创业绩效（Y）间存在完全中介作用。研究假设 H4 得到支持。

表 6-29　社会网络资源的中介作用（Baron and Kenny，1986）

X	Y	b_1	X	M	b_2
Scale	Newb	0.074**	Scale	—	—
Density	SubEP	0.407***	Density	Supres	0.279*
IQV	Newb	0.434**	IQV	—	—
	Growth	-0.315**	Strength	Supres	0.088***
Strength	SubEP	0.046**	—	—	—

表 6-30　社会网络结构、支持性网络资源与主观性创业绩效（中介作用）

变量	SubEP	SubEP	SubEP	SubEP
	Coef.	Coef.	Coef.	Coef.
Gender	0.094 (0.714)	0.095 (0.736)	0.028 (0.242)	0.038 (0.335)
Age	-0.018 (-1.422)	-0.019 (-1.616)	-0.020* (-1.712)	-0.019* (-1.677)
U985	0.073 (0.679)	0.141 (1.343)	0.013 (0.135)	0.048 (0.495)
Econs	0.057 (0.806)	0.005 (0.073)	0.112* (1.756)	0.058 (0.880)
Eef	0.333*** (2.861)	0.381*** (3.355)	0.351*** (3.453)	0.410*** (4.064)

续表

变量	SubEP	SubEP	SubEP	SubEP
	Coef.	Coef.	Coef.	Coef.
Wey	0. 319 *** (2. 904)	0. 302 *** (2. 830)	0. 274 *** (2. 764)	0. 264 *** (2. 720)
Year	-0. 052 * (-1. 833)	-0. 039 (-1. 391)	-0. 033 (-1. 267)	-0. 029 (-1. 113)
Hitech	-0. 024 (-0. 221)	-0. 056 (-0. 517)	0. 008 (0. 081)	0. 026 (0. 269)
Lnem	0. 231 *** (4. 800)	0. 232 *** (4. 889)	0. 231 *** (5. 383)	0. 229 *** (5. 367)
Density	0. 407 *** (3. 219)	0. 322 ** (2. 575)	—	—
Strength	—	—	0. 046 ** (2. 472)	0. 010 (0. 495)
Supres	—	0. 211 *** (3. 612)	—	0. 188 *** (3. 406)
Constant	2. 311 *** (6. 117)	1. 816 *** (4. 717)	1. 934 *** (4. 948)	1. 827 *** (4. 488)
R^2	0. 261	0. 319	0. 243	0. 294
Adj R^2	0. 225	0. 281	0. 211	0. 261
F	7. 187	8. 400	7. 719	8. 790
P	0. 000	0. 000	0. 000	0. 000
N	270	270	270	270

注：*，**，*** 分别表示在 0. 10，0. 05 和 0. 01 的水平上显著，括号中标注的是 t 值；所有解释变量的 VIF 值均小于 1. 5。

6. 4　社会胜任力、社会网络资源与创业绩效

6. 4. 1　科技型大学生创业者社会胜任力与社会网络资源

在 10% 的显著性水平上，如表 6 - 31 所示，社会知觉能力和印象管理能力对科技型大学生创业者从社会网络中获取支持性网络资源没有显著影

响，未能支持假设 H5。不过，社会适应力、自我表达能力、敏感度与科技型大学生创业者从社会网络中获取的支持性网络资源的回归分析结果支持假设 H5。据此可以认为，在同等条件下，科技型大学生创业者社会适应力、自我表达能力和敏感度越高，从其社会网络中获取的支持性网络资源越多。

表 6－31　社会胜任力与支持性网络资源

变量	Supres	Supres	Supres	Supres	Supres	Supres	Supres
	Coef.	Coef.	Coef.	Coef.	Coef.	Coef.	Coef.
Gender	0. 032 (0. 243)	0. 019 (0. 143)	0. 026 (0. 204)	0. 031 (0. 240)	0. 077 (0. 602)	0. 054 (0. 409)	0. 091 (0. 702)
Education	0. 039 (0. 793)	0. 049 (0. 977)	0. 062 (1. 296)	0. 042 (0. 850)	0. 061 (1. 214)	0. 057 (1. 106)	0. 057 (1. 067)
Econs	0. 265 *** (3. 785)	0. 248 *** (3. 490)	0. 226 *** (3. 269)	0. 251 *** (3. 541)	0. 253 *** (3. 650)	0. 234 *** (3. 324)	0. 225 *** (3. 240)
Year	－0. 060 ** (－2. 364)	－0. 062 ** (－2. 401)	－0. 060 ** (－2. 379)	－0. 067 *** (－2. 601)	－0. 049 * (－1. 956)	－0. 065 ** (－2. 513)	－0. 053 ** (－2. 095)
Hitech	0. 213 ** (2. 040)	0. 205 * (1. 950)	0. 228 ** (2. 225)	0. 168 (1. 588)	0. 205 ** (1. 990)	0. 212 ** (2. 033)	0. 224 ** (2. 156)
Lnem	0. 120 *** (2. 601)	0. 126 *** (2. 737)	0. 140 *** (3. 120)	0. 129 *** (2. 812)	0. 127 *** (2. 826)	0. 127 *** (2. 786)	0. 145 *** (3. 224)
Perception	—	0. 109 (1. 126)	—	—	—	—	－0. 093 (－0. 883)
Soad	—	—	0. 306 *** (3. 825)	—	—	—	0. 257 *** (2. 793)
Sexpress	—	—	—	0. 126 ** (2. 018)	—	—	0. 060 (0. 861)
Sensitivity	—	—	—	—	0. 146 ** (2. 349)	—	0. 112 (1. 559)
IMM	—	—	—	—	—	0. 072 (1. 013)	－0. 000 (－0. 002)
Constant	2. 192 *** (7. 764)	1. 819 *** (4. 010)	1. 068 *** (2. 609)	1. 866 *** (5. 609)	1. 657 *** (4. 689)	1. 997 *** (5. 277)	1. 013 * (1. 969)
R^2	0. 116	0. 116	0. 162	0. 125	0. 136	0. 119	0. 176

续表

变量	Supres	Supres	Supres	Supres	Supres	Supres	Supres
	Coef.	Coef.	Coef.	Coef.	Coef.	Coef.	Coef.
Adj R^2	0.095	0.091	0.139	0.100	0.112	0.094	0.138
F	5.559	4.661	6.893	5.054	5.548	4.747	4.572
P	0.000	0.000	0.000	0.000	0.000	0.000	0.000
N	270	270	270	270	270	270	270

注：*，**，*** 分别表示在0.10，0.05和0.01的水平上显著，括号中标注的是t值；所有解释变量的VIF值均小于1.5。

在10%的显著性水平上，如表6-32所示，社会知觉能力、社会适应力、自我表达能力、敏感度和印象管理能力与科技型大学生创业者从社会网络中获取的运营性网络资源的回归分析结果均支持假设H5。据此可以认为，在同等条件下，科技型大学生创业者的社会知觉能力、社会适应力、自我表达能力、敏感度和印象管理能力越高，从其社会网络中获取的运营性网络资源越多。

表6-32　社会胜任力与运营性网络资源

变量	Oprres	Oprres	Oprres	Oprres	Oprres	Oprres	Oprres
	Coef.	Coef.	Coef.	Coef.	Coef.	Coef.	Coef.
Gender	-0.154	-0.197 *	-0.167	-0.165	-0.115	-0.153	-0.167
	(-1.286)	(-1.654)	(-1.454)	(-1.442)	(-0.983)	(-1.283)	(-1.461)
Education	-0.089 *	-0.075	-0.063	-0.088 **	-0.078 *	-0.050	-0.088 *
	(-1.961)	(-1.647)	(-1.422)	(-1.990)	(-1.664)	(-1.042)	(-1.838)
Econs	0.212 ***	0.207 ***	0.176 ***	0.205 ***	0.212 ***	0.186 ***	0.201 ***
	(3.325)	(3.240)	(2.833)	(3.319)	(3.339)	(2.910)	(3.278)
Year	-0.014	-0.015	-0.014	-0.022	-0.006	-0.016	-0.011
	(-0.607)	(-0.635)	(-0.619)	(-1.009)	(-0.263)	(-0.699)	(-0.470)
Hitech	0.084	0.087	0.096	0.017	0.061	0.078	0.043
	(0.880)	(0.932)	(1.047)	(0.180)	(0.648)	(0.830)	(0.469)
Lnem	-0.034	-0.025	-0.014	-0.019	-0.036	-0.026	-0.006
	(-0.802)	(-0.595)	(-0.343)	(-0.471)	(-0.882)	(-0.638)	(-0.155)
Perception	—	0.231 ***	—	—	—	—	0.050
		(2.669)					(0.524)

续表

变量	Oprres	Oprres	Oprres	Oprres	Oprres	Oprres	Oprres
	Coef.	Coef.	Coef.	Coef.	Coef.	Coef.	Coef.
Soad	—	—	0.331 *** (4.477)	—	—	—	0.213 ** (2.516)
Sexpress	—	—	—	0.266 *** (4.938)	—	—	0.239 *** (3.895)
Sensitivity	—	—	—	—	0.170 *** (2.993)	—	0.027 (0.416)
IMM	—	—	—	—	—	0.142 ** (2.183)	0.020 (0.290)
Constant	3.155 *** (12.208)	2.291 *** (5.631)	1.928 *** (5.183)	2.410 *** (8.267)	2.573 *** (7.912)	2.707 *** (7.885)	1.319 *** (2.889)
R^2	0.066	0.083	0.126	0.139	0.087	0.075	0.190
Adj R^2	0.044	0.058	0.102	0.115	0.061	0.048	0.152
F	3.013	3.237	5.149	5.712	3.352	2.849	5.020
P	0.007	0.003	0.000	0.000	0.002	0.007	0.000
N	270	270	270	270	270	270	270

注：*，**，*** 分别表示在0.10，0.05 和0.01 的水平上显著，括号中标注的是 t 值；所有解释变量的 VIF 值均小于1.5。

社会知觉能力、社会适应力、自我表达能力、敏感度和印象管理能力都是针对于科技型大学生创业者与其他网络成员之间互动交往的社会技能（Baron and Markman，2003）。这些社会胜任力与任务情景密切关联，能够影响个体的工作绩效（McClelland，1973），并促使个体实现其社会目标（Schneider，1996）。社会知觉通过准确感知别人的特点、意图和动机等，可以使科技型大学生创业者准确地判断获取网络资源的最佳时机和人选；社会适应性使科技型大学生创业者迅速有效的适应各种社会情境能力，与来自不同背景的个体顺利交往，扩大了网络资源的来源和渠道；科技型大学生创业者的表达力则有利于他们清楚恰当地表达自己的情绪和感情，并进而使他人产生激情与共鸣，提高了网络成员与创业者合作的意愿；敏感度则使科技型大学生创业者注意到他人的想法，虚心接受网络成员有利的建议；印象管理则使网络成员对科技型大学生创业者的外表和形象产生良好评价，从而给予科技型大学生创业者积极的回应和网络资源支持。关于科技型大学生创业者社会胜任力与社会网络资源的相关假设中，除了社会知觉和印象管理与支持性网络资源的实证结果不显著之外，其他的假设均得到了实证研究结果的支持。

6.4.2 科技型大学生创业者社会胜任力与创业绩效

在 10% 的显著性水平上，如表 6－33 所示，科技型大学生创业者的社会知觉能力与企业创新性创业绩效的回归分析结果支持假设 H6；科技型大学生创业者的敏感度和印象管理能力与企业创新性创业绩效的回归分析结果否定了假设 H6；而科技型大学生创业者的社会适应力和自我表达能力对企业创新性创业绩效没有显著影响，未能支持假设 H6。据此可以认为，在同等条件下，科技型大学生创业者的社会知觉能力越强，敏感度和印象管理能力越低，企业创新性创业绩效越好。

在 10% 的显著性水平上，如表 6－34 所示，科技型大学生创业者的社会知觉能力、社会适应力与企业成长性创业绩效的回归分析结果支持假设 H6；而科技型大学生创业者的敏感度与企业成长性创业绩效的回归分析结果否定了假设 H6；此外，科技型大学生创业者的自我表达能力和印象管理能力对企业成长性创业绩效没有显著影响，未能支持假设 H6。据此可以认为，在同等条件下，科技型大学生创业者的社会知觉能力、社会适应力越强，敏感度越低，企业成长性创业绩效越好。

表 6－33 社会胜任力与创新性创业绩效

变量	Newb	Newb	Newb	Newb	Newb	Newb	Newb
	Coef.	Coef.	Coef.	Coef.	Coef.	Coef.	Coef.
Gender	－0.065	－0.165	－0.081	－0.069	－0.071	－0.026	－0.139
	(－0.395)	(－1.010)	(－0.492)	(－0.419)	(－0.430)	(－0.157)	(－0.847)
Age	0.019	0.018	0.026	0.021	0.016	0.015	0.016
	(1.188)	(1.160)	(1.602)	(1.293)	(0.985)	(0.947)	(0.953)
U985	0.131	0.186	0.159	0.155	0.138	0.167	0.144
	(0.982)	(1.433)	(1.198)	(1.165)	(1.026)	(1.257)	(1.081)

续表

变量	Newb	Newb	Newb	Newb	Newb	Newb	Newb
	Coef.	Coef.	Coef.	Coef.	Coef.	Coef.	Coef.
Econs	0.029 (0.324)	-0.005 (-0.053)	-0.012 (-0.138)	-0.017 (-0.187)	-0.006 (-0.064)	-0.011 (-0.123)	-0.022 (-0.241)
Eef	-0.054 (-0.390)	0.036 (0.262)	-0.019 (-0.134)	0.000 (0.003)	-0.029 (-0.201)	-0.009 (-0.064)	0.037 (0.252)
Wey	0.032 (0.226)	0.010 (0.076)	0.021 (0.155)	-0.003 (-0.023)	0.021 (0.155)	0.044 (0.319)	-0.038 (-0.264)
Year	-0.128*** (-3.547)	-0.120*** (-3.401)	-0.143*** (-3.975)	-0.133*** (-3.727)	-0.143*** (-3.925)	-0.142*** (-3.926)	-0.140*** (-3.839)
Hitech	0.289** (2.191)	0.358*** (2.784)	0.354*** (2.692)	0.361*** (2.704)	0.306** (2.325)	0.357*** (2.715)	0.405*** (3.045)
Lnem	0.122** (2.056)	0.125** (2.160)	0.126** (2.134)	0.120** (2.027)	0.122** (2.066)	0.122** (2.080)	0.120** (2.059)
Perception	—	0.413*** (3.554)	—	—	—	—	0.502*** (3.784)
Soad	—	—	0.037 (0.359)	—	—	—	-0.089 (-0.743)
Sexpress	—	—	—	-0.096 (-1.235)	—	—	-0.066 (-0.729)
Sensitivity	—	—	—	—	-0.146* (-1.857)	—	-0.128 (-1.410)
IMM	—	—	—	—	—	-0.158* (-1.816)	-0.146 (-1.557)
Constant	2.154*** (4.633)	0.730 (1.164)	1.952*** (3.057)	2.527*** (4.927)	2.856*** (5.246)	2.780*** (4.893)	1.943*** (2.653)
R^2	0.098	0.155	0.123	0.119	0.121	0.130	0.193
Adj R^2	0.066	0.121	0.088	0.084	0.085	0.095	0.145
F	3.069	4.557	3.493	3.356	3.371	3.705	4.007
P	0.002	0.000	0.000	0.000	0.000	0.000	0.000
N	270	270	270	270	270	270	270

注：*，**，*** 分别表示在0.10，0.05和0.01的水平上显著，括号中标注的是t值；所有解释变量的VIF值均小于1.5。

表 6－34 社会胜任力与成长性创业绩效

变量	Growth	Growth	Growth	Growth	Growth	Growth	Growth
	Coef.	Coef.	Coef.	Coef.	Coef.	Coef.	Coef.
Gender	0. 340 *** (2. 744)	0. 261 ** (2. 129)	0. 324 *** (2. 621)	0. 342 *** (2. 741)	0. 326 *** (2. 648)	0. 358 *** (2. 841)	0. 256 ** (2. 071)
Age	－0. 019 (－1. 582)	－0. 020 * (－1. 684)	－0. 013 (－1. 080)	－0. 019 (－1. 518)	－0. 021 * (－1. 702)	－0. 018 (－1. 403)	－0. 020 (－1. 568)
U985	0. 176 * (1. 742)	0. 226 ** (2. 279)	0. 207 ** (2. 035)	0. 181 * (1. 776)	0. 143 (1. 404)	0. 200 * (1. 958)	0. 182 * (1. 802)
Econs	0. 040 (0. 586)	0. 031 (0. 465)	0. 011 (0. 158)	0. 019 (0. 265)	0. 030 (0. 440)	0. 024 (0. 341)	0. 049 (0. 709)
Eef	0. 275 *** (2. 626)	0. 326 *** (3. 091)	0. 282 *** (2. 612)	0. 309 *** (2. 834)	0. 241 ** (2. 187)	0. 314 *** (2. 884)	0. 244 ** (2. 185)
Wey	0. 269 ** (2. 573)	0. 247 ** (2. 411)	0. 257 ** (2. 467)	0. 262 ** (2. 430)	0. 273 *** (2. 618)	0. 283 *** (2. 673)	0. 274 ** (2. 528)
Year	－0. 106 *** (－3. 910)	－0. 097 *** (－3. 645)	－0. 113 *** (－4. 125)	－0. 109 *** (－4. 013)	－0. 123 *** (－4. 471)	－0. 106 *** (－3. 828)	－0. 114 *** (－4. 117)
Hitech	0. 048 (0. 484)	0. 088 (0. 904)	0. 084 (0. 843)	0. 084 (0. 830)	0. 058 (0. 582)	0. 068 (0. 674)	0. 083 (0. 830)
Lnem	0. 305 *** (6. 870)	0. 309 *** (7. 135)	0. 312 *** (7. 038)	0. 304 *** (6. 797)	0. 304 *** (6. 827)	0. 304 *** (6. 836)	0. 312 *** (7. 156)
Perception	—	0. 340 *** (3. 784)	—	—	—	—	0. 366 *** (3. 588)
Soad	—	—	0. 135 * (1. 699)	—	—	—	0. 033 (0. 361)
Sexpress	—	—	—	－0. 040 (－0. 680)	—	—	0. 034 (0. 498)
Sensitivity	—	—	—	—	－0. 142 ** (－2. 407)	—	－0. 217 *** (－3. 179)
IMM	—	—	—	—	—	0. 037 (0. 550)	0. 015 (0. 216)
Constant	2. 614 *** (7. 515)	1. 380 *** (2. 906)	2. 032 *** (4. 219)	2. 780 *** (7. 165)	3. 211 *** (7. 857)	2. 459 *** (5. 673)	1. 711 *** (3. 106)
R^2	0. 278	0. 327	0. 298	0. 290	0. 301	0. 294	0. 363

续表

变量	Growth	Growth	Growth	Growth	Growth	Growth	Growth
	Coef.	Coef.	Coef.	Coef.	Coef.	Coef.	Coef.
Adj R^2	0.252	0.300	0.269	0.261	0.272	0.265	0.325
F	10.720	11.913	10.377	9.960	10.425	10.125	9.412
P	0.000	0.000	0.000	0.000	0.000	0.000	0.000
N	270	270	270	270	270	270	270

注：*，**，*** 分别表示在0.10，0.05和0.01的水平上显著，括号中标注的是t值；所有解释变量的VIF值均小于1.5。

表6-35 社会胜任力与主观性创业绩效

变量	SubEP	SubEP	SubEP	SubEP	SubEP	SubEP	SubEP
	Coef.	Coef.	Coef.	Coef.	Coef.	Coef.	Coef.
Gender	0.009 (0.076)	-0.038 (-0.327)	-0.010 (-0.084)	-0.007 (-0.063)	0.008 (0.068)	0.033 (0.283)	-0.018 (-0.150)
Age	-0.019* (-1.686)	-0.021* (-1.879)	-0.015 (-1.314)	-0.022* (-1.916)	-0.021* (-1.835)	-0.018 (-1.534)	-0.024** (-1.999)
U985	-0.088 (-0.917)	-0.047 (-0.498)	-0.044 (-0.458)	-0.083 (-0.875)	-0.069 (-0.707)	-0.057 (-0.592)	-0.050 (-0.520)
Econs	0.138** (2.146)	0.116* (1.790)	0.106 (1.626)	0.111* (1.707)	0.114* (1.726)	0.114* (1.729)	0.113* (1.693)
Eef	0.320*** (3.201)	0.364*** (3.608)	0.333*** (3.269)	0.385*** (3.780)	0.350*** (3.321)	0.368*** (3.606)	0.365*** (3.420)
Wey	0.243** (2.434)	0.225** (2.302)	0.235** (2.392)	0.279*** (2.776)	0.236** (2.366)	0.256** (2.580)	0.272*** (2.631)
Year	-0.035 (-1.357)	-0.032 (-1.245)	-0.041 (-1.589)	-0.039 (-1.534)	-0.042 (-1.596)	-0.039 (-1.503)	-0.037 (-1.410)
Hitech	0.100 (1.058)	0.137 (1.476)	0.142 (1.513)	0.143 (1.511)	0.116 (1.228)	0.137 (1.454)	0.141 (1.471)
Lnem	0.223*** (5.257)	0.225*** (5.418)	0.230*** (5.492)	0.221*** (5.310)	0.224*** (5.276)	0.222*** (5.318)	0.231*** (5.536)
Perception	—	0.223** (2.589)	—	—	—	—	0.206** (2.114)

续表

变量	SubEP	SubEP	SubEP	SubEP	SubEP	SubEP	SubEP
	Coef.	Coef.	Coef.	Coef.	Coef.	Coef.	Coef.
Soad	—	—	0.151 ** (2.018)	—	—	—	0.078 (0.895)
Sexpress	—	—	—	0.069 (1.258)	—	—	0.102 (1.573)
Sensitivity	—	—	—	—	-0.062 (-1.096)	—	-0.123 * (-1.889)
IMM	—	—	—	—	—	0.015 (0.241)	-0.030 (-0.444)
Constant	2.458 *** (7.406)	1.742 *** (3.832)	1.858 *** (4.088)	2.385 *** (6.593)	2.783 *** (7.127)	2.385 *** (5.866)	1.739 *** (3.304)
R^2	0.212	0.242	0.236	0.239	0.227	0.231	0.276
Adj R^2	0.184	0.211	0.205	0.208	0.195	0.200	0.232
F	7.476	7.822	7.569	7.653	7.094	7.306	6.280
P	0.000	0.000	0.000	0.000	0.000	0.000	0.000
N	270	270	270	270	270	270	270

注：*，**，*** 分别表示在 0.10，0.05 和 0.01 的水平上显著，括号中标注的是 t 值；所有解释变量的 VIF 值均小于 1.5。

在 10% 的显著性水平上，如表 6－35 所示，社会知觉能力、社会适应力与科技型大学生创业者主观性创业绩效的回归分析结果支持假设 H6；自我表达能力、敏感度和印象管理能力对科技型大学生创业者的主观性创业绩效没有显著影响，未能支持假设 H6。据此可以认为，在同等条件下，社会知觉能力、社会适应力越强，科技型大学生创业者的主观性创业绩效越好。此外，在引入社会胜任力全部相关变量之后，敏感度与科技型大学生创业者主观性创业绩效的回归分析结果开始否定假设 H6。据此可以认为，在同等条件下，在一定程度上，敏感度越低，科技型大学生创业者的主观性创业绩效越好。

综合上述，实证研究结果可以发现，科技型大学生创业者的社会知觉能力越强，企业创新性创业绩效、成长性创业绩效和科技型大学生创业者主观性创业绩效越好。这可能是由于作为企业最高管理者的科技型大学生创业者，其社会知觉能力不仅有助于敏锐地、及时地感知企业内部员工的人格特点、工作情绪和动机，还有利于他们感知合作伙伴、供应商等的真实意图，以及顾客和市场的最新需求，从而更好地保证了满足市场需求的新业务的开发和销售，促进企业的稳步成长。

其次，科技型大学生创业者的社会适应力越强，企业成长性创业绩效和科技型大学生创业者的主观性创业绩效越好。其中原因可能在于社会适应力可以使科技型大学生创业者更好的接近顾客（Baron，2003），使其乐于接受和购买自己的产品，从而提高产品的销量并扩大市场份额，企业的成长绩效也会随之提高。社会适应力可以降低科技型大学生创业者在陌生人面前的不适感，使他们快速有效地完成与其他网络成员的沟通，适应复杂多变的创业环境。

再次，科技型大学生创业者的敏感度越低，企业创新性创业绩效和成长性创业绩效越好。其中原因可能是，在具有集体主义传统的中国，大多数人都善于顾及他人的想法，并认为“从善如流”是一种美德。在这种情况下，过于在意别人的想法与意见反倒会对创业者的决策造成不必要的干扰，不利于企业的创新与成长。

最后，科技型大学生创业者的印象管理能力越低，企业创新性创业绩效越好。这可能是由于在中国强调“以和为贵”的传统文化氛围中，人们很少将自己真实的观点与好恶在他人面前表露无遗，而是习惯于维护自己在领导、同事甚至家人心目中的良好形象。在这种情况下，合作伙伴、供应商、顾客等利益相关方更加愿意看到真实的科技型大学生创业者，倾听到他们真正的观点。因此，印象管理能力低的科技型大学生创业者反而能够和网络成员更加顺畅的交流与合作，从而提升创新性创业绩效。

6.4.3 社会网络资源在社会胜任力与创业绩效间的中介作用

依照 MacKinnon et al. （2002） 建议的方法，可以从表 6－36 所列的结果中得出如下四个图形，即：①运营性社会网络资源作为中介变量可能在社会知觉能力与成长性创业绩效、科技型大学生创业者主观性创业绩效之间存在中介作用；②支持性社会网络资源作为中介变量可能在社会适应力与科技型大学生创业者主观性创业绩效之间存在中介作用；③运营性社会网络资源作为中介变量可能在社会适应力与成长性创业绩效、科技型大学生创业者主观性创业绩效之间存在中介作用；④运营性社会网络资源作为中介变量可能在科技型大学生创业者敏感度与成长性创业绩效之间存在中介作用。这表明研究假设 H7 得到支持。

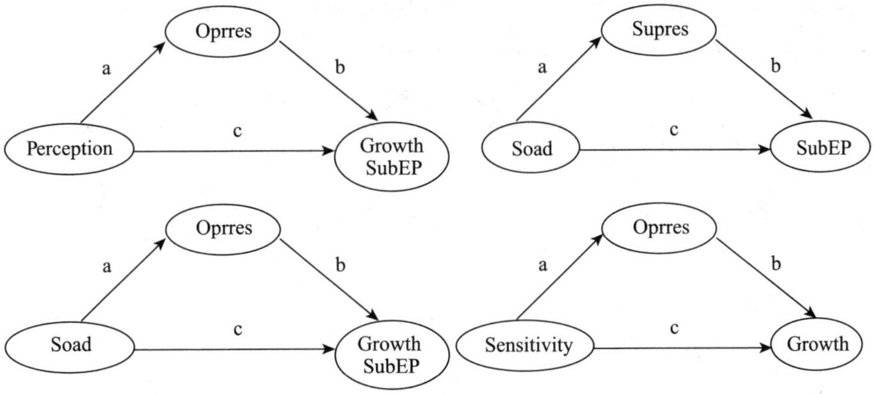

表 6－36　社会网络资源的中介作用（MacKinnon et al.，2002）

X	M	a	M	Y	b	X	Y	c
Perception	Oprres	0.231***	Supres	SubEP	0.202***	Perception	Newb	0.413***
Soad	Supres	0.306***	Oprres	Growth	0.128**	—	Growth	0.340***
	Oprres	0.331***	—	SubEP	0.306***	—	SubEP	0.223**
Sexpress	Supres	0.126**	—	—	—	Soad	Growth	0.135*
	Oprres	0.266***	—	—	—	—	SubEP	0.151**
Sensitivity	Supres	0.146**	—	—	—	Sexpress	—	—
	Oprres	0.170***	—	—	—	Sensitivity	Newb	－0.146*
IMM	Oprres	0.142**	—	—	—	—	Growth	－0.142**
	—	—	—	—	—	IMM	Newb	－0.158*

表 6－37　社会网络资源的中介作用（Baron and Kenny，1986）

X	Y	b_1	X	M	b_2
Perception	Newb	0.413***	Perception	Oprres	0.231***
	Growth	0.340***	Soad	Supres	0.306***
	SubEP	0.223**	—	Oprres	0.331***

续表

X	Y	b_1	X	M	b_2
Soad	Growth	0.135*	Sexpress	Supres	0.126**
	SubEP	0.151**	—	Oprres	0.266***
Sexpress	—	—	Sensitivity	Supres	0.146**
Sensitivity	Newb	-0.146*	—	Oprres	0.170***
	Growth	-0.142**	IMM	Oprres	0.142**
IMM	Newb	-0.158*	—	—	—

表6-38 社会知觉、运营性网络资源与创业绩效（中介作用）

变量	Newb	Newb	Growth	Growth	SubEP	SubEP
	Coef.	Coef.	Coef.	Coef.	Coef.	Coef.
Gender	-0.165	-0.162	0.261**	0.280**	-0.038	0.027
	(-1.010)	(-0.987)	(2.129)	(2.253)	(-0.327)	(0.243)
Age	0.018	0.010	-0.020*	-0.023*	-0.021*	-0.017
	(1.160)	(0.606)	(-1.684)	(-1.848)	(-1.879)	(-1.533)
U985	0.186	0.207	0.226**	0.236**	-0.047	-0.035
	(1.433)	(1.562)	(2.279)	(2.315)	(-0.498)	(-0.377)
Econs	-0.005	0.021	0.031	0.030	0.116*	0.091
	(-0.053)	(0.226)	(0.465)	(0.435)	(1.790)	(1.441)
Eef	0.036	0.070	0.326***	0.337***	0.364***	0.348***
	(0.262)	(0.499)	(3.091)	(3.149)	(3.608)	(3.583)
Wey	0.010	0.008	0.247**	0.249**	0.225**	0.226**
	(0.076)	(0.055)	(2.411)	(2.407)	(2.302)	(2.396)
Year	-0.120***	-0.109***	-0.097***	-0.091***	-0.032	-0.036
	(-3.401)	(-3.043)	(-3.645)	(-3.317)	(-1.245)	(-1.436)
Hitech	0.358***	0.335**	0.088	0.068	0.137	0.101
	(2.784)	(2.558)	(0.904)	(0.682)	(1.476)	(1.121)
Lnem	0.125**	0.118**	0.309***	0.307***	0.225***	0.246***
	(2.160)	(1.986)	(7.135)	(6.822)	(5.418)	(6.023)
Perception	0.413***	0.401***	0.340***	0.310***	0.223**	0.157*
	(3.554)	(3.387)	(3.784)	(3.371)	(2.589)	(1.880)
Oprres	—	-0.024 (-0.276)	—	0.087 (1.348)	—	0.288*** (4.890)

续表

变量	Newb	Newb	Growth	Growth	SubEP	SubEP
	Coef.	Coef.	Coef.	Coef.	Coef.	Coef.
Constant	0.730 (1.164)	0.978 (1.438)	1.380*** (2.906)	1.258** (2.439)	1.742*** (3.832)	0.907* (1.935)
R^2	0.155	0.144	0.327	0.325	0.242	0.324
Adj R^2	0.121	0.105	0.300	0.294	0.211	0.292
F	4.557	3.676	11.913	10.374	7.822	10.320
P	0.000	0.000	0.000	0.000	0.000	0.000
N	270	270	270	270	270	270

注：*，**，*** 分别表示在 0.10，0.05 和 0.01 的水平上显著，括号中标注的是 t 值；所有解释变量的 VIF 值均小于 1.5。

依照 Baron and Kenny（1986）提供的检验方法，首先，如表 6-37 所列，社会知觉能力（X）与企业创新性创业绩效、成长性创业绩效和科技型大学生创业者主观性创业绩效（Y）显著正相关（参数 b1 显著不等于 0）；其次，科技型大学生创业者社会知觉能力（X）与运营性网络资源（M）显著正相关（参数 b2 显著不等于 0）；最后，如表 6-38 所示，在控制运营性网络资源（M）之后，科技型大学生创业者社会知觉能力（X）对创新性创业绩效、成长性创业绩效（Y）的影响虽然有所降低（b3 < b1），但是 b4 显著等于 0，说明不支持运营性网络资源（M）是中介变量的研究假设 H7；在控制运营性网络资源（M）之后，社会知觉能力（X）对科技型大学生创业者主观性创业绩效（Y）的影响显著降低（b3 < b1），且 b4 显著不等于 0，这表明运营性网络资源（M）是部分中介变量，在社会知觉能力（X）与科技型大学生创业者主观性创业绩效之间存在部分中介作用，支持研究假设 H7。

同样，根据 Baron and Kenny（1986）提供的检验方法，首先，如表 6-37所列，社会适应力（X）与成长性创业绩效和科技型大学生创业者主观性创业绩效（Y）显著正相关（参数 b1 显著不等于 0）；其次，科技型大学生创业者社会适应力（X）与支持性网络资源、运营性网络资源（M）显著正相关（参数 b2 显著不等于 0）；最后，如表 6-39 所示，在控制支持性网络资源、运营性网络资源（M）之后，科技型大学生创业者社会适应力（X）对成长性创业绩效（Y）的影响变为0（b3 =0），但是b4亦等于0，说明不支持支持性网络资源和运营性网络资源（M）是社会适应力（X）与成长性创业绩效（Y）之间的中介变量的研究假设H7；在控制支持性网络资源、运营性网络资源（M）之后，社会适应力（X）对科技型大学生创业者主观性创业绩效（Y）的影响变为0（b3 =0），且b4显著不等于0，这表明支持性网络资源和运营性网络资源（M）是完全中介变量，在社会适应力（X）与科技型大学生创业者主观性创业绩效之间存在完全中介作用，支持研究假设H7。

根据Baron and Kenny（1986）提供的检验方法，首先，如表6－37所列，敏感度（X）与创新性创业绩效和成长性创业绩效（Y）显著负相关（参数b1显著不等于0）；其次，科技型大学生创业者敏感度（X）与支持性网络资源、运营性网络资源（M）显著正相关（参数b2显著不等于0）；最后，如表6－40所示，在控制支持性网络资源（M）之后，科技型大学生创业者敏感度（X）对创新性创业绩效和成长性创业绩效（Y）的影响有所上升或未有显著变化，且b4等于0，说明不支持支持性网络资源（M）是敏感度（X）与创新性创业绩效、成长性创业绩效（Y）之间的中介变量的研究假设H7；在控制运营性网络资源（M）之后，科技型大学生创业者敏感度（X）对创新性创业绩效（Y）的影响变为0（b3 =0），但是b4亦等于0，说明不支持运营性网络资源（M）是敏感度（X）与创新性创业绩效（Y）之间的中介变量的研究假设H7；在控制运营性网络资源（M）之后，虽然b4显著不等于0，但是敏感度（X）对成长性创业绩效（Y）的影响有所上升，同样未能支持运营性网络资源（M）在敏感度（X）与成长性创业绩效之间起到中介作用的研究假设H7。

表 6－39　社会适应力、社会网络资源与创业绩效（中介作用）

变量	Growth	Growth	Growth	SubEP	SubEP	SubEP
	Coef.	Coef.	Coef.	Coef.	Coef.	Coef.
Gender	0.324*** (2.621)	0.326** (2.597)	0.336*** (2.697)	-0.010 (-0.084)	0.007 (0.063)	0.048 (0.431)
Age	-0.013 (-1.080)	-0.015 (-1.208)	-0.018 (-1.385)	-0.015 (-1.314)	-0.016 (-1.391)	-0.014 (-1.182)
U985	0.207** (2.035)	0.218** (2.091)	0.223** (2.141)	-0.044 (-0.458)	0.016 (0.172)	-0.039 (-0.412)
Econs	0.011 (0.158)	0.012 (0.170)	0.012 (0.173)	0.106 (1.626)	0.071 (1.076)	0.090 (1.421)
Eef	0.282*** (2.612)	0.301*** (2.731)	0.298*** (2.737)	0.333*** (3.269)	0.364*** (3.630)	0.335*** (3.408)
Wey	0.257** (2.467)	0.250** (2.345)	0.261** (2.473)	0.235** (2.392)	0.235** (2.422)	0.238** (2.510)
Year	-0.113*** (-4.125)	-0.111*** (-3.883)	-0.103*** (-3.663)	-0.041 (-1.589)	-0.028 (-1.089)	-0.042* (-1.670)
Hitech	0.084 (0.843)	0.066 (0.641)	0.060 (0.598)	0.142 (1.513)	0.096 (1.020)	0.104 (1.138)
Lnem	0.312*** (7.038)	0.306*** (6.508)	0.310*** (6.741)	0.230*** (5.492)	0.223*** (5.210)	0.247*** (5.965)
Soad	0.135* (1.699)	0.122 (1.481)	0.133 (1.563)	0.151** (2.018)	0.111 (1.475)	0.051 (0.660)
Supres	—	0.035 (0.576)	—	—	0.183*** (3.275)	—
Oprres	—	—	0.096 (1.420)	—	—	0.290*** (4.769)
Constant	2.032*** (4.219)	2.017*** (4.021)	1.800*** (3.513)	1.858*** (4.088)	1.482*** (3.246)	1.191** (2.578)
R^2	0.298	0.294	0.301	0.236	0.285	0.314
Adj R^2	0.269	0.261	0.268	0.205	0.252	0.283
F	10.377	8.970	9.265	7.569	8.587	9.878
P	0.000	0.000	0.000	0.000	0.000	0.000
N	270	270	270	270	270	270

注：*，**，*** 分别表示在 0.10，0.05 和 0.01 的水平上显著，括号中标注的是 t 值；所有解释变量的 VIF 值均小于 1.5。

表 6－40　敏感度、社会网络资源与创业绩效（中介作用）

变量	Newb	Newb	Newb	Growth	Growth	Growth
	Coef.	Coef.	Coef.	Coef.	Coef.	Coef.
Gender	-0.071 (-0.430)	-0.056 (-0.342)	-0.068 (-0.411)	0.326*** (2.648)	0.319** (2.551)	0.340*** (2.752)
Age	0.016 (0.985)	0.014 (0.842)	0.007 (0.406)	-0.021* (-1.702)	-0.022* (-1.796)	-0.023* (-1.850)
U985	0.138 (1.026)	0.180 (1.320)	0.172 (1.249)	0.143 (1.404)	0.166 (1.592)	0.152 (1.463)
Econs	-0.006 (-0.064)	0.011 (0.112)	0.009 (0.095)	0.030 (0.440)	0.008 (0.117)	0.016 (0.224)
Eef	-0.029 (-0.201)	-0.028 (-0.193)	0.015 (0.099)	0.241** (2.187)	0.259** (2.305)	0.235** (2.099)
Wey	0.021 (0.155)	0.034 (0.240)	0.027 (0.192)	0.273*** (2.618)	0.273** (2.578)	0.285*** (2.729)
Year	-0.143*** (-3.925)	-0.133*** (-3.575)	-0.127*** (-3.411)	-0.123*** (-4.471)	-0.116*** (-4.098)	-0.115*** (-4.113)
Hitech	0.306** (2.325)	0.350*** (2.600)	0.283** (2.121)	0.058 (0.582)	0.033 (0.326)	0.040 (0.395)
Lnem	0.122** (2.066)	0.129** (2.088)	0.113* (1.834)	0.304*** (6.827)	0.287*** (6.122)	0.301*** (6.568)
Sensitivity	-0.146* (-1.857)	-0.160* (-1.965)	-0.117 (-1.425)	-0.142** (-2.407)	-0.141** (-2.289)	-0.159** (-2.585)
Supres	—	-0.037 (-0.460)	—	—	0.098 (1.601)	—
Oprres	—	—	0.039 (0.438)	—	—	0.179*** (2.681)
Constant	2.856*** (5.246)	2.953*** (5.144)	2.785*** (4.528)	3.211*** (7.857)	3.004*** (6.910)	2.749*** (5.986)
R^2	0.121	0.132	0.108	0.301	0.301	0.312
Adj R^2	0.085	0.092	0.067	0.272	0.268	0.280
F	3.371	3.289	2.626	10.425	9.169	9.655
P	0.000	0.000	0.004	0.000	0.000	0.000
N	270	270	270	270	270	270

注：*，**，*** 分别表示在 0.10，0.05 和 0.01 的水平上显著，括号中标注的是 t 值；所有解释变量的 VIF 值均小于 1.5。

根据 Baron and Kenny（1986）提供的检验方法，首先，如表 6－37 所列，印象管理能力（X）与创新性创业绩效（Y）显著负相关（参数 b1 显著不等于 0）；其次，科技型大学生创业者印象管理能力（X）与运营性网络资源（M）显著正相关（参数 b2 显著不等于 0）；最后，如表 6－41 所示，在控制运营性网络资源（M）之后，科技型大学生创业者印象管理能力（X）对创新性创业绩效（Y）的影响变为 0（b3 = 0），但是 b4 亦等于 0，说明不支持运营性网络资源（M）是科技型大学生创业者印象管理能力（X）与创新性创业绩效（Y）之间的中介变量的研究假设 H7。

表 6－41 印象管理、运营性社会网络资源与创新性创业绩效（中介作用）

变量	Newb	Newb
	Coef.	Coef.
Gender	－0. 026 （－0. 157）	－0. 026 （－0. 155）
Age	0. 015 （0. 947）	0. 008 （0. 463）
U985	0. 167 （1. 257）	0. 191 （1. 409）
Econs	－0. 011 （－0. 123）	0. 006 （0. 067）
Eef	－0. 009 （－0. 064）	0. 022 （0. 150）
Wey	0. 044 （0. 319）	0. 048 （0. 342）
Year	－0. 142 *** （－3. 926）	－0. 128 *** （－3. 460）
Hitech	0. 357 *** （2. 715）	0. 331 ** （2. 476）
Lnem	0. 122 ** （2. 080）	0. 113 * （1. 869）
IMM	－0. 158 * （－1. 816）	－0. 146 （－1. 639）

续表

变量	Newb	Newb
	Coef.	Coef.
Oprres	—	0.030 (0.344)
Constant	2.780*** (4.893)	2.764*** (4.401)
R^2	0.130	0.119
Adj R^2	0.095	0.078
F	3.705	2.932
P	0.000	0.001
N	270	270

注：*，**，*** 分别表示在0.10，0.05 和0.01 的水平上显著，括号中标注的是 t 值；所有解释变量的 VIF 值均小于1.5。

6.5 主动性人格、社会网络资源与创业绩效

6.5.1 科技型大学生创业者主动性人格与社会网络资源

在10%的显著性水平上，如表6－42 所示，主动性机遇寻求、主动性变革和主动性目标实现与科技型大学生创业者从社会网络中获取的支持性网络资源的回归分析结果支持假设 H8。据此可以认为，在同等条件下，主动性机遇寻求、主动性变革和主动性目标实现倾向越强，科技型大学生创业者从社会网络中获取的支持性网络资源越多。

表6－42 主动性人格与支持性网络资源

变量	Supres	Supres	Supres	Supres	Supres
	Coef.	Coef.	Coef.	Coef.	Coef.
Gender	0.032 (0.243)	0.011 (0.086)	0.018 (0.145)	0.023 (0.176)	0.011 (0.088)
Education	0.039 (0.793)	0.053 (1.087)	0.082* (1.674)	0.042 (0.868)	0.083* (1.703)

续表

变量	Supres	Supres	Supres	Supres	Supres
	Coef.	Coef.	Coef.	Coef.	Coef.
Econs	0. 265 *** (3. 785)	0. 225 *** (3. 231)	0. 222 *** (3. 256)	0. 233 *** (3. 349)	0. 210 *** (3. 089)
Year	-0. 060 ** (-2. 364)	-0. 045 * (-1. 758)	-0. 059 ** (-2. 365)	-0. 060 ** (-2. 401)	-0. 051 ** (-2. 043)
Hitech	0. 213 ** (2. 040)	0. 203 ** (1. 977)	0. 140 (1. 361)	0. 193 * (1. 880)	0. 168 (1. 640)
Lnem	0. 120 *** (2. 601)	0. 116 ** (2. 553)	0. 127 *** (2. 869)	0. 132 *** (2. 912)	0. 119 *** (2. 685)
Proopp	—	0. 322 *** (3. 652)	—	—	0. 237 ** (2. 456)
Proinn	—	—	0. 285 *** (3. 021)	—	0. 085 (0. 709)
Prorel	—	—	—	0. 239 *** (3. 005)	0. 125 (1. 308)
Constant	2. 192 *** (7. 764)	1. 050 ** (2. 428)	1. 193 *** (2. 769)	1. 314 *** (3. 198)	0. 559 (1. 137)
R^2	0. 116	0. 153	0. 156	0. 143	0. 178
Adj R^2	0. 095	0. 129	0. 131	0. 119	0. 147
F	5. 559	6. 365	6. 446	5. 991	5. 768
P	0. 000	0. 000	0. 000	0. 000	0. 000
N	270	270	270	270	270

注：*，**，*** 分别表示在 0. 10，0. 05 和 0. 01 的水平上显著，括号中标注的是 t 值；所有解释变量的 VIF 值均小于 1. 5。

在 10% 的显著性水平上，如表 6 – 43 所示，主动性目标实现对科技型大学生创业者从社会网络中获取的运营性网络资源没有显著影响，未能支持假设 H8；不过，主动性机遇寻求、主动性变革与科技型大学生创业者从社会网络中获取的运营性网络资源的回归分析结果支持假设 H8。据此可以认为，在同等条件下，主动性机遇寻求、主动性变革倾向越强，科技型大学生创业者从社会网络中获取的运营性网络资源越多。

表 6-43 主动性人格与运营性网络资源

变量	Oprres	Oprres	Oprres	Oprres	Oprres
	Coef.	Coef.	Coef.	Coef.	Coef.
Gender	-0.154 (-1.286)	-0.161 (-1.415)	-0.148 (-1.229)	-0.146 (-1.226)	-0.143 (-1.242)
Education	-0.089* (-1.961)	-0.074* (-1.704)	-0.061 (-1.289)	-0.074 (-1.626)	-0.051 (-1.127)
Econs	0.212*** (3.325)	0.164*** (2.682)	0.176*** (2.730)	0.184*** (2.860)	0.158** (2.565)
Year	-0.014 (-0.607)	0.005 (0.217)	-0.014 (-0.614)	-0.018 (-0.767)	0.002 (0.103)
Hitech	0.084 (0.880)	0.061 (0.679)	0.034 (0.356)	0.065 (0.690)	0.052 (0.564)
Lnem	-0.034 (-0.802)	-0.047 (-1.177)	-0.027 (-0.635)	-0.026 (-0.615)	-0.054 (-1.333)
Proopp	—	0.371*** (4.793)	—	—	0.403*** (4.592)
Proinn	—	—	0.157* (1.790)	—	-0.014 (-0.128)
Prorel	—	—	—	0.074 (1.006)	-0.067 (-0.790)
Constant	3.155*** (12.208)	1.868*** (4.910)	2.626*** (6.512)	2.909*** (7.656)	2.046*** (4.601)
R^2	0.066	0.133	0.062	0.057	0.135
Adj R^2	0.044	0.108	0.035	0.030	0.103
F	3.013	5.394	2.325	2.154	4.178
P	0.007	0.000	0.026	0.039	0.000
N	270	270	270	270	270

注：*，**，*** 分别表示在 0.10，0.05 和 0.01 的水平上显著，括号中标注的是 t 值；所有解释变量的 VIF 值均小于 1.5。

综合上述实证研究结果可以发现，主动性机遇寻求和主动性变革倾向越强，科技型大学生创业者从社会网络中获取的支持性网络资源和运营性网络资源越多；主动性目标实现倾向越强，科技型大学生创业者从社会网络中获取的支持性网络资源越多。这可能是因为，首先，主动性机遇寻求倾向越强的科技型大学生创业者，往往更加善于抓住和利用各种获取网络资源的机会；其次，主动性变革倾向的科技型大学生创业者为了实现变革的目标，会主动构建新的社会网络以获取需要的网络资源。实际上，构建有利的社会网络环境是科技型大学生创业者实现创业目标的重要途径（Ferris et al.，2004；Thompson，2005），科技型大学生创业者为了实现自己的创业目标，会克服各种阻碍，尝试不同的战略和战术（Bateman and Crant，1999），来构建有利的社会网络并从中获取尽可能多的网络资源。

6.5.2 科技型大学生创业者主动性人格与创业绩效

在10%的显著性水平上，如表6－44所示，科技型大学生创业者的主动性变革和主动性目标实现倾向对创新性创业绩效没有显著影响，未能支持假设H9；不过，科技型大学生创业者的主动性机遇寻求倾向与创新性创业绩效的回归分析结果支持假设H9。据此可以认为，在同等条件下，科技型大学生创业者的主动性机遇寻求倾向越强，企业的创新性创业绩效越好。主动性机遇寻求倾向高的科技型大学生创业者善于识别和利用各种网络资源的机会，并寻求一切可能的方式来促进新业务的开发和销售，从而提高企业的创新性创业绩效。

表6－44 主动性人格与创新性创业绩效

变量	Newb	Newb	Newb	Newb	Newb
	Coef.	Coef.	Coef.	Coef.	Coef.
Gender	－0.065	－0.083	－0.096	－0.077	－0.089
	(－0.395)	(－0.510)	(－0.579)	(－0.469)	(－0.534)
Age	0.019	0.021	0.025	0.020	0.026
	(1.188)	(1.302)	(1.507)	(1.267)	(1.575)
U985	0.131	0.147	0.140	0.158	0.131
	(0.982)	(1.113)	(1.050)	(1.191)	(0.972)
Econs	0.029	－0.036	－0.021	－0.018	－0.038
	(0.324)	(－0.405)	(－0.236)	(－0.199)	(－0.415)

续表

变量	Newb	Newb	Newb	Newb	Newb
	Coef.	Coef.	Coef.	Coef.	Coef.
Eef	-0.054 (-0.390)	-0.010 (-0.069)	-0.004 (-0.031)	0.020 (0.144)	-0.031 (-0.213)
Wey	0.032 (0.226)	-0.006 (-0.042)	0.043 (0.307)	0.044 (0.318)	-0.020 (-0.139)
Year	-0.128*** (-3.547)	-0.117*** (-3.254)	-0.132*** (-3.557)	-0.130*** (-3.636)	-0.125*** (-3.344)
Hitech	0.289** (2.191)	0.335** (2.568)	0.317** (2.369)	0.328** (2.499)	0.335** (2.501)
Lnem	0.122** (2.056)	0.114* (1.929)	0.127** (2.151)	0.124** (2.101)	0.115* (1.937)
Proopp	—	0.262** (2.379)	—	—	0.242* (1.912)
Proinn	—	—	0.163 (1.353)	—	0.082 (0.535)
Prorel	—	—	—	0.060 (0.598)	-0.091 (-0.735)
Constant	2.154*** (4.633)	1.322** (2.126)	1.532** (2.380)	1.990*** (3.266)	1.352* (1.893)
R^2	0.098	0.127	0.123	0.112	0.132
Adj R^2	0.066	0.092	0.087	0.077	0.089
F	3.069	3.603	3.423	3.180	3.050
P	0.002	0.000	0.000	0.001	0.001
N	270	270	270	270	270

注：*，**，*** 分别表示在0.10，0.05和0.01的水平上显著，括号中标注的是t值；所有解释变量的VIF值均小于1.5。

在10%的显著性水平上，如表6－45所示，科技型大学生创业者的主动性机遇寻求、主动性变革和主动性目标实现倾向与成长性创业绩效的回归分析结果支持假设H9。据此可以认为，在同等条件下，科技型大学生创业者的主动性机遇寻求、主动性变革和主动性目标实现倾向越强，企业的成长性创业绩效越好。这可能是因为，主动性机遇寻求倾向高的科技型大学生创业者善于识别和利用各种网络资源的机会；科技型大学生创业者的主动性变革行为可以使企业的业务与管理模式适应市场的需求和组织的发展；科技型大学生创业者的主动性变革行为可以使企业的业务与管理模式适应市场的需求和组织的发展，这些都会促进于企业成长性创业绩效的提高。

在10%的显著性水平上，如表6－46所示，科技型大学生创业者的主动性目标实现倾向对主观性创业绩效没有显著影响，未能支持假设H9；不过，科技型大学生创业者的主动性机遇寻求和主动性变革倾向与主观性创业绩效的回归分析结果支持假设H9。据此可以认为，在同等条件下，科技型大学生创业者的主动性机遇寻求和主动性变革倾向越强，企业的主观性创业绩效越好。

表6－45 主动性人格与成长性创业绩效

变量	Growth	Growth	Growth	Growth	Growth
	Coef.	Coef.	Coef.	Coef.	Coef.
Gender	0.340***	0.332***	0.317**	0.324***	0.320**
	(2.744)	(2.689)	(2.575)	(2.632)	(2.583)
Age	－0.019	－0.018	－0.013	－0.019	－0.013
	(－1.582)	(－1.493)	(－1.071)	(－1.566)	(－1.068)
U985	0.176*	0.197*	0.175*	0.193*	0.191*
	(1.742)	(1.950)	(1.758)	(1.930)	(1.888)
Econs	0.040	－0.000	0.007	0.008	－0.004
	(0.586)	(－0.007)	(0.104)	(0.116)	(－0.063)
Eef	0.275***	0.311***	0.275**	0.325***	0.288***
	(2.626)	(2.884)	(2.585)	(3.066)	(2.646)
Wey	0.269**	0.232**	0.299***	0.286***	0.269**
	(2.573)	(2.189)	(2.869)	(2.752)	(2.493)
Year	－0.106***	－0.096***	－0.107***	－0.105***	－0.102***
	(－3.910)	(－3.518)	(－3.877)	(－3.913)	(－3.660)
Hitech	0.048	0.064	0.014	0.062	0.025
	(0.484)	(0.642)	(0.141)	(0.625)	(0.246)

续表

变量	Growth	Growth	Growth	Growth	Growth
	Coef.	Coef.	Coef.	Coef.	Coef.
Lnem	0.305*** (6.870)	0.303*** (6.819)	0.306*** (6.987)	0.308*** (6.992)	0.304*** (6.858)
Proopp	—	0.226*** (2.641)	—	—	0.140 (1.462)
Proinn	—	—	0.250*** (2.768)	—	0.146 (1.276)
Prorel	—	—	—	0.163** (2.118)	0.060 (0.644)
Constant	2.614*** (7.515)	1.844*** (3.908)	1.654*** (3.472)	2.016*** (4.414)	1.293** (2.407)
R^2	0.278	0.303	0.311	0.299	0.314
Adj R^2	0.252	0.275	0.282	0.271	0.279
F	10.720	10.587	10.857	10.554	9.015
P	0.000	0.000	0.000	0.000	0.000
N	270	270	270	270	270

注：*，**，*** 分别表示在0.10，0.05和0.01的水平上显著，括号中标注的是t值；所有解释变量的VIF值均小于1.5。

表6-46 主动性人格与主观性创业绩效

变量	SubEP	SubEP	SubEP	SubEP	SubEP
	Coef.	Coef.	Coef.	Coef.	Coef.
Gender	0.009 (0.076)	-0.015 (-0.135)	-0.009 (-0.076)	-0.002 (-0.016)	-0.013 (-0.114)
Age	-0.019* (-1.686)	-0.018 (-1.595)	-0.016 (-1.335)	-0.018 (-1.620)	-0.015 (-1.290)
U985	-0.088 (-0.917)	-0.051 (-0.553)	-0.082 (-0.868)	-0.070 (-0.735)	-0.054 (-0.582)
Econs	0.138** (2.146)	0.090 (1.432)	0.097 (1.516)	0.101 (1.553)	0.088 (1.390)
Eef	0.320*** (3.201)	0.360*** (3.636)	0.345*** (3.435)	0.379*** (3.747)	0.339*** (3.394)

续表

变量	SubEP	SubEP	SubEP	SubEP	SubEP
	Coef.	Coef.	Coef.	Coef.	Coef.
Wey	0.243** (2.434)	0.200** (2.054)	0.278*** (2.831)	0.255** (2.576)	0.217** (2.191)
Year	-0.035 (-1.357)	-0.019 (-0.752)	-0.034 (-1.300)	-0.037 (-1.435)	-0.021 (-0.826)
Hitech	0.100 (1.058)	0.129 (1.420)	0.068 (0.725)	0.125 (1.327)	0.090 (0.981)
Lnem	0.223*** (5.257)	0.227*** (5.571)	0.223*** (5.380)	0.225*** (5.350)	0.224*** (5.514)
Proopp	—	0.362*** (4.623)	—	—	0.334*** (3.785)
Proinn	—	—	0.233*** (2.736)	—	0.105 (0.999)
Prorel	—	—	—	0.085 (1.153)	-0.026 (-0.301)
Constant	2.458*** (7.406)	1.139*** (2.630)	1.620*** (3.600)	2.180*** (5.012)	0.913* (1.852)
R^2	0.212	0.292	0.242	0.228	0.292
Adj R^2	0.184	0.263	0.211	0.197	0.256
F	7.476	10.014	7.705	7.298	8.129
P	0.000	0.000	0.000	0.000	0.000
N	270	270	270	270	270

注：*，**，*** 分别表示在0.10，0.05和0.01的水平上显著，括号中标注的是t值；所有解释变量的VIF值均小于1.5。

6.5.3 社会网络资源在主动性人格与创业绩效间的中介作用

依照MacKinnon et al.（2002）建议的方法，可以从表6-47所列的结果中得出如下四个图形，即：①支持性社会网络资源作为中介变量可能在主动性机遇寻求、主动性变革倾向与主观性创业绩效之间存在中介作用；②运营性社会网络资源作为中介变量可能在主动性机遇寻求、主动性变革倾向与成长性创业绩效、科技型大学生创业者主观性创业绩效之间存在中介作用。这表明支持研究假设 H10。

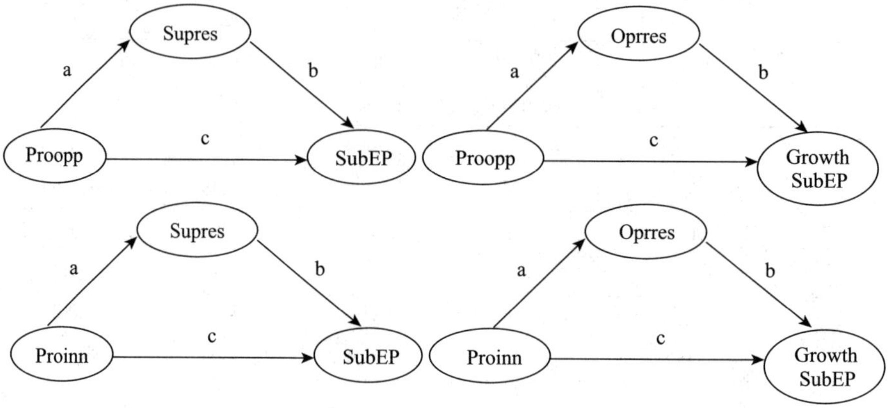

表 6-47　社会网络资源的中介作用（MacKinnon et al.，2002）

X	M	a	M	Y	b	X	Y	c
Proopp	Supres	0.322 ***	Supres	SubEP	0.202 ***	Proopp	Newb	0.262 **
	Oprres	0.371 ***	Oprres	Growth	0.128 **	—	Growth	0.226 ***
Proinn	Supres	0.285 ***	—	SubEP	0.306 ***	—	SubEP	0.362 ***
	Oprres	0.157 *	—	—	—	Proinn	Growth	0.250 ***
Prorel	Supres	0.239 ***	—	—	—	—	SubEP	0.233 ***
	—	—	—	—	—	Prorel	Growth	0.163 **

表 6-48　社会网络资源的中介作用（Baron and Kenny，1986）

X	Y	b_1	X	M	b_2
Proopp	Newb	0.262 **	Proopp	Supres	0.322 ***
	Growth	0.226 ***	—	Oprres	0.371 ***
	SubEP	0.362 ***	Proinn	Supres	0.285 ***
Proinn	Growth	0.250 ***	—	Oprres	0.157 *
	SubEP	0.233 ***	Prorel	Supres	0.239 ***
Prorel	Growth	0.163 **	—	—	—

依照 Baron and Kenny（1986）提供的检验方法，首先，如表 6-48 所列，主动性机遇寻求倾向（X）与创新性创业绩效、成长性创业绩效和科技型大学生创业者主观性创业绩效（Y）显著正相关（参数 b1 显著不等于

0)；其次，科技型大学生创业者主动性机遇寻求倾向（X）与支持性网络资源、运营性网络资源（M）显著正相关（参数 b2 显著不等于 0)；最后，如表 6-49 所示，在控制支持性网络资源、运营性网络资源（M）之后，科技型大学生创业者主动性机遇寻求倾向（X）对创新性创业绩效（Y）的影响有所上升（b3 > b1)，且 b4 等于 0，未能支持支持性网络资源和运营性网络资源（M）在科技型大学生创业者主动性机遇寻求倾向（X）与创新性创业绩效（Y）之间存在中介作用的研究假设 H10；在控制支持性网络资源、运营性网络资源（M）之后，科技型大学生创业者主动性机遇寻求倾向（X）对成长性创业绩效（Y）的影响虽然有所下降（b3 < b1)，但是 b4 等于 0，同样未能支持支持性网络资源和运营性网络资源（M）在科技型大学生创业者主动性机遇寻求倾向（X）与成长性创业绩效（Y）之间存在中介作用的研究假设 H10；在控制支持性网络资源、运营性网络资源（M）之后，主动性机遇寻求倾向（X）对科技型大学生创业者主观性创业绩效（Y）的影响显著下降（b3 < b1)，同时 b4 显著不等于 0，表明支持支持性网络资源和运营性网络资源（M）是部分中介变量，在主动性机遇寻求倾向（X）与科技型大学生创业者主观性创业绩效（Y）之间存在部分中介作用，从而支持研究假设 H10。

表 6-49 主动性机遇寻求、社会网络资源与创业绩效（中介作用）

变量	Newb	Newb	Newb	Growth	Growth	Growth	SubEP	SubEP	SubEP
	Coef.	Coef.	Coef.	Coef.	Coef.	Coef.	Coef.	Coef.	Coef.
Gender	-0.083	-0.068	-0.094	0.332***	0.331***	0.339***	-0.015	-0.002	0.028
	(-0.510)	(-0.415)	(-0.573)	(2.689)	(2.635)	(2.711)	(-0.135)	(-0.014)	(0.257)
Age	0.021	0.019	0.010	-0.018	-0.020	-0.023*	-0.018	-0.017	-0.016
	(1.302)	(1.161)	(0.628)	(-1.493)	(-1.585)	(-1.798)	(-1.595)	(-1.584)	(-1.401)
U985	0.147	0.164	0.180	0.197*	0.205*	0.215**	-0.051	0.006	-0.032
	(1.113)	(1.214)	(1.335)	(1.950)	(1.968)	(2.070)	(-0.553)	(0.069)	(-0.350)
Econs	-0.036	0.006	-0.011	-0.000	0.003	0.005	0.090	0.064	0.088
	(-0.405)	(0.060)	(-0.115)	(-0.007)	(0.036)	(0.077)	(1.432)	(0.989)	(1.420)
Eef	-0.010	-0.015	0.032	0.311***	0.328***	0.325***	0.360***	0.387***	0.339***
	(-0.069)	(-0.105)	(0.227)	(2.884)	(2.976)	(2.956)	(3.636)	(3.932)	(3.510)
Wey	-0.006	0.003	-0.012	0.232**	0.224**	0.244**	0.200**	0.207**	0.228**
	(-0.042)	(0.022)	(-0.088)	(2.189)	(2.061)	(2.262)	(2.054)	(2.142)	(2.400)
Year	-0.117***	-0.115***	-0.101***	-0.096***	-0.096***	-0.088***	-0.019	-0.012	-0.026
	(-3.254)	(-3.112)	(-2.739)	(-3.518)	(-3.379)	(-3.128)	(-0.752)	(-0.465)	(-1.041)
Hitech	0.335**	0.386***	0.317**	0.064	0.047	0.049	0.129	0.086	0.105
	(2.568)	(2.890)	(2.401)	(0.642)	(0.456)	(0.484)	(1.420)	(0.937)	(1.180)
Lnem	0.114*	0.125**	0.102*	0.303***	0.297***	0.299***	0.227***	0.224***	0.251***
	(1.929)	(2.041)	(1.683)	(6.819)	(6.345)	(6.486)	(5.571)	(5.366)	(6.190)

续表

变量	Newb	Newb	Newb	Growth	Growth	Growth	SubEP	SubEP	SubEP
	Coef.	Coef.	Coef.	Coef.	Coef.	Coef.	Coef.	Coef.	Coef.
Proopp	0. 262 **	0. 264 **	0. 301 **	0. 226 ***	0. 225 **	0. 198 **	0. 362 ***	0. 298 ***	0. 248 ***
	(2. 379)	(2. 298)	(2. 583)	(2. 641)	(2. 512)	(2. 148)	(4. 623)	(3. 724)	(3. 068)
Supres	—	-0. 110	—	—	0. 025	—	—	0. 165 ***	—
		(-1. 364)			(0. 405)			(3. 007)	
Oprres	—	—	-0. 052	—	—	0. 077	—	—	0. 268 ***
			(-0. 568)			(1. 097)			(4. 342)
Constant	1. 322 **	1. 546 **	1. 520 **	1. 844 ***	1. 808 ***	1. 767 ***	1. 139 ***	0. 865 **	0. 529
	(2. 126)	(2. 416)	(2. 310)	(3. 908)	(3. 682)	(3. 528)	(2. 630)	(1. 974)	(1. 202)
R^2	0. 127	0. 136	0. 122	0. 303	0. 301	0. 302	0. 292	0. 327	0. 357
Adj R^2	0. 092	0. 097	0. 082	0. 275	0. 268	0. 270	0. 263	0. 296	0. 327
F	3. 603	3. 428	3. 021	10. 587	9. 205	9. 259	10. 014	10. 392	11. 853
P	0. 000	0. 000	0. 001	0. 000	0. 000	0. 000	0. 000	0. 000	0. 000
N	270	270	270	270	270	270	270	270	270

注：*，**，*** 分别表示在 0. 10，0. 05 和 0. 01 的水平上显著，括号中标注的是 t 值；所有解释变量的 VIF 值均小于 1. 5。

表 6-50　主动性变革、社会网络资源与创业绩效（中介作用）

变量	Growth	Growth	Growth	SubEP	SubEP	SubEP
	Coef.	Coef.	Coef.	Coef.	Coef.	Coef.
Gender	0.317** (2.575)	0.315** (2.520)	0.329*** (2.635)	-0.009 (-0.076)	0.013 (0.109)	0.041 (0.364)
Age	-0.013 (-1.071)	-0.015 (-1.206)	-0.018 (-1.331)	-0.016 (-1.335)	-0.017 (-1.414)	-0.013 (-1.087)
U985	0.175* (1.758)	0.172* (1.674)	0.190* (1.857)	-0.082 (-0.868)	-0.020 (-0.214)	-0.059 (-0.637)
Econs	0.007 (0.104)	0.020 (0.272)	0.008 (0.110)	0.097 (1.516)	0.067 (1.006)	0.081 (1.286)
Eef	0.275** (2.585)	0.289*** (2.660)	0.291*** (2.691)	0.345*** (3.435)	0.382*** (3.818)	0.336*** (3.453)
Wey	0.299*** (2.869)	0.289*** (2.732)	0.300*** (2.841)	0.278*** (2.831)	0.266*** (2.722)	0.268*** (2.823)
Year	-0.107*** (-3.877)	-0.108*** (-3.755)	-0.099*** (-3.454)	-0.034 (-1.300)	-0.024 (-0.920)	-0.037 (-1.430)
Hitech	0.014 (0.141)	-0.001 (-0.010)	0.002 (0.020)	0.068 (0.725)	0.043 (0.457)	0.053 (0.576)
Lnem	0.306*** (6.987)	0.304*** (6.583)	0.303*** (6.658)	0.223*** (5.380)	0.218*** (5.125)	0.244*** (5.963)
Proinn	0.250*** (2.768)	0.269*** (2.853)	0.230** (2.514)	0.233*** (2.736)	0.157* (1.802)	0.188** (2.284)
Supres	—	-0.007 (-0.117)	—	—	0.164*** (2.871)	—
Oprres	—	—	0.089 (1.370)	—	—	0.272*** (4.634)
Constant	1.654*** (3.472)	1.637*** (3.326)	1.506*** (2.892)	1.620*** (3.600)	1.424*** (3.141)	0.763 (1.628)
R^2	0.311	0.309	0.308	0.242	0.277	0.318
Adj R^2	0.282	0.276	0.275	0.211	0.242	0.286
F	10.857	9.470	9.435	7.705	8.095	9.866
P	0.000	0.000	0.000	0.000	0.000	0.000
N	270	270	270	270	270	270

注：*，**，*** 分别表示在 0.10，0.05 和 0.01 的水平上显著，括号中标注的是 t 值；所有解释变量的 VIF 值均小于 1.5。

同样，根据 Baron and Kenny（1986）提供的检验方法，首先，如表6－48 所列，主动性变革倾向（X）与成长性创业绩效和科技型大学生创业者主观性创业绩效（Y）显著正相关（参数 b1 显著不等于0）；其次，科技型大学生创业者主动性变革倾向（X）与支持性网络资源、运营性网络资源（M）显著正相关（参数 b2 显著不等于0）；最后，如表 6－50 所示，在控制支持性网络资源（M）之后，科技型大学生创业者主动性变革倾向（X）对成长性创业绩效（Y）的影响有所上升（b3 > b1），而且 b4 等于0，表明不支持支持性网络资源（M）在科技型大学生创业者主动性变革倾向（X）与成长性创业绩效（Y）之间存在中介作用的研究假设 H10；在控制运营性网络资源（M）之后，科技型大学生创业者主动性变革倾向（X）对成长性创业绩效（Y）的影响虽然有所下降（b3 < b1），但是 b4 等于0，同样未能支持运营性网络资源（M）在科技型大学生创业者主动性变革倾向（X）与成长性创业绩效（Y）之间存在中介作用的研究假设 H10；在控制支持性网络资源、运营性网络资源（M）之后，主动性变革倾向（X）对科技型大学生创业者主观性创业绩效（Y）的影响显著下降（b3 < b1），同时 b4 显著不等于0，表明支持支持性网络资源和运营性网络资源（M）是部分中介变量，在主动性变革倾向（X）与科技型大学生创业者主观性创业绩效（Y）之间存在部分中介作用，从而支持研究假设 H10。

表 6－51 主动性目标实现、支持性社会网络资源与成长性创业绩效（中介作用）

变量	Growth	Growth
	Coef.	Coef.
Gender	0. 324 ***	0. 324 **
	(2. 632)	(2. 590)
Age	－0. 019	－0. 021 *
	(－1. 566)	(－1. 677)
U985	0. 193 *	0. 209 **
	(1. 930)	(2. 026)

续表

变量	Growth	Growth
	Coef.	Coef.
Econs	0. 008 (0. 116)	0. 007 (0. 091)
Eef	0. 325 *** (3. 066)	0. 342 *** (3. 166)
Wey	0. 286 *** (2. 752)	0. 278 *** (2. 630)
Year	-0. 105 *** (-3. 913)	-0. 102 *** (-3. 645)
Hitech	0. 062 (0. 625)	0. 049 (0. 476)
Lnem	0. 308 *** (6. 992)	0. 300 *** (6. 458)
Proinn	0. 163 ** (2. 118)	0. 150 * (1. 897)
Supres	—	0. 039 (0. 645)
Constant	2. 016 *** (4. 414)	1. 996 *** (4. 190)
R^2	0. 299	0. 296
Adj R^2	0. 271	0. 263
F	10. 554	9. 130
P	0. 000	0. 000
N	270	270

注：*，**，*** 分别表示在0. 10，0. 05 和0. 01 的水平上显著，括号中标注的是 t 值；所有解释变量的 VIF 值均小于1. 5。

根据 Baron and Kenny（1986）提供的检验方法，首先，如表6 -48 所列，主动性目标实现倾向（X）与成长性创业绩效（Y）显著正相关（参数 b1 显著不等于 0）；其次，科技型大学生创业者主动性目标实现倾向（X）与支持性网络资源（M）显著正相关（参数 b2 显著不等于 0）；但是，最后，如表6 -51 所示，在控制支持性网络资源（M）之后，科技型大学生创业者主动性目标实现倾向（X）对成长性创业绩效（Y）的影响虽然有所下降（b3 < b1），但是 b4 等于 0，因而未能支持支持性网络资源（M）在科技型大学生创业者主动性目标实现倾向（X）与成长性创业绩效（Y）之间存在中介作用的研究假设 H10。

6.6　实证检验结果汇总

首先，关于科技型大学生创业者的社会网络结构与创业绩效的研究表明，科技型大学生创业者的社会网络规模越大，企业的创新性创业绩效越好；科技型大学生创业者的社会网络异质性越高，企业的创新性创业绩效越好，而成长性创业绩效越差；科技型大学生创业者的社会网络密度与联系强度越高，其主观性创业绩效越好。关于科技型大学生创业者的社会网络资源与创业绩效的研究显示，科技型大学生创业者从社会网络中获得的运营性社会网络资源越多，企业的成长性创业绩效和主观性创业绩效越好；科技型大学生创业者从社会网络中获得的支持性社会网络资源越多，主观性创业绩效越好。科技型大学生创业者社会网络结构与社会网络资源的研究表明，科技型大学生创业者的社会网络密度与联系强度越高，从其社会网络中获取的支持性网络资源越多。支持性社会网络资源在社会网络密度、社会网络关系强度与主观性创业绩效之间存在显著的中介作用。具体而言，支持性社会网络资源是部分中介变量，在社会网络密度与主观性创业绩效间存在部分中介作用；在社会网络关系强度与主观性创业绩效之间，支持性社会网络资源是完全中介变量，存在完全中介作用。

其次，关于科技型大学生创业者的社会胜任力与社会网络资源的研究表明，科技型大学生创业者的社会适应力、自我表达能力和敏感度越高，从其社会网络中获取的支持性网络资源越多；科技型大学生创业者的社会知觉能力、社会适应力、自我表达能力、敏感度和印象管理能力越高，从其社会网络中获取的运营性网络资源越多。关于科技型大学生创业者的社会胜任力与创业绩效的研究显示[①]，科技型大学生创业者社会知觉能力越强，企业创新性创业绩效、成长性创业绩效和科技型大学生创业者的主观性创业绩效越好；科技型大学生创业者的社会适应力越强，企业成长性创业绩效和科技型大学生创业者主观性创业绩效越好；科技型大学生创业者敏感度越低，企业创新性创业绩效和成长性创业绩效越好；科技型大学生创业者的印象管理能力越低，企业创新性创业绩效越好。社会网络资源在社会胜任力与创业绩效之间存在较为显著的中介作用。具体而言，运营性网络资源作为部分中介变量，在社会知觉能力与科技型大学生创业者主观性创业绩效之间存在部分中介作用；支持性网络资源和运营性网络资源作为完全中介变量，在社会适应力与科技型大学生创业者主观性创业绩效之间存在完全中介作用。

最后，关于科技型大学生创业者的主动性人格与社会网络资源的研究显示，主动性机遇寻求、主动性变革和主动性目标实现倾向越强，科技型大学生创业者从社会网络中获取的支持性网络资源越多；主动性机遇寻求、主动性变革倾向越强，科技型大学生创业者从社会网络中获取的运营性网络资源越多。关于科技型大学生创业者主动性人格与创业绩效的研究表明，科技型大学生创业者的主动性机遇寻求倾向越强，企业创新性创业绩效、成长性创业绩效和科技型大学生创业者主观性创业绩效越好；科技型大学生创业者的主动性变革倾向越强，企业成长性创业绩效和科技型大学生创业者主观性创业绩效越好；科技型大学生创业者的主动性目标实现倾向越强，企业的成长性创业绩效越好。社会网络资源在主动性人格与创业绩效之间存在显著的中介作用。具体而言，支持性网络资源和运营性网络资源作为部分中介变量，在主动性机遇寻求、主动性变革倾向与科技型大学生创业者主观性创业绩效之间存在部分中介作用。

---

① 在引入社会胜任力全部相关变量之后可以发现，敏感度越低，科技型大学生创业者的主观性创业绩效越好。

表 6-52 实证研究结果汇总

编号	假设描述	假设检验
H1.1	科技型大学生创业者的社会网络规模与创业绩效显著正相关	Newb 支持 Growth 不显著 SubEP 不显著
H1.2	科技型大学生创业者的社会网络密度与创业绩效显著正相关	Newb 不显著 Growth 不显著 SubEP 支持
H1.3	科技型大学生创业者的社会网络异质性与创业绩效显著正相关	Newb 支持 Growth 否定 SubEP 不显著
H1.4	科技型大学生创业者的社会网络强度与创业绩效显著正相关	Newb 不显著 Growth 不显著 SubEP 支持
H2	科技型大学生创业者的社会网络资源（Supres）与创业绩效显著正相关	Newb 不显著 Growth 不显著 SubEP 支持
	科技型大学生创业者的社会网络资源（Oprres）与创业绩效显著正相关	Newb 不显著 Growth 支持 SubEP 支持
H3.1	科技型大学生创业者的社会网络规模与社会网络资源显著正相关	不显著
H3.2	科技型大学生创业者的社会网络密度与社会网络资源显著正相关	Supres 支持 Oprres 不显著
H3.3	科技型大学生创业者的社会网络异质性与社会网络资源显著正相关	不显著
H3.4	科技型大学生创业者的社会网络强度与社会网络资源显著正相关	Supres 支持 Oprres 不显著
H4	科技型大学生创业者的社会网络资源在社会网络结构与创业绩效之间存在中介作用	支持 Density > Supres > SubEP 部分中介作用 支持 Strength > Supres > SubEP 完全中介作用
H5	科技型大学生创业者的社会胜任力与其社会网络资源（Supres）显著正相关	Perception 不显著 Soad 支持 Sexpress 支持 Sensitivity 支持 IMM 不显著
	科技型大学生创业者的社会胜任力与其社会网络资源（Oprres）显著正相关	支持
H6	科技型大学生创业者的社会胜任力格与创业绩效（Newb）显著正相关	Perception 支持 Soad 不显著 Sexpress 不显著 Sensitivity 否定 IMM 否定

续表

编号	假设描述	假设检验
	科技型大学生创业者的社会胜任力格与创业绩效（Growth）显著正相关	Perception 支持 Soad 支持 Sexpress 不显著 Sensitivity 否定 IMM 不显著
	科技型大学生创业者的社会胜任力格与创业绩效（SubEP）显著正相关	Perception 支持 Soad 支持 Sexpress 不显著 Sensitivity 不显著 IMM 不显著
H7	科技型大学生创业者的社会网络资源在社会胜任力与创业绩效之间存在中介作用	支持 Perception > Oprres > SubEP 部分中介作用 支持 Soad > Supres > SubEP 完全中介作用 支持 Soad > Supres > SubEP 完全中介作用
H8	科技型大学生创业者的主动性人格与社会网络资源（Supres）显著正相关	支持
	科技型大学生创业者的主动性人格与社会网络资源（Oprres）显著正相关	Proopp 支持 Proinn 支持 Prorel 不显著
H9	科技型大学生创业者的主动性人格与创业绩效（Newb）显著正相关	Proopp 支持 Proinn 不显著 Prorel 不显著
	科技型大学生创业者的主动性人格与创业绩效（Growth）显著正相关	支持
	科技型大学生创业者的主动性人格与创业绩效（SubEP）显著正相关	Proopp 支持 Proinn 支持 Prorel 不显著
H10	科技型大学生创业者的社会网络资源在主动性人格与创业绩效之间存在中介作用	支持 Proopp > Supres > SubEP 部分中介作用 支持 Proopp > Oprres > SubEP 部分中介作用 支持 Proinn > Supres > SubEP 部分中介作用 支持 Proinn > Oprres > SubEP 部分中介作用

第七章 研究结论、建议与局限

7.1 研究结论

7.1.1 社会网络结构、社会网络资源与创业绩效

7.1.1.1 社会网络结构与创业绩效

首先，科技型大学生创业者的社会网络规模越大，企业的创新性创业绩效越好。科技型大学生创业者更大的社会网络规模也意味着他们在获取创新资源方面可能性的提高，从而有助于企业的技术创新和新业务的开发。其次，科技型大学生创业者社会网络异质性越高，企业的创新性创业绩效越好，而成长性创业绩效越差。网络成员从事不同的职业，来自不同的工作单位，资源的差异性也随之增加，网络成员的资源和影响能够更好地达到互补的效果。这会促使新业务的开发和销售收入的增加，从而提高企业的创新绩效，却也可能会分散科技型大学生创业者及其企业的资源和能力，损害企业当前主要业务的成长性，造成成长性创业绩效的降低。最后，科技型大学生创业者社会网络密度与联系强度越高，科技型大学生创业者主观性创业绩效越好。高密度的社会网络会提高网络主体与其他网络成员之间的亲密程度和互动频率，进而提高了网络主体从其他网络成员那里获取网络资源的可能性①；高密度的社会网络还意味着网络主体和其他网络成员之间拥有了更多共同的朋友，这也会促使网络成员更加愿意为网络主体提供各种资源和支持。

① 中国是建立在血缘关系及衍生关系基础上的“差序格局”社会（费孝通，1998），每个网络主体都按照关系的远近，将其他网络成员安排在不同的位置，并按照关系的亲疏决定给予网络成员的资源程度。

7.1.1.2 社会网络资源与创业绩效

科技型大学生创业者从社会网络中获得的支持性社会网络资源越多，主观性创业绩效越好；获得的运营性社会网络资源越多，企业的成长性创业绩效和主观性创业绩效越好。社会网络中的关系资产和互补资源等组成的支持性网络资源有望在网络成员之间产生超额的收益，有助于科技型大学生创业者赢得良好的主观性创业绩效；而运营性网络资源与产品的生产和销售密切相关，带来销售额、员工数量以及市场份额方面的变化，从而直接影响了反映企业经营和发展总体状况的成长性创业绩效指标。

7.1.1.3 社会网络结构与社会网络资源

科技型大学生创业者的社会网络密度与联系强度越高，从其社会网络中获取的支持性网络资源越多。在中国特殊的社会与文化背景下强关系对于科技型大学生创业者的作用更为重要，科技型大学生创业者与网络成员的关系越熟，获取资源和支持的可能性就越大；同时，社会网络的密度越高，成员的互动程度也越高，产生的网络资源自然也会比较多。

7.1.1.4 社会网络资源在社会网络结构与创业绩效之间的中介作用

支持性社会网络资源在社会网络密度、社会网络关系强度与主观性创业绩效之间存在显著的中介作用：支持性社会网络资源在社会网络密度与主观性创业绩效间存在部分中介作用；在社会网络关系强度与主观性创业绩效之间，支持性社会网络资源则存在完全中介作用。这意味着，科技型大学生创业者的社会网络密度对主观性创业绩效的影响部分是直接的，部分是通过支持性网络资源实现的；科技型大学生创业者的社会关系强度对主观性创业绩效的影响则完全通过支持性网络资源发生作用。科技型大学生创业者的社会网络密度和关系强度影响了其所获取的支持性网络资源，并通过社会网络资源进一步作用于企业的创业绩效。

7.1.2 社会胜任力、社会网络资源与创业绩效

7.1.2.1 社会胜任力与社会网络资源

科技型大学生创业者的社会适应力、自我表达能力和敏感度越高，从其社会网络中获取的支持性网络资源越多；科技型大学生创业者的社会知

觉能力、社会适应力、自我表达能力、敏感度和印象管理能力越高，从其社会网络中获取的运营性网络资源越多。社会知觉通过准确感知别人的特点、意图、和动机等，可以帮助准确判断获取网络资源的最佳时机和人选；社会适应性有助于迅速有效地适应各种社会情境能力，与来自不同背景的个体顺利交往，扩大了网络资源的来源和渠道；表达力有利于他们清楚恰当的表达自己的情绪和感情，并进而使他人产生激情与共鸣，提高了网络成员与创业者合作的意愿；敏感度有利于注意到他人的想法，虚心接受网络成员有利的建议；印象管理则使网络成员对科技型大学生创业者的外表和形象产生良好评价，从而给予积极的回应和网络资源支持。

7.1.2.2 社会胜任力与创业绩效①

科技型大学生创业者的社会知觉能力越强，创新性创业绩效、成长性创业绩效和主观性创业绩效越好；科技型大学生创业者的社会适应力越强，成长性创业绩效和主观性创业绩效越好；科技型大学生创业者的敏感度越低，创新性创业绩效和成长性创业绩效越好；科技型大学生创业者的印象管理能力越低，创新性创业绩效越好。

作为企业最高管理者的科技型大学生创业者，他们的社会知觉能力不仅有助于敏锐及时地感知企业内部员工的人格特点、工作情绪和动机，还有利于他们感知合作伙伴、供应商等的真实意图，以及顾客和市场的最新需求，从而更好地保证满足市场需求的新业务的开发和销售，促进企业的稳步成长。创业过程中科技型大学生创业者需要与大量的陌生人沟通，社会适应力可以降低他们在陌生人面前的不适感，提高沟通的效能和创业绩效；同时，社会适应力可以使科技型大学生创业者快速有效的完成与其他网络成员的沟通，适应复杂多变的创业环境。

实证研究结果还表明，科技型大学生创业者的敏感度不利于企业的成长性创业绩效和主观性创业绩效，这种结果可能是由于中西方文化的差异所导致的。在具有集体主义传统的中国，大多数人都善于顾及他人的想

① 在引入社会胜任力全部相关变量之后可以发现，敏感度越低，科技型大学生创业者的主观性创业绩效越好。

法，并认为“从善如流”是一种美德。在这种情况下，过于在意别人的想法与意见反倒会对创业者的决策造成不必要的干扰，不利于企业的创新与成长。与其类似的是，在中国强调“以和为贵”的传统文化氛围中，人们很少将自己真实的观点与好恶在他人面前表露无遗，印象管理能力低的科技型大学生创业者反而能够和网络成员更加顺畅的交流与合作，从而促进了企业的创新与成长。

7.1.2.3 社会网络资源在社会胜任力与创业绩效之间的中介作用

科技型大学生创业者的社会网络资源在社会胜任力与创业绩效之间存在较为显著的中介作用：运营性网络资源在科技型大学生创业者的社会知觉能力与主观性创业绩效之间存在部分中介作用；支持性网络资源和运营性网络资源作为完全中介变量，在科技型大学生创业者的社会适应力与主观性创业绩效之间存在中介作用。这意味着，科技型大学生创业者的社会知觉能力对主观性创业绩效的影响部分是直接的，部分则经由运营性网络资源实现。其中原因可能是，良好的社会知觉能力有助于准确感知别人的特点、意图和动机等，以便判断获取网络资源的最佳时机和人选，从而有助于科技型大学生创业者从其他网络成员那里获得更多的运营性网络资源，提高企业的创业绩效。科技型大学生创业者社会适应力对主观性创业绩效的影响完全通过支持性网络资源发生作用。其中原因可能是，社会适应性使科技型大学生创业者迅速有效地适应各种社会情境能力，与来自不同背景的网络成员顺利交往，从而扩大了支持性网络资源和运营性网络资源的来源和渠道，进而提升企业的创业绩效。

7.1.3 主动性人格、社会网络资源与创业绩效

7.1.3.1 主动性人格与社会网络资源

科技型大学生创业者的主动性机遇寻求、主动性变革和主动性目标实现倾向越强，他们从社会网络中获取的支持性网络资源越多；科技型大学生创业者的主动性机遇寻求、主动性变革倾向越强，他们从社会网络中获取的运营性网络资源越多。主动性机遇寻求倾向越强的科技型大学生创业者，往往更加善于抓住和利用各种获取网络资源的机会；主动性变革倾向

的科技型大学生创业者为了实现变革的目标，可能会主动构建新的社会网络以获取需要的网络资源；科技型大学生创业者的主动性目标实现倾向越强，为了实现自己的创业目标，更有可能突破传统束缚，克服各种阻碍，寻求解决问题的不同方式，尽可能地从社会网络中获取更多的支持性网络资源。

7.1.3.2　主动性人格与创业绩效

科技型大学生创业者的主动性机遇寻求倾向越强，创新性创业绩效、成长性创业绩效和主观性创业绩效越好；科技型大学生创业者的主动性变革倾向越强，成长性创业绩效和主观性创业绩效越好；科技型大学生创业者的主动性目标实现倾向越强，企业的成长性创业绩效越好。主动性机遇寻求倾向高的科技型大学生创业者善于识别和利用各种网络资源的机会，并寻求一切可能的方式来提高企业的创业绩效；科技型大学生创业者的主动性变革行为可以使企业的业务与管理模式适应市场的需求和组织的发展，有利于企业的成长性创业绩效；为了提高企业的销售额与成长，主动性目标实现倾向高的科技型大学生创业者还会“突破各种阻碍，尝试不同的战略和战术”，并“进入新的环境去寻找需要的资源和人际关系及新的增长方式”（Bateman and Crant，1999）。

7.1.3.3　社会网络资源在主动性人格与创业绩效之间的中介作用

科技型大学生创业者的社会网络资源在主动性人格与创业绩效之间存在显著的中介作用：支持性网络资源和运营性网络资源作为部分中介变量，在科技型大学生创业者的主动性机遇寻求、主动性变革倾向与主观性创业绩效之间存在中介作用。这意味着，科技型大学生创业者主动性机遇寻求和主动性变革倾向对主观性创业绩效的影响部分是直接的，部分借由支持性网络资源和运营性网络资源发生作用。主动性机遇寻求倾向高的科技型大学生创业者善于识别和利用各种获取网络资源的机会，而主动性变革倾向的科技型大学生创业者为了实现变革的目标，会主动构建新的社会网络以获取需要的网络资源，这均有助于提高企业的创业绩效。

7.2 研究贡献

7.2.1 理论创新

面对创业资源的匮乏和有待于进一步完善的创业环境，科技型大学生创业者的社会网络起到了非常重要的作用。本文通过对科技型大学生创业者的社会网络结构及其对创业活动影响的研究，弥补了科技型大学生创业者社会网络相关研究理论的不足，进一步完善和检验了社会网络的相关理论，同时也验证了社会胜任力和主动性人格理论在中国情境下的适用性，探索和检验了科技型大学生创业者的社会胜任力和主动性人格对于企业的创业绩效的作用机制。具体而言：

首先，科技型大学生创业者虽然具备良好的专业知识背景，但和普通创业者相比往往缺乏相应的社会实践和社会关系，进而也影响到他们的社会网络结构。本文构建并检验了科技型大学生创业者社会网络结构的四个维度，并进一步探索和验证了科技型大学生创业者的社会网络资源在社会网络结构和创业绩效之间的中介作用，弥补了科技型大学生创业者社会网络相关理论研究的不足。

其次，本文将大学生的社会网络资源整合为信息资源、技术资源、财务资源、情感资源、人力资源、物质资源、商誉资源、市场资源和组织资源九个部分，并基于波特的价值链理论和探索性因子分析的结果，将网络资源分为支持性网络资源和运营性网络资源①，并通过进一步研究发现，社会网络提供的更可能是支持性网络资源，而无法直接提供运营性网络资源；运营性网络资源需要依靠科技型大学生创业者的社会胜任力和主动性人格，在生产、销售和服务的过程中逐渐积累。

---

① 主要运用于基本价值创造活动的技术、财务和人力网络资源称之为支持性网络资源；主要运用于辅助价值创造活动的物质、商誉、市场、组织网络资源称之为运营性网络资源。

最后，本文研究检验了社会胜任力①和主动性人格理论②在中国情境下的适用性。需要特别指出的是，实证研究表明敏感性和印象管理并不适用于中国语境中的科技型大学生创业者，这种结果可能是由于中西方文化的差异所导致的。同时，本文还进一步探索社会网络资源在社会胜任力、主动性人格与创业绩效之间的中介作用，展示了科技型大学生创业者的社会胜任力和主动性人格对创业绩效的作用机制，丰富了创业领域中关于科技型大学生创业者的社会胜任力和主动性人格理论的研究，同时也提高了科技型大学生创业者社会网络理论的预测力和解释力，拓展了科技型大学生创业者社会网络研究的理论视角。

7.2.2 管理启示

社会网络对于创业资源和关系匮乏的科技型大学生创业者具有非常重要的意义，但是关于科技型大学生创业者社会网络的研究还非常不足。本文对于科技型大学生创业者具有如下的实践意义：

首先，本研究通过对社会网络规模、密度、异质性和关系强度四种维度全面系统的测量科技型大学生创业者的社会网络结构，清晰展现了应该从何种角度关注和衡量科技型大学生创业者的社会网络，为科技型大学生创业者更好的构建最佳的社会网络提供参考。此外，本文试图通过探索和检验科技型大学生创业者的社会网络资源在科技型大学生创业者的社会网络结构与企业的创业绩效之间的中介作用，剖析了科技型大学生创业者的社会网络结构对于企业的创业绩效的作用机制，可以使科技型大学生创业者更加有针对性的开发、构建和维持自己的社会网络。

其次，通过探索和验证科技型大学生创业者的社会胜任力和主动性人格的构成维度，可以使科技型大学生创业者对于他们的社会胜任力和主动

---

① 本文在 Baron（2003）对于社会胜任力四个维度（社会知觉、社会适应性、表达力和印象管理）划分的基础上，进一步将科技型大学生创业者的社会胜任力维度扩展为社会知觉、社会适应性、自我表达力、敏感性和印象管理五个维度。

② 本文在 Bateman and Crant（1993）编制的单一维度的主动性人格量表的基础上，进一步将科技型大学生创业者的主动性人格整合为为主动性机遇寻求、主动性目标实现和主动性变革三个维度。

性人格构成具有一个比较清晰的认识。除此之外，通过探索和检验科技型大学生创业者的社会网络资源在其社会胜任力和主动性人格与企业的创业绩效之间的中介作用，剖析了科技型大学生创业者的社会胜任力和主动性人格对于企业的创业绩效的作用机制，对于科技型大学生创业者如何提高自己的社会胜任力及强化主动性行为具有较高的借鉴意义。

最后，本文创新性的将网络资源分为支持性网络资源和运营性网络资源，并通过进一步研究发现，社会网络提供的更可能是支持性网络资源，而无法直接提供运营性网络资源；运营性网络资源需要依靠科技型大学生创业者的社会胜任力和主动性人格，在生产、销售和服务的过程中逐渐积累。外部网络资源对于创业企业具有重要的战略意义，作为企业创始人的科技型大学生创业者的外部网络资源对于创业组织来说至关重要。本文关于社会网络资源的探索和检验部分向科技型大学生创业者清晰地展现了社会网络资源积累和获取的途径与方式，这对于急需外部网络资源支持的大学生新创企业具有重要的启示。

7.3 研究局限与展望

尽管本文遵循科学研究的逻辑，并得出一些较有意义的研究成果，但是每项阶段性的管理研究成果都会不同程度地受到其研究方法、情境及研究对象的限制。由于时间和成本的制约，本研究也存在一些局限性，会影响到研究成果的有效性，需要在未来进一步的研究中加以改善。

（1）研究样本的局限性。首先，本研究的样本虽然来源于多个城市（上海、天津、武汉、常州、南京、重庆、昆明），但是其中绝大部分样本来自于上海和天津。如果能够加大在其他地区的样本比重，则会提高研究结论的普适性。其次，由于创业失败的科技型大学生创业者的样本收集难度更高，所以本研究采用的均是存活下来的科技型大学生创业企业，如果能够对比研究创业失败的科技型大学生创业者，那么研究结果可能会有更大的理论和实践意义。

（2）数据来源的单方面性。由于科技型大学生创业者不愿透露其网络成员的具体信息以及调研时间和成本的限制，关于科技型大学生创业者网络数据的调查仅仅来自于创业者本人，而没有向创业者提到的网络成员进行确认，因此，网络数据的准确性还有待提高。未来研究可以剔除不愿提供网络成员信息的样本，或者对回收样本通过随机抽样进行回访。

（3）网络的动态性。社会网络的构建是一个持续动态的过程，因此，科技型大学生创业者的社会网络会随着时间的推移和创业过程的演进而产生变化。虽然本研究在设计初期考虑过对科技型大学生创业企业进行分阶段研究，但是由于样本收集的难度而不得不放弃，最终采用了横截面数据，没有涉及创业阶段这一重要的变量。未来研究可以对科技型大学生创业企业进行跟踪调查，考察不同创业阶段的大学生社会网络结构和资源所具备的特点。

（4）研究构思。本研究创新性的考察了科技型大学生创业者的社会胜任力和主动性人格对于社会网络资源的影响作用，很好地补充了社会网络结构和社会网络资源关系的研究。但是本文没有研究科技型大学生创业者的社会胜任力和主动性人格对于网络构建的具体影响。社会胜任力作为科技型大学生创业者与他人互动交往的效能，会与主动性人格共同影响到其社会网络的构建，该方面的研究可能会对科技型大学生创业者如何构建有效的社会网络具有较强的指导意义。

附录1 调研问卷

尊敬的女士/先生：

您好！大学生创业者社会网络的形成机制及其与新创企业绩效的关系一直是理论界和企业界关注的一个重要问题，为了考察大学生创业者社会网络的形成机制及其与新创企业绩效的关系，本课题组设计了这份调查问卷。请您在百忙之中抽出一点时间，尽量完整的填写问卷中的每个问题，如果您觉得某个问题的选项不太准确或者问题难以理解，也请您尝试选择一个较佳答案。

本调研仅供学术研究之用，您所提供的所有信息都将被严格保密，不会向第三方透露。作为对您参与调研的回报，本课题的所有研究成果都可与您分享，相信将会对您的企业具有一定的参考价值。联系方式：081025035@ fudan. edu. cn

复旦大学“大学生创业者社会网络与新创企业绩效关系”课题组

2010年9月

一、您个人和企业的基本信息

1. 您的性别是____________。

A. 男　　B. 女

2. 您的年龄是____________。

3. 您的学历是____________。

A. 专科　　B. 本科　　C. 硕士　　D. 博士

4. 您的毕业院校是____。

5. 您的专业是____。

6. 您的专业背景与本企业业务相关程度如何____________。

A. 很低　　B. 较低　　C. 一般

D. 较高　　E. 很高

7. 在校期间，您的成绩G点排名是____________：

A. 很低　　B. 较低　　C. 一般

D. 较高　　E. 很高

8. 在创业初期，您的家庭经济背景是____________：

A. 很差　　B. 较差　　C. 一般

D. 较好　　E. 很好

9. 在您创业之前，您的家人是否有过创业经历____________：

A. 有　　B. 没有

10. 在您创业之前，是否有过工作经历____________：

A. 有　　B. 没有

11. 您的企业已经成立了____________年。

12. 您的企业所属行业为____________：

A. 制造业（机械、电子、建筑、化工、材料、配套生产、食品饮料等）

B. 服务业（服务、商业、贸易、电信、金融、餐饮、咨询、软件等）

13. 您的企业目前共有____________名员工

14. 您的企业目前所处的发展阶段为____________：

A. 创办阶段，重在寻找创业机会、技术、项目、资金

B. 商业模式确立阶段，重点在于完善产品、发展业务、寻求销售市场

C. 持续经营阶段，聚焦于日常管理或寻求创新

D. 衰退阶段

15. 您的企业是否被相关部门认定为高科技企业____________：

A. 是　　B. 否

二、社会网络部分

作为企业的主要决策者，您可能通过与企业外部人员交谈和讨论，获得与创立和经营企业有关的知识、建议或信息等各种资源，这些资源对您

发现商业机会、拓展业务、提高创新和管理能力具有重要的价值。这些人员包括（但不限于）您的商业或职业交往的人员（如咨询顾问、客户、供应商等）、亲人、朋友、同学、以前的同事等，我们将这些人称为您的“讨论网络”。下列问题就是围绕这些成员展开的。

2.1 请您回忆一下，在您创业过程中的核心讨论网络人员。尽量按照重要性，在下表依次填写他们的姓名、工作单位、职位，并请选择您与这些人员之间的亲密程度。（根据您的实际情况尽量填写即可，不是必须填满 10 个人）

社会网络对象	例子	第 1 人	第 2 人	第 3 人	第 4 人	第 5 人	第 6 人	第 7 人	第 8 人	第 9 人	第 10 人
社会网络对象的称谓、头衔或代码	李经理										
他/她的工作单位性质 A. 党政机关 B. 企业 C. 高等院校/研究机构 D. 律师事务所 E. 金融机构 F. 行业协会 G. 中介机构 F. 其他（请写出具体的工作单位）	A										
您与他/她的亲密程度，请从 1 ~ 5 中选择合适的描述数字，1 代表亲密程度非常高，5 代表亲密程度非常低	2										
您与他/她的交往频率，请从 1 ~ 5 中选择合适的描述数字，1 代表频繁非常高，5 代表频率非常低	3										
您从他/她那里获得支持的程度，请从 1 ~ 5 中选择合适的描述数字，1 代表支持程度非常高，5 代表非常低	2										

2.2 就上表您所列出的讨论网络成员，请在下表中指出他们两两之间的关系。两个人之间有三种可能的关系：A. 亲近—指两个人相互认识且经常见面；B. 一般—指两个人相互认识，但并不经常见面；C. 无—指两个人基本上互不认识。请在方框中标出两个成员之间的关系。

图例：李经理和小张关系亲近；李经理和王总关系一般；王总和小张互不认识。

	第1人 李经理								
第2人 小张	A	第2人 小张							
第3人 王总	B	C	第3人 王总						

下面请您依据上面的图例，将网络成员之间的熟悉程度填入下图。

	第1人								
第2人		第2人							
第3人			第3人						
第4人				第4人					
第5人					第5人				
第6人						第6人			
第7人							第7人		
第8人								第8人	
第9人									第9人
第10人									

2.3 请在下列表格中打“√”选择您的社会网络为您的企业所提供各种资源的程度。

序号	网络资源	1	2	3	4	5
		非常高	高	一般	低	非常低
1	提供信息资源的程度					

续表

序号	网络资源	1 非常高	2 高	3 一般	4 低	5 非常低
2	提供技术资源的程度					
3	提供财务资源的程度					
4	提供情感资源的程度					
5	提供人力资源的程度					
6	提供物质资源的程度					
7	提供商誉资源的程度					
8	提供市场资源的程度					
9	提供组织资源的程度					

三、下列表格是有关社会胜任力的量表，请打“√”选择符合您情况的选项

序号	社会胜任力	1 非常高	2 高	3 一般	4 低	5 非常低
1	我看人看得很准					
2	通过观察别人的行为，我通常能够准确地识别他们的性格特征					
3	我通常能够敏锐地觉察到某人在特定情境下的内心感受					
4	我通常能够判断人们采取某种行为方式的原因					
5	我通常知晓向某人寻求帮助的最佳时机					
6	我能够轻松的调整自己的状态，以适应各种社会环境					
7	我可以与各种类型的人相处融洽，无论是年轻人还是老年人，也无论他们的社会背景是否与我相似					
8	我可以和任何人讨论任何事情					
9	大家都说我是个敏感并且善解人意的人					

续表

序号	社会胜任力	1	2	3	4	5
		非常高	高	一般	低	非常低
10	在向一个陌生人介绍自己的时候，我没有任何不适感					
11	即使我努力掩饰，别人也总是能够看出我的情绪					
12	别人通常可以非常清楚地看出我在特定时刻的内心感受					
13	我对于别人的批评非常敏感					
14	我内心的想法总是写在脸上					
15	我总是在乎别人对我的看法					
16	我善于讨好别人，并且能够从中得到好处					
17	即使我不喜欢某人，也能够很容易的装作喜欢他（她）					

四、下列表格是有关主动性行为的量表，请打“√”选择符合您情况的选项

序号	主动性人格	1	2	3	4	5
		非常高	高	一般	低	非常低
1	我总是在不断探寻新的途径以改善自己的生活					
2	我时常感受到一种想要改变社区甚至世界的冲动					
3	我倾向于让他人带头启动新方案					
4	无论在哪里，我都是推动建设性变革的强大力量					
5	我乐于面对和克服在实践自己想法过程中遇到的障碍					
6	没有什么事情比看到自己的想法变成现实更令我兴奋了					

续表

序号	主动性人格	1	2	3	4	5
		非常高	高	一般	低	非常低
7	如果我看到了自己不喜欢的事情，我会尽力改变它					
8	如果我坚信某一想法，无论成功的几率有多大，我都会做到					
9	不管别人如何反对，我都会坚持自己的想法					
10	我善于识别机会					
11	我总是在寻找更好的做事方式					
12	如果我坚信某一想法，没有什么障碍可以阻止我使之变成现实					
13	我喜欢挑战现状					
14	当我遇到了困难，我会迎难而上					
15	我善于在困境中寻求机遇					
16	我能够先于他人发现一个好机遇					
17	如果我发现某人陷入困境，我会尽我所能去帮助他（她）					

五、贵公司目前的业绩与同行业主要竞争对手相比情况如何？请您根据实际情况，对下列项目做出客观评价

1. 新业务数量占企业业务总数的比例____________：

A. 很低　　B. 较低　　C. 一般

D. 较高　　E. 很高

2. 新业务销售收入占总销售收入的比重____________：

A. 很低　　B. 较低　　C. 一般

D. 较高　　E. 很高

3. 公司销售总额____________：

A. 减少　　B. 增长很慢　　C. 增长较慢

D. 增长较快　　E. 增长很快

4. 公司员工数量变化____________：

A. 大幅压缩　　B. 少量压缩　　C. 不变

D. 少量增员　　E 大幅增员

5. 公司市场份额____________：

A. 缩小　　B. 扩大很少　　C. 扩大较少

D. 扩大较快　　E. 扩大很快

6. 您对公司当前财务绩效的主观评价____________：

A. 很差　　B. 较差　　C. 中等水平

D. 较好　　E 非常好

7. 您对公司的整体绩效水平的主观满意度____________：

A. 很差　　B. 较差　　C. 中等水平

D. 较好　　E 非常好

参考文献

［1］边燕杰，李煜．中国城市家庭的社会网络资本［J］．清华社会学评论，2001（2）．

［2］边燕杰．城市居民社会资本的来源及作用：网络观点与调查发现［J］．中国社会科学，2004（3）：136－146.

［3］边燕杰．公司的社会资本及其对公司业绩的影响：社会网络分析［A］．载徐淑英，刘忠明主编．中国企业管理的前沿研究［C］．北京：北京大学出版社，2004.

［4］边燕杰．网络脱生：创业过程的社会学分析［J］．社会学研究，2006.

［5］蔡莉，柳青．生存型和机会型新创企业初始资源充裕程度比较研究［J］．吉林工商学院学报，2008，（1）：36－41.

［6］蔡莉．基于流程视角的创业研究框架构建［J］．管理科学学报，2006（1）：88－96.

［7］邓学军．企业家社会网络对企业绩效的影响研究：基于知识的视角［D］．博士学位论文，暨南大学，2009.

［8］丁岳枫．创业组织学习与创业绩效关系研究［D］．博士学位论文，浙江大学管理学院，2006.

［9］董元梅．大学生创业政策研究［D］．硕士学位论文，安徽大学，2010.

［10］范柏乃，沈荣芳，陈德棉．中国风险企业成长性评价指标体系研究［J］．科研管理，2001（1）：112－117.

［11］费孝通．乡土社会·生育制度［M］．北京：北京大学出版社，1998.

[12] 耿新，张体．国外创业者社会网络研究述评［J］．山东社会科学，2008（4）．

[13] 耿新．企业家社会资本对创业绩效影响的研究［D］．博士学位论文，山东大学，2008.

[14] 龚志周．电子商务创业压力及其对创业绩效影响研究［D］．博士学位论文，浙江大学，2005.

[15] 官建成，史晓敏．技术创新能力和创新绩效的关系研究［J］．中国机械工程，2004（11）：1000－1004.

[16] 郭必裕．大学生机会型创业的比较优势．黑龙江高教研究，2010（11）：92－94.

[17] 郭必裕．我国大学生机会型创业与生存型创业对比研究．清华大学教育研究，2010（8）：70－73.

[18] 金耀基．关系和网络的构建——一个社会学的诠释［J］．中国社会与文化［M］．香港：牛津大学出版社，1992.

[19] 黎赔肆．社会网络视角的企业家学习模式研究［D］．博士学位论文，复旦大学，2008.

[20] 李路路．社会资本与私营企业家—中国社会机构转型的特殊动力．社会学研究，1995.

[21] 林剑．社会网络作用于创业融资的机制研究［J］．南开管理评论，2006，9（4）：70－75.

[22] 林嵩，姜彦福．创业研究进展综述与分析［J］．管理现代化，2005，（6）：22－24.

[23] 刘雪峰．网络嵌入型与差异化战略及企业绩效关系研究［D］．博士学位论文，浙江大学，2007.

[24] 卢家楣．对情绪智力概念的探讨［J］．心理科学，2005，28（5）：1246－1249.

[25] 卢纹岱．SPSS for Windows 统计分析［M］．北京：电子工业出版社，2002.

[26] 罗家德，赵延东．社会资本的层次及其测量方法［J］．见：李培

林. 社会学理论与实践之间［M］. 北京：中国社会科学院社会学所，2004.

［27］马海艳，徐立青. 对科技型大学生创业企业的基本情况和发展环境的调研分析———基于无锡、北京、上海等六市的调研. 创新与创业教育，2010（6）：29－36.

［28］马庆国. 中国管理科学研究面临的几个关键问题［J］. 管理世界，2002，8：105－115.

［29］乔健. 关系刍议［A］. 载杨国枢，文崇一主编，社会与行为科学研究的中国化［C］. 台北：中央研究院民族学研究所.

［30］沈超红. 创业绩效结构与绩效形成机制研究［D］. 博士学位论文，浙江大学管理学院，2006.

［31］石秀印. 中国企业家成功的社会网络基础［J］. 管理世界. 1998（6）：187－196.

［32］王红军. 我国大学生创业团队建设问题研究. 浙江工商职业技术学院学［J］. 2008（1）：51－55.

［33］王庆喜，宝贡敏. 企业资源理论述评［J］. 经济学研究，2004（9）：6－11.

［34］王卫东. 中国城市居民的社会网络资本与个人资本［J］. 社会学研究，2006（3）：1－14.

［35］王晓娟. 大学生情绪智力问卷编制及调查［D］. 硕士学位论文，上海师范大学，2005.

［36］王晓钧. 情绪智力理论的实证研究［J］. 心理科学，2000，23（1）：1－5.

［37］吴东晓. 创业社会胜任力结构模型与绩效关系研究［D］. 博士学位论文，浙江大学，2005.

［38］吴东晓. 社会胜任力理论研究进展［J］. 心理科学，2004，27（6）：1519－1520.

［39］吴运霞. 大学生自主创业的投融资问题［J］. 统计与决策，2006（8）：113－114.

［40］肖建. 论科技型创业企业的价值动态变动特性. 经济体制改革，

2009（1）：64－67.

［41］谢宝珍，金盛华．实践智力、社会智力、情绪智力的概念及其教育价值［J］．心理学探新，2001，21（78）：81－86.

［42］谢宝珍，金盛华．中学生社会智力的测量研究［J］．心理科学，2002（2）：249－250.

［43］许远理．情绪智力组合理论的建构与实证研究［D］．博士学位论文，首都师范大学，2004.

［44］杨俊，张玉利，杨晓非，赵英．关系强度、关系资源与新企业绩效——基于行为视角的实证研究［J］．南开管理评论，2009.

［45］杨宜音．"自己人"及其边界——关于"差序格局"的社会心理学研究［D］．北京：中国社会科学院，1998.

［46］张辉华，管理者的情绪智力及其与工作绩效的关系研究［D］．博士学位论文，暨南大学，2006.

［47］张健，姜彦福，雷家．美国创业学术研究及其对我们的启示［J］．外国经济与管理，2003，（1）：21－251.

［48］张进辅，徐小燕．大学生情绪智力特征的研究［J］．心理科学，2004，2：1－4.

［49］张青，曹魏．社会资本对个人网络创业绩效影响的实证研究［J］．研究与发展管理，2010.

［50］张文宏．城市居民社会网络资本的阶层差异［J］．社会学研究，2005（4）.

［51］张玉利，李乾文，陈寒松．创业管理理论的最新评述及研究趋势［J］．预测，2004，23（4）.

［52］张玉利，杨俊，任兵．社会资本、先前经验与创业机会——一个交互效应模型及其启示［J］．管理世界，2008.

［53］赵延东．求职者的社会网络与就业保留工资：以下岗职工再就业过程为例［J］．社会学研究，2003（4）.

［54］赵延东．再就业中的社会资本：效用与局限［J］．社会学研究，2002（4）.

[55] 郑馨，崔毅. 创业研究概念框架的演进分析 [J]. 科技进步与对策. 2007, 24 (9): 126 - 29.

[56] 周星. 大学生社会网络对创业绩效的影响机制研究 [D]. 硕士学位论文，同济大学，2008.

[57] 朱仁宏，曾楚宏，李孔岳. 创业研究不同观点的剖析与发展趋势的把握 [J]. 外国经济与管理，2008 (5): 22 - 27.

[58] Agresti, A. and B. F. Agresti. Statistical Analysis of Qualitative Variation. In K. F. Schuessler (Ed.) . Sociological Methodology 1978: 204 - 237.

[59] Alba, R. D. Taking Stock of Network Analysis: a Decade of Results. In: Bachran, S. B. (Ed.) . Research in the Sociology of Organizations, JAI, Greenwich, CT. , 1982 (1) .

[60] Aldrich, H. E, Rosen, B. and W. Woodward. The Impact of Social Networks on Business Foundings and Profit: A Longititudinal Study [A]. In ChurchillN, C. , Homaday, J. A. and B. A. Kirchhoff. et al. (eds) . Frontiers of Entrepreneurship Research [M]. Wellesley, MA: Babson College, 1987: 154 - 168.

[61] Aldrich, H. E. and C. Zimmer. Entrepreneurship through Social Networks, In Sexton, D. L. and R. Smilor. (eds.) The Art and Science of Entrepreneurship, New York: Ballinger, 1986: 3 - 24.

[62] Aldrich, H. E. and P. R. Reese. Does Networking Pay Off? A Panel Study of Entrepreneurs in the Research Triangle [A]. In Churchill, N. C. , Birley, S, and J. Doutriaux. et al. (eds) . Frontiers of entrepreneurship research [M]. Wellesley, MA: Babson College, 1993: 325 - 339.

[63] Aldrich, H. E. , Reese, P. , Dubini, P. , Rosen, B. and B. Woodward. Women on the Verge of a Breakthrough: Networking between Entrepreneurs in theUnited States and Italy [J]. Entrepreneurship and Regional Development, 1989, 1: 339 - 356.

[64] Aldrich, H. Organizations Evolving [M]. London: Sage Publications, 1999.

[65] Aldrich, H. E. and B. Woodward. Social Behaviour and Entrepreneurial Net - works. Paper presented at the Babson Conference on Entrepreneurship Research, Boston, 1986.

[66] Aldrich, J. R. Chemical Ecology of the Heteroptera. Annu Rev Entomol 1988 (33): 211 - 238.

[67] Anderson, A. R., Jack S. L. and S. D. Dodd. The Role of Family Members in Entrepreneurial Networks: beyond the Boundaries of the Family Firm [J]. Family business review, 2005, (2): 135 - 154.

[68] Ansoff, H. I. Corporate Strategy: An Analytic Approach to Business Policy for Growth and Expansion [M]. New York. McGraw - Hill. 1965.

[69] Ardichvili, A., Cardozo, R. and S. Ray. A Theory of Entrepreneuria-lOpportunity Identification and Development [J]. Journal of Business Venturing, 2003, 18: 105 - 123. (Baron, 2003)

[70] Bandura, A. Social Foundations of Thought and Action: A Social Cognitive Theory [M]. N. J.: Prentice Hall, Englewood Cliffs, 1986.

[71] Barney, J. Firm Resource and Sustained Competitive Advantage [J]. Journal of Management, 1991, 17 (1): 99 - 120.

[72] Baron R. A. and G. D. Markman. Beyond Social Capital: the Role of Entrepreneurs' Social Competence in Their Financial Success [J]. Journal of Business Venturing, 2003, 18 (1): 41 - 60.

[73] Baron, R. A. How Important is it to Educate People to be Emotionally and Socially Intelligent, and can it be Done? [J]. Perspectives in Education, 2003, 21 (4): 3 - 16.

[74] Baron, R. A. The Emotional Quotient Invenyory (EQ - i): Technical Manual. Toronto, Canada: Multi - Health Systems, 1997.

[75] Bateman T. S. and J. M. Crant. The Proactive Component of Organizational Behavior: A Measure and Correlates [J]. Journal of Organizational Behavior, 1993, 14 (2): 103 - 118.

[76] Bateman, T. and J. M. Crant. Proactive Behavior: Meaning, Impact,

Recommendations [J]. Business Horizons, 1999, 42 (3): 63 – 72.

[77] Bates, T. Financing Small Business Creation: The Case of Chinese and Korean Immigrant Entrepreneurs [J]. Journal of Business Venturing, 1997, 12 (2): 109 – 124.

[78] Bates, T. Self – employment Entry across Industry Groups [J]. Journal of Business Venturing, 1995, 10 (2): 143 – 156.

[79] Bates, T. Survival Patterns among Newcomers to Franchising [J]. Journal of Business Venturing, 1998 (13): 113 – 130.

[80] Batjargal, B. and M. Liu. Entrepreneurs´ Access to Private Equity inChina: The Role of Social Capital [J]. Organization Science, 2004, 15 (2): 159 – 172.

[81] Batjargal, B. Entrepreneurial Versatility, Resources and Firm Performance inRussia: a Panel Study [J]. International Journal of Entrepreneurship and Innovation Management, 2005, 5 (3/4): 284 – 297.

[82] Batjargal, B. Internet entrepreneurship: Social capital, Human Capital, and Performance of Internet Ventures inChina [J]. Research Policy, 2007 (36): 605 – 618.

[83] Baum, J. , Calabrese, T. , and B. S. Silverman. Don' t Go it Alone: Alliance Network Composition and Startups' Performance in Canadian Biotechnology [J]. Strategic Management Journal, 2000, 21 (3): 267 – 294.

[84] Bavelas, A. Communication Patterns in Task – Oriented Groups [J]. Journal of the Acoustical Society ofAmerica, 1950 (22): 725 – 730.

[85] Becherer, R. C. and J. G. Maurer. The Proactive Personality Disposition and Entrepreneurial Behavior among Small Company Presidents [J]. Journal of Small Business Management, 1999, 38 (1): 28 – 36.

[86] Bhide, A. and H. Stevenson. Attracting Stakeholders. In W. Sahlman & H. Stevenson (Eds.), The entrepreneurial venture. Boston: Harvard Business School Publications, 1992: 149 – 159.

[87] Bian, Yianjie. Bring Strong Ties Back In: Indirect Ties, Network

Bridges, and Job Searches in China [J]. American Sociological Review, 1997, 62: 266 – 285.

[88] Birley, S. and D. Norburn. Small versus Large Companies: The Entrepreneurial Conundrum [J]. Journal of Business Strategy 1985 (1): 81 – 87.

[89] Birley, S. and S. Cromie. Social Networks and Entrepreneurship in-Northern Ireland. In: Paper Presented at Enterprise in Action Conference, 1988.

[90] Birley, S. J. Britain's New Enterprise Programmes [J]. Journal of Small Business Management, 1985, 23 (4): 6 – 12.

[91] Birley, S. The Role of Networks in the Entrepreneurial Process [J]. Journal of Business Venturing, 1985 (1): 107 – 11.

[92] Blundell, K. M., Rawlings, S. and C. J. Willott. In: Van Haarlem, M. P. (Ed.), Perspectives on Radio Astronomy: Science with Large Antenna Arrays. ASTRON (NFRA), 1999.

[93] Bolino, M. C., Turnley, W. H. and J. M. Bloodgood. Citizenship Behavior and the Creation of Social Capital in Organizations [J]. Academy of Management Review, 2002, 27: 505 – 522.

[94] Borman, W. C. and Brush D. H. More progress toward a taxonomy of managerial performance requirements [J]. Hum Perform, 1993, 6: 1 – 21.

[95] Boudreau, M., Gefen, D. and D. Straub. Validation in is Research: A State of the Art Assessment [J]. MIS Quarterly, 2001, 25 (1): 1 – 23.

[96] Bowers, K. S. Situationism in Psychology: An Analysis and Critique [J]. Psychological Bulletin, 1973, 80: 307 – 336.

[97] Brass, D. J. Social Capital and Organizational Leadership. In S. J. Zaccaro and R. J. Klimoski (Eds.), The Nature of Organizational Leadership: Understanding the Performance Imperatives Confronting Today's Leaders. San Francisco: Jossey – Bass/Pfeiffer, 2001: 132 – 152.

[98] Brockhaus, R. H. Risk Taking Propensity of Entrepreneurs [J]. Academy of Management Journal, 1980, 23 (3): 509 – 20.

[99] Brown B. and J. E. Butler. Competitors as Allies: A Study of Entre-

preneurial Networks in the U. S. Wine Industry [J]. Small Business management, 1995, 33 (3): 57 - 66.

[100] Bruderl J. and P. Preisendorfer. Network Support and the Success of Newly Founded Businesses [J]. Small business economies, 1998, (10): 213 - 225.

[101] Brush C. G. and P. A. Vanderwerf. A Comparison of Methods and Sources for Obtaining Estimates of New Venture Performance [J]. Journal of Business Venturing, 1992, 7 (2): 157 - 170.

[102] Brush, C. G. Women - owned Businesses: Obstacles and Opportunities [J]. Journal of Developmental entrepreneurship, 1997, 2 (1): 1 - 24.

[103] Bruyat, C. and P. A. Julien. Defining the Field of Research in Entrepreneurship [J]. Journal of Business Venturing, 2000 (16): 165 - 1801.

[104] Burt R. S. Structural Holes: The Social Structure of Competition [M]. London, Harvard University Press, 1992.

[105] Burt, R. S. and D. Ronchi. Measuring a Large Network Quickly [J]. Social Networks, 1994 (16): 91 - 135.

[106] Burt, R. S. and H. J. Raider. Creating Careers: Women ' s Paths through Entrepreneurship. Working paper. 2000.

[107] Burt, R. Structural Holes. Harvard University Press, Cambridge, M. A. , 1992.

[108] Busenitz, L. W. , West, G. P. , Shepherd, D. , Nelson, T. , Chandler, G. N. and A. Zacharakis. Entrepreneurship Research in Emergence: Past trends and Future Directions [M]. Journal of Management, in press, 2003.

[109] Buss, A. and S. Finn. Classification of Personality Traits [J]. Journal of Personality and Social Psychology, 1987, 52: 432 - 444.

[110] Buss, D. , Gomes, M. , Higgins, D. and K. Lauterbach. Tactics of Manipulation [J]. Journal of Persona lity and Social Psychology, 1987, 52: 1219 - 1229.

[111] Butler, J. E. , Brown, B. and W. Chamornmarn. Informational Net-

works, Entrepreneurial Action and Performance [J]. Asia Pacific Journal of Management, 2003 (20): 151 - 174.

[112] Campbell, D. J. The Proactive Employee: Managing Workplace Initiative [J]. Academy of Management Executive, 2000, 14 (3): 52 - 66

[113] Campbell, K., Marsden, P. and J. Hurlbert. Social Resources and Socioeconomic Status [J]. Social Networks, 1986, 8 (1): 97 - 111.

[114] CANTOR, N. & KIHLSTROM, J. F. Social Intelligence: the Cognitive Basis of Personality [J]. In P. SHAVER (ed) Review of personality and social psychology, Beverly Hills, CA, Sage, 1985 (6).

[115] Capon, N., Farley, J. U. and S. M. Hoening. A Meta - analysis of Financial Performance [J]. Management Science, 1990, 16: 1143 - 59.

[116] Carland, J. W., Hoy, F., Boulton, W. R. and J. C. Carland. Differentiating Entrepreneurs from Small Business Owners [J]. TheAcademy of Management Review, 1984, 9 (2): 354 - 359.

[117] Carlisle, E. and D. Rynn. Small Business Survival in China: Guanxi, Legitimaey, and Social Capital [J]. Joumal of developmental entrepreneurship, 2005, 10 (1): 79 - 96.

[118] Chandler, G. and E. Jansen. Founder' s Self Assessed Competence and Venture Performance [J]. Journal of Business Venturing, 1992, 7 (3): 223 - 36.

[119] Chandler, G. and S. H. Hanks. Market Attractiveness, Resource - based Capabilities, Venture Strategies and Venture Performance [J]. Journal of Business Venturing, 1994 (9): 331 - 349.

[120] Chandler, G. N. and S. H. Hanks. Measuring the Performance of Emerging Business: A Validation Study [J]. Journal of Business Venturing, 1993, 8 (5): 191 - 209.

[121] Chell, E., Haworth, J. M. and S. A. Brearly. The Entrepreneurial Personality: Concepts, Cases and Categories [M]. London: Routledge, 1991.

[122] Chrisman, J. J. Bauerschmidt, A. and C. W. Hofer. The Determi-

nants of New Venture Performance: An Extended Model [J]. Entrepreneurship: Theory and Practice, 1998, 23: 5 –22.

[123] Chung, S., Singh, H. and K. Lee. Complementarity, Stratus Similarity and Social Capital as Drivers ofAlliance Formation [J]. Strtegic Management Journal, 2000, 21: 1 –22.

[124] Churchill, J., Gilbert, A. and J. P. Peter. Research Design Effects on the Reliability of Rating Scales: A Meta – Analysis [J]. Journal of Marketing Research, 1984, 21 (4): 360 –375.

[125] Ciarrochi, J., Forgas, J. P. and J. D. Mayer. Emotional Intelligence in Everyday Life . New York: Psychology Press, 2001.

[126] Ciavarella, M. A., Buehholtz, A. K. and C. M. Riordan. The Big Five and Venture Survival: Is there a Linkage? [J]. Journal of Business Venturing, 2004, 19 (4): 465 –483.

[127] Claes, M., Lacourse, E., Ercolani, A. P., Pierro, A., Leone, L. and F. Presaghi. Parenting, Peer Orientation, Drug Use and Antisocial Behavior in Late Adolescence: A Cross – National Study. Journal of Youth and Adolescence, 2005, 34 (5): 410 –411.

[128] Coleman J. S. Social Capital in the Creation of Human Capital [J]. American Journal of Sociology, 1988, 94 (S1): 95 –120.

[129] Collins, O. F and Moore, D. G. The Enterprising Man [M]. East Lansing: Michigan State University, 1964.

[130] Colombo, M. G. and L. Grilli. Founders Human Capital and the Growth of New Technology – based Firms: A Competence – based View [J]. Research Policy, 2005, 34 (6): 795 –816.

[131] Conner, K. R. A Historical Comparison of Resource – Based View andFive Schools of Thought within Industrial Organization Economics: Do We Have a New Theory of the Firm? [J]. Journal of Management, 1991, 17 (1): 121 –154.

[132] Cooper, A. C, Folta, T. and C. Y. Woo. Information Acquisition and

Performance by Start - up firms [A]. In Churchill, N. C. , Bygrave, W. D. and J. G. Covin. et al. (eds) . Frontiers of Entrepreneurship Research [M]. Wellesley, MA: Babson College, 1991: 276 - 290.

[133] Cooper, A. C. and K. W. Artz. Determinants of Satisfaction for Entrepreneurs [J]. Journal of Business Venturing, 1995 (10): 439 - 457.

[134] Cooper, A. C. , Folta, T. B. and C. Y. Woo. Entrepreneurial Information Search [J]. Journal of Business Venturing, 1995, 10 (1): 107 - 120.

[135] Cooper, A. C. , Gimeno - Gaseon, F. J. and C. Y. Woo. Initial Human and Financial Capital Predictors of New Venture Performance [J]. Journal of Business Venturing, 1994, 9 (5): 371 - 395.

[136] Crant, J. M. The Proactive Personality Scale as a Predictor of Entrepreneurial Intentions [J]. Journal of Small Business Management, 1996, 34 (3): 42 - 49.

[137] Cromie, S. and S. Birley. Networking by Female Business Owners in-Northern Ireland [J]. Journal of Business Venturing, 1992, 7 (3): 237 - 251.

[138] Cummings, J. L. and B. Teng. Transferring R&D Knowledge: The Key Factors Affecting Knowledge Transfer Success [J]. Journal of Engineering and Technology Management, 2003, 20 (1 - 2): 39 - 68.

[139] Cummings, J. N. Work Groups, Structural Diversity and Knowledge Sharing in a Global Organization [J]. Management Science, 2004, 50 (3): 352 - 364.

[140] Davern, M. Social Networks and Economic Sociology: A Proposed Research Agenda for a More Complete Social Science [J]. American Journal of Economics and Sociology, 1997, 56 (3): 287 - 302.

[141] Davidsson, P. , Low, M. B. and M. Wright. Editor's Intorduction: Low and MacMillan Ten Years on Aehievements and Future Directions for Enertperneusrhip Reseacrh [J]. Enperneurship: Theory and Practice, 2001, 25: 5 - 15.

[142] Dollinger, M. J. Entrepreneurship: Strategies and Resources, Irwin,

Boston, MA., 1995.

[143] Dollinger, M. J. Environmental Contacts and Financial Performance of the Small Firm [J]. Journal of Small BusinessManagement, 1985, 23 (1): 24 -30.

[144] Dubini, P. and H. Aldrich. Personal and Extended Networks are Central to Entrepreneurial Process [J]. Journal of Business Venturing, 1991, 6: 305 -313.

[145] Dyer, J. H. and H. Singh. The Relational View: Cooperative Strategy and Sources of Interorganizational Competitive Advantage [J]. Academy of Management Review, 1998, 23 (4): 660 -679.

[146] Elfring, T. and W. Hulsink. Networks in Entrepreneurship: the Case of High - technology Firms [J]. Small business economics, 2003 (21): 409 -422.

[147] Emerson, R. Exchange Theory, Part II: Exchange Relations and Network Structures. In: Berger, J. Zelditch, M. and B. Anderson. (eds) Sociological Theories in Progress. New York: Houghton Mifflin, 1972: 38 -87.

[148] Ensley, M. D. and M. C. Banks. Raising Questions about Entrepreneurial Teams. Paper presented at the annual meeting of the Southern Management Association, New Orleans, 1992 (12).

[149] Ensley, M. D., Pearson, A. W. and A. C. Amason. Understanding the Dynamics of New Top Management Tams Cohesion, Conflict, and New Venture Performance [J]. Journal of Business Venturing, 2002 (17): 365 -386.

[150] Falemo, B. The Firms' External Persons: Entrepreneurs or Network Actors? [J]. Entrepreneurship and Regional Development 1989, 1 (2): 167 -177.

[151] Feeser, H. R. and G. E. Willard. Comparison of High and Low Founding Strategy and Performance: A Growth High Tech Firms [J]. Strategic Management Journal, 1990, 11 (2): 87 -98.

[152] Ferris, G. R., Treadway, D. C., Kolodinsky, R. W., Hochwarter, W. A., Kacmar, C. J., Douglas, C. and D. D. Frink. Development and Valida-

tion of the Political Skill Inventory [J]. Journal of Management, 2004, 31: 126-152.

[153] Fischer, C. To Dwell among Friends: Personal Networks in Town and City [M]. Chicago: University of Chicago Press, 1982.

[154] Ford, M. E. A Further search for social intelligence [J]. Journal of Educational Psychology, 1983, 75 (2): 196-206.

[155] Foss, N. J. Knowledge-based approaches to the theory of the firm: Some critical comments [J]. Organization Science, 1996, 7 (5): 470-476

[156] Gardner, H. Frames of Mind: The Theory of Multiple Intelligences [M]. New York: Basic Books, 1983.

[157] Gartner, W. B. What are We Talking about when We Talk about Entrepreneurship? [J]. Journal of business venturing, 1990 (5): 15-28.

[158] Gartner, W. B. Who is an Entrepreneur? Is the Wrong Question [J]. American Journal of Small Business, 1988, 12 (4): 11-32.

[159] Gartner, W. B., Bird, B. and J. Starr. Acting as if: Differentiating Entrepreneurial from Organizational Behavior [J]. Entrepreneurship Theory and Practice, 1992, 16 (3): 13-31.

[160] Gartner, W. B., Bird, B. J. and J. A. Starr. Acting as if: Differentiating Entrepreneurial from Organizational Behavior [J]. Entrepreneurship Theory and Practice, 1992 (16): 13-32.

[161] Gilsing, V. A., and B. Nooteboom. Density and Strength of Ties in Innovation Networks: An Analysis of Multimedia and Biotechnology [J]. European Management Review, 2005, 2 (3): 179-197.

[162] Gimeno, J., Folta, T., Cooper, A. and C. Woo. Survival of the Fittest? Entrepreneurial Human Capital and the Persistence of Underperforming Firms [J]. Administrative Science Quarterly, 1997 (42): 750-783.

[163] Golden, P. A. and M. J. Dollinger. Cooperative Alliances and Competitive Strategies in Small Manufacturing Firms [J]. Entrepreneurship: Theory and Practice, 1993.

[164] Goleman, D. Emotional intelligence. New York: Bantam Books. 1995.

[165] Goleman, D. Leadership that Gets Results [J]. Harvard Business Review , 2000 , 78 (2) : 78 –91

[166] Goleman, D. , Boyatzis, R. and A. McKee. Primal Leadership [J]. Harvard Business Review, 2001 (12): 43 –51.

[167] Granovetter, M. Getting a Job: A Study of Contacts and Careers. Harvard University Press, Boston, MA. 1974.

[168] Granovetter, M. The Strength of Weak Ties [J]. American Journal of Sociology, 1973, 78: 1360 –1380.

[169] Grant, R. M. The Resource – based Theory of Competitive Advantage: Implications for Strategy Formulation [J]. California Management Review, 1991, 33 (1): 114 –135.

[170] Greve, A. J. and W. Salaff. Social Networks and Entrepreneurship [J]. Entrepreneurship Theory and Practice, 2003 (Fall): 1 –22.

[171] Greve, A. Networks and Entrepreneurship: an Analysis of Social Relations, Occupational Background and Use of Contacts during the Establishment Process [J]. Scandinavian Journal of Management, 1995, 11 (1): 1 –24.

[172] Guilford, J. P. The Nature of Intelligence [M]. New York: McGraw – Hill, 1967.

[173] Gulati, R. Network Location and Learning: the Influence of Network Resources and Firm Capabilities onAlliance Formation [J]. Strategic Management Journal, 1999, 20: 397 –420.

[174] Hansen, E. L. Entrepreneurial Networks and New Organization Growth [J]. Entrepreneurship Theory and Practice, 1995, 19: 7 –19.

[175] Hansen, M. T. The Search – transfer Problem: The Role of Weak Ties in Sharing Knowledge across Organization Subunits [J]. Administrative Science Quarterly, 1999, 44: 82 –111.

[176] Higgins, M. C. and R. Gulati. Getting off to a Good Start: the Effects of Top Management Team Affiliations on Prestige of Investment Bank and IPO Ssuccess [W]. Working Paper, 2000.

[177] Hisrich, R. D. Entrepreneurial Dimensions: the Relationship of Individual, Venture, and Environmental Factors to Success [J]. Entrepreneurship Theory and Practice, 2000, 24 (4): 79 -90.

[178] Hite, J. M. and W. S. Hesterly. The Evolution of Firm Networks: from Emergence to Early Growth of the Firm [J]. Strategic Management Journal, 2001, 22 (3): 275 -286.

[179] Hite, J. M. and W. S. Hesterly. The Evolution of Firm Networks: From Emergence to Early Growth of the Firm [J]. Strategic Management Journal, 2001, 22 (3), 275 -286.

[180] Hitt, M. A. , Tyler, B. B. , Hardee, C. and D. Park. Understanding Strategic Intent in the Global Marketplace [J]. Academy of Management Executive, 1995, 9 (2): 12 -19.

[181] Hoang, H. and B. Antoncic. Network - based Research in Entrepreneurship: a Critical Review [J]. Journal of Business Venturing, 2003, 18: 165 - 187.

[182] Hoy, F. , McDougall, P. P. and D. E. Dsouza. Strategies and Environments of High - Growth Firms [J]. in Sexton, D. L. and J. D. Kasarda (eds) . The State Of the Art of Entrepreneurship, PWS - Kent Publishing, 1992: 341 -357

[183] Jarillo, C. Strategic Networks. Butterworth, Heinemann, 1993.

[184] Jennings, D. F. and D. M. Young. An Empirical Comparison between Objective and Subjective Measures of the Product Innovation Domain of Corporate Entrepreneurship [J]. Entrepreneurship: Theory and Practice, 1990, 15 (1): 53 -66.

[185] Johannisson, B. Entrepreneurial Networking in the Scandinavian Context - theoretical and Empirical Positioning [J]. Entrepreneurship and Regional Development, 1995, 7 (2): 189 -192.

[186] Johannisson, B. Networking and Entrepreneurial Growth. In: D. L. Sexton and H. Lanstrom, (eds.). Handbook of Entrepreneurship, Oxford: Blackwell, 2000: 215 -236.

[187] Johannisson, B. The Dynamics of Entrepreneurial Networks, in P. Reynolds, S. Birley, J. Butler, W. Bygrave, P. Davidson, W. Gartner and P. McDougal (eds). Frontiers of Entrepreneurship Research, Wellesley, MA: Babson College. 1996: 253 -67.

[188] Kacmar, K., Delery J. E. and Ferris G. R. Differential effectiveness of applicant impression management tactics on employment interview decision [J]. Appl Soc Psychol, 1992, 22: 1250 -1272.

[189] Kickul, J. and L. K. Gundry. Prospecting for Strategic Advantage: The Proactive Entrepreneurial Personality and Small Firm Innovation [J]. Journal of Small Business Management, 2002, 40 (2): 85 -97.

[190] Kilduff, M. and W. Tsai W. Social Networks and Organizations [M]. Sage Publications: Athenaeum Press Limited, Gateshead, 2007.

[191] Kirzner, I. M. Entrepreneurial Discovery and the Competitive Market Process: An Austrian Approach [J]. The Journal of Economic Literature, 1997 (35): 60 -81.

[192] Krackhardt, D. The Strength of Strong Ties: The Importance of Philos. In Nohria, N. and R. Eccles (Eds.). Networks and Organizations: Structure, Form, and Action. Harvard Business School Press, 1992: 216 -239.

[193] Larson, A., Network Dyads in Entrepreneurial Settings: a Study of the Governance of Exchange Relationships. Administrative Science Quarterly, 1992, 37: 76 -104.

[194] Lavie, D. The Interconnected Firm: Evolution, Strategy and Performance [D]. A dissertation in strategic management ofUniversity of Pennsylvania, 2004.

[195] Lazarus, R. S. Stress, Appraisal, and Coping, Springer, New York, 1984.

[196] Leavitt, H. J. 1962. Applied Organization andReadings. Changes in Industry: Structural technical and human approach. pp. 55 - 70, in: Cooper, W. W. , Leavitt, H. J. , & Shelly, M. W. (eds) New Perspectives in Organization Research. New York, NY: John Wiley.

[197] Lechner, C. and M. Dowling. Firm Networks: External Relationships as Sources for the Growth and Competitiveness of Entrepreneurial Firms [J]. Entrepreneurship and Regional Development, 2003 (15): 1 - 12.

[198] Lee, D. Y. The Effects of Entrepreneurial Personality Background and Network Activities on Venture Growth [J]. Journal of management studies, 2001, 38 (4): 583 - 602.

[199] Leuner, B. Emotional Intelligence and Emancipation. Praxisder Kinderpsychologie and Kinderpsychiatrie, 1966, (15): 193 - 203.

[200] Levin, D. and R. Cross. The Strength of Weak Ties You Can Trust: The Mediating Role of Trust in Effective Knowledge Transfer [J]. Management Science. 2004, 50 (11): 1477 - 1490.

[201] Lin, N. and M. Dumin. Access to Occupations through Social Ties [J]. Social Networks. 1986, 8: 365 - 386.

[202] Lin, N. , Vaughn, J. C. and W. M. Ensel. Social Resources and Occupational Status Attainment [J]. Social Forces, 1981 (9): 1163 - 1181.

[203] Lincoln, J. R. Intra - (and inter -) Organizational Networks. In: Bachararan, S. (Ed.) . Research in the Sociology of Organizations, JAI, Greenwich, CN, 1982 (1): 1 - 38.

[204] Lipparini, A. and M. Sobrero. Co - ordinating Multi - firm Innovative Processes: Entrepreneurs as Catalyst in Small - firm Networks. In: Ebers, M. Editor, Theformation of Inter - organizational Networks [M], Oxford University Press, Oxford, 1997: 199 - 219.

[205] Littunen, H. Networks and Local Environmental Characteristics in the Survival of New Firms [J]. Small Business Economics, 2000, 15 (1): 59 - 71.

[206] Liu, T. L. Enhancement of Customer Network Relationship via Governance Mechanism of Inter – organizational Core Resource and Core Knowledge StrategicAlliance [J]. Journal of American academy of Business, 2004, 5 (1/2): 220 – 229.

[207] Lorenzoni, G. Accordi, Retie Vantaggio Competitivo. Etas libri, Milano, 1992.

[208] Lorenzoni, G. and A. Lipparini. The Leveraging of Interfirm Relationships as a Distinctive Organizational Capability: a Longitudinal Study [J]. Strategic Management Journal, 1999, 20 (4): 317 – 337.

[209] Low, M. B. andI. C. MacMillan. Entrepreneurship: Past Research and Future Challenges [J]. Journal of Management, 1988 (14): 139 – 161.

[210] Lumpkin, G. T. and G. G. Dess. Clarifying the Entrepreneurial Orientation Construct and Linking it to Performance [J]. Academy of Management Review, 1996, 21 (1): 137 – 72.

[211] Lux, S. Entrepreneur Social Competence and Capital – the Social Networks of Politically Skilled Entrepreneurs [J]. Academy of Management Best Conference Paper, 2005 (Q1) .

[212] MacMillan, I. C. The Politics of New Venture Management [J]. Harvard Business Review 1983 (11): 8 – 16.

[213] Magnusson, D. and N. Endler. Personality at the Crossroads: Current Issues in Interactional Psy – chology, Erlbaum, Hillsdale, N. J. , 1977.

[214] Marsden, P. and K. Campbell. Measuring Tie Strength. Soc. Forces 1984 (63): 482 – 501.

[215] Marsden, P. V. and J. S. Hurlbert. Social Resources and Mobility Outcomes: a Replication and Extension [J]. Social Forces 1988 (66): 1038 – 1059.

[216] Marsden, P. V. Core discussion networks of Americans [J]. American Sociological Review, 1987, 52 (1): 122 – 131.

[217] Mayer, J. D. and P. Salovey. The Intelligence of Emotional Intelligence [J]. Intelligence, 1993 (17): 433 – 42.

[218] McClelland, D. and D. G. Winter. Motivating Economic Achievement [M]. New York: Free Press. 1969.

[219] McClelland, D. C. Testing for Competence rather than for Intelligence [J]. American psychologist, 1973, 28 (1): 1 – 14.

[220] McClelland, D. The Achieving Society [M]. Princeton, NJ: Van Nostrand. 1961.

[221] McGee, J. E. and M. J. Dowling. Cooperative Strategy and New Venture Performance: The Role of Business Strategy and Management Experience [J]. Strategic Management, 1995 (16): 565 – 580.

[222] McGrath, R. G. Exploratory Learning, Innovative Capacity and Managerial Oversight [J]. Academy of Management Journal, 2001 (44): 118 – 131.

[223] McMullan, E., Chrisman, J. J., and K. Vesper. Some Problems in Using Subjective Measures of Effectiveness to Evaluate Entrepreneurial Assistance Programs [J]. Entrepreneurship Theory and Practice, 2001, 26 (1): 37 – 55.

[224] Miller, D. The Correlates of Entrepreneurship in Three Types of Firms [J]. Management Science, 1983, 29 (7): 770 – 791.

[225] Mitchell, J. C. The Concept and the Use of Social Network. In: Mitchell, J. C. (Ed.), Social Networks in Urban Situations. Manchester University Press, Manchester, 1969: 1 – 32.

[226] Montgomery, B. Communication as the Interface between Couples and Culture. In S. Deetz (ed.) Communication Yearbook 15. Newbury Park, CA: Sage, 1992.

[227] Moss, F. A. and T. Hunt. Are you socially intelligent? [J]. Scientific American, 1927 (137): 108 – 110.

[228] Murphy, G. B., Trailer, J. W. and R. C. Hill. Measuring Performance in Entrepreneurship Research [J]. Journal of Business Venturing, 1996, 36 (1): 15 – 23.

[229] Nohria, N. Is a Network Perspective Useful Way of Studying Organizations? In Nohria, N. and R. G. Eccles (eds). Networks and Organizations:

Structure, Form, and Action. Boston, MA: Harvard Business School Press, 1992.

[230] Nunnally, J. C. Psychometric theory [M]. 2nd edited. New York: McGraw - Hill, 1978.

[231] Ostgaard, T. A. and S. Birley. New Venture Growth and Personal Networks [J]. Journal of Business Research, 1996, 36 (1): 37 - 50.

[232] Ostgaard, T. A. and S. Birley. Personal Networks and Firm Competitive Strategy Strategic or Coincidental Match? [J]. Journal of Business Venturing, 1994, 9 (4): 281 - 305.

[233] Ozgen, E. AND R. Baron. Social Sources of Information inOpportunity Recognition: Effects of Mentors, Industry Networks, and Professional Forums [J]. Journal of Business Venturing, 2007 (22): 174 - 192.

[234] Penrose, E. T. The Theory of Growth of the Firm [M]. New York, NY: Wiley, 1959.

[235] Pfeffer, J. , and Salancik, G. The External Control of Organizations [M]. New York: Harper and Row, Pub, 1978.

[236] Porter, M. E. Competitive Advantage, Free Press - Macmillan [M]. New York, 1985.

[237] Powell, W. Hybrid Organizational Arrangements: New Form or Transitional Development? [J]. California Management Review, 1987 (fall): 67 - 87.

[238] Powell, W. Neither Market nor Hierarchy: Network Forms of Organization [J]. Research in Organizational Behavior, 1990, 12: 295 - 336.

[239] Radcliffe - Brown, A. R. On Social Structure [J]. The Journal of the Royal AnthropologicalInstitute of Great Britain and Ireland, 1940, 70 (1): 1 - 12.

[240] Reagans, R. and B. McEvily. Network Structure and Knowledge Transfer: The Transfer Problem Revisited. Working paper, Columbia University, New York, 2003.

[241] Reese, P. R. Entrepreneurial Networks and Resource Acquisition: Does Gender Make a Difference. Ph. D. dissertation, Department of Sociology, University of North Carolina. 1993.

[242] Renzulli, L. A. , Aldrich, H. and J. Moody. Family Matters: Gender, Family, and Entrepreneurial Outcomes [J]. Social Forces, 2000, 79 (2): 523 -546.

[243] Reynolds, P. , Bygrave, W. D. and E. Autio. GEM 2003 Global Report, Babson College/London Business School, London, 2004.

[244] Richardson, G. The Organisation of Industry [J]. Economy Journal, 1972: 883 - 896.

[245] Robinson, P. B. and E. A. Sexton. The Effect of Education and Experience on Self - Employment Success [J]. Journal of Business Venturing, 1994, 9 (2): 141 -156.

[246] Ruan, D. Social Networks in Urban China, Doctoral Dissertation, Columbia University, 1993.

[247] Rumelt, R. P. Towards a Strategic Theory of the Firm [J]. Competitive Strategic Management, 1984, 26: 556 -570.

[248] Salman, N. and A. L. Saives. Indirect Networks: An Intangible Resource for Biotechnology Innovation [J]. R&D Management, 2005, 35: 203 -215.

[249] Sawyerr, O. O. and J. E. McGee. The Impact of Personal Network Characteristics on Perceived Environmental Uncertainty: An Examination of Owners / Managers of New High Technology Firms.

[250] Scarr, S. and K. McCartney. How People Make Their Own Environments: A Theory of Genotype Environment Effects [J]. Child Development, 1983, 54: 424 -435.

[251] Schneider R. J. , Ackerman, P. L. and R. Kanfer. To "Act Wisely in Human Relations:" Exploring the Dimensions of Social Competence [J]. Personality and Individual Differences , 1996 , 21 (4) : 469 -481

[252] Schneider, B. Interactional Psychology and Organizational Behavior [J]. In: Cummings, L. and B. Staw. (Eds) Research in Organizational Behavior, Greenwich, CT: JAI Press, 1983 (5): 1 -31.

[253] Schollhammer, H. Internal Corporate Entrepreneurship. In: Kent, C. A., Sexton, D. L. and K. H. Vesper. (Eds.) Encyclopedia of Entrepreneurship: Englewood Cliffs, NJ: Prentice Hall, 1982: 209 -223.

[254] Scott, J. Networks of Corporate Power: A Comparative Assessment [J]. Annual Review of Sociology, 1991, 17: 181 -203.

[255] Scott, J. Social Network Analysis: A Handbook. London: Sage Publications Ltd, 1991.

[256] Secord, P. and C. Backman. An Interpersonal Approach to Personality [J]. In: Maher, B. (Ed.) Progress in Experimental Personality Research, Academic Press, New York, 1965 (2): 91 -125.

[257] Sedaitis, J. The Alliances of Spin - offs versus Start - ups: Social Ties in the Genesis of Post - Soviet Alliances [J]. Organization Science, 1998, 9 (3): 368 -381.

[258] Seibert, S. E., Crant, J. M. and M. L. Kraimer. Proactive Personality and Career Success [J]. Journal of Applied Psychology, 1999, 84 (3): 416 -427.

[259] Senjem, J. C. and K. Reed. Social Capital and Network Entrepreneurs, Frontiers of Entrepreneurship Research, Wellesley, MA: Babson College [DB/OLI].

[260] Shane, S. A. Hybrid Organizational Arrangements and their Implications for Firm Growth and Survival: A Study of New Franchisors [J]. Academy of Management Journal, 1996, 39 (1): 216 -234.

[261] Shane, S. and D. Cable. Social Relationships and the Financing of New Ventures. Working paper, 2001.

[262] Shane, S. and S. Venkataraman. The Promise of Entrepreneurship as a Field of Researeh [J]. TheAcademy of Management Review, 2002, 25 (1): 217 -226.

[263] Siegel, P., Sheton, M. and K. Omer. The Mentoring Relationship within a Regional Public Accounting Firm [J]. Journal of Business & Entrepreneurship, 1994, 6 (1): 71-88.

[264] Simmel, G. Exkurs Iiber Den Fremden [M]. Sociologie. Leipzig: Duncker and Humblot, 1908.

[265] Singh J. Collaborative Networks as Determinants of Knowledge Diffusion Patterns [J]. Management Science. 2005, 51 (5): 756-770.

[266] Singh, R. P., Hills, G. E., Lumpkin, G. T. and R. C. Hybels. The EntrepreneurialOpportunity Recognition Process: Examining the Role of Self-perceived Alertness and Social Networks. Paper presented at the 1999 Academy of Management Meeting, Chicago, IL.

[267] Smeltzer, L. R., Van Hook, B. L. and R. W. Hutt. Analysis and Use of Advisors as Information Sources in Venture Startups [J]. Journal of Small Business Management, 1991, 29 (3): 10-20.

[268] Sparrowe, R. T., Liden, R. C., Wayne, S. J. and M. L. Kraimer. Social Networks and the Performance of Individuals and Groups [J]. Academy of Management Journal, 2001 (44): 316-325.

[269] Spencer, L. M. and S. M. Spencer. Competence at Work: Model for-Superior Performance. New York: John Wiley and Sons, 1993.

[270] Starr, J. A. andI. C. MacMillan. Resource Cooptation via Social Contracting: Resource Acquisition Strategies for New Ventures [J]. Strategic Management Journal, 1990, 11 (S): 79-92.

[271] Sternberg, R. J. Successful Intelligence: How Practical and Creative Intelligence Determine Success in Life. New York: Simon and Schuster, 1996.

[272] Straub, D. W. Validating Instruments in MIS Research [J]. MIS Quarterly, 1989, 13 (2): 147-169.

[273] Stuart, R. W. and P. A. Abetti. Impact of Entrepreneurial and Management Experience on Early Performance [J]. Journal of Business Venturing, 1990 (5): 151-162.

[274] Stuart, T. E., Hoang, H. and R. C. Hybels. Interorganizational Endorsements and the Performance of Entrepreneurial Ventures [J]. Administrative Science Quarterly, 1999, 44: 315 -349.

[275] Thompson, J. A. Proactive Personality and Job Performance: A Social Capital Perspective [J]. Journal of Applied Psychology, 2005, 90 (5): 1011 -1017.

[276] Thorelli, H. Networks: between Markets and Hierarchies [J]. Strategic Management Journal, 1986, 7 (1): 37 -51.

[277] Thorndike, E. L. Intelligence and its Use [J]. Harpers, 1920 (140): 227 -235.

[278] Tichy, N. L., Tushman, M, L. and F. Charles. Social Network Analysis for Organizations [J]. Academy of Management Review, 1979, 4 (4): 507 -519.

[279] Urban, G. L., and Hauser, J. R. Design and Marketing of New Products (2nd Ed.) . Englewood Cliffs, NJ: Prentice - Hall, 1993.

[280] Uzzi B. and R. Lancaster. Relational Embeddedness and Learning: The Case of Bank Loan Managers and Their Clients [J]. Management Science, 2003, 49 (4): 383 -399.

[281] Van de Ven, A. H., Hudson, R. and D. M. Schroeder. Designing New Business Startups: Entrepreneurial, Organizational, and Ecological Considerations [J]. Journal of Management, 1984, 10 (1): 87 -107.

[282] Van der Poel, M. Personal Networks: A Rational - Choice Explanation of their Size and Composition [M]. Lisse, Netherlands: Swets and Zeitlinger, 1993.

[283] van Emmerik, I. J. H. Gender differences in the Creation of Different Types of Social Capital: A Multilevel Study [J]. Social Networks, 2006, 28 (1): 24 -37.

[284] Venkataraman, N. and V. Ramanujam. Measurement of Business Performance in Strategy Research: a Comparison of Approaches [J]. Academy of

Management Review, 1986, 11 (4): 801 -815.

[285] Venkataraman, S. The Distinctive Domain of Entrepreneurship Research [J]. Advances in Entrepreneurship Research, Firm Emergence and Growth, 1997 (3): 119 -138.

[286] Vernon, P. E. Some Characteristics of the Good Judge of Personality [J]. Journal of Social Psychology, 1933 (4): 42 -57.

[287] Volker, B. and H. Flap. Getting ahead in the GDR: Human Capital and Social Capital in the Status Attainment Process under Communism. Universiteit Utrecht, theNetherlands, 1996.

[288] Wall, T. D., Michie, J. and M. Patterson. On the Validity of Subjective Measures of Company Management [J]. Personnel Psychology, 2004, 57: 95 -118.

[289] Wall, T. D., Michie, J., Patterson, M., Wood, S. J., Sheehan, M., Clegg, C. W. and M. West. On the Validity of Subjective Measures of Company Performance [J]. Personnel Psychology: Journal of Applied Research, 2004 (57): 95 -118.

[290] Wasserman, S. and K. Faust. Social Network Analysis: Methods and Applications. Cambridge [M]. ENG and New York: Cambridge University Press, 1994.

[291] Watson, J. Modeling the Relationship between Networking and Firm Performance [J]. Journal of Business Venturing, 2007 (22): 852 -874.

[292] Wechsler, D. The Measurement and Appraisal of Adult Intelligence, 4th ed [M]. Baltimore: Williams & Wilkins, 1958.

[293] Wedeck, J. The Relationship between Personality and Psychological Ability [J]. British Journal of Psychology, 1947 (36): 133 -151.

[294] Wegener, B. Job Mobility and Social Ties: Social Resources, Prior Job, and Status Attainment [J]. American Sociological Review, 1991 (56): 60 -71.

[295] Weinstein, M. Achievement Motivation and Risk Preference [J]. Journal of Personality and Social Psychology, 1969 (13): 153 - 172.

[296] Wellman, B. Studying Personal Communities. In: P. Marsden and N. Lin. (ed.) Social Structure and Network Analysis, Sage Publication, 1982.

[297] Wernerfelt, B. and C. Montgonerg. Tobin's Q and the Importance of Focus in Firm Performance [J]. American Economic Review, 1988, 78 (1): 246 - 251.

[298] Whetten D. Issues in conducting research [M]. Ames: Iowa State University Press, 1982.

[299] Wiklund, J. and D. Shepherd. Entrepreneurial Orientation and Small Business Performance: A Configurational Approach [J]. Journal of Business Venturing, 2005, 20 (1): 71 - 91.

[300] Wiklund, J. The Sustainability of the Entrepreneurial Orientation - performance Relationship [J]. Entrepreneurship Theory and Practice, 1999, 24 (1): 37 - 48.

[301] Wiklund, J. , Davidsson, P. and F. Delmar. What do They Think and Feel about Growth? An Expectancy - value Approach to Small Business Managers' Attitudes toward Growth [J]. Entrepreneurship Theory and Practice, 2003, 27 (3): 247 - 272.

[302] Witt, P. Entrepreneurs' Networks and the Success of Start - ups [J]. Entrepreneurship & Regional Development: An International Journal, 2004, 16 (5): 391 - 412.

[303] Zhang, J. and S. Pek - hooi. Human Capital, Competitive Intensity and Entrepreneur's Propensity to Exploit Social Networks in Resource Acquisition. Frontiers of entrepreneurship researeh, Wellesley, MA: Babson College. http: //www. babson. edu/entrep/fer/BABSON2003/VIII/VIII - P1/viii - p1. htm.

[304] Zhao, L. and J. D. Aram. Networking and Growth of Young Technol-

ogy – intensive Ventures inChina [J]. Journal of Business Venturing, 1995, 10: 349 –370.

[305] Zimmer, C. and H. E. Aldrich. Resource Mobilization through Ethnic Networks: Kinship and Friendship Ties of Shopkeepers in Engl and [J]. Sociological Perspectives, 1987, 30 (4): 422 –445.